Heide-Ulrike Wendt

Wir Scheidungskinder

Töchter und Söhne
erzählen vom Verlust der Familie

Schwarzkopf & Schwarzkopf
Verlag

»Ich glaube, sie schlugen mich nicht, weil sie geschieden waren. Weil sie nicht zusammen wohnten, konnten sie sich nie einigen, wann ich Strafe verdient hatte. Mutter wusste genau, wenn sie mich schlecht behandelte, würde Vater das als erster erfahren. Ich rief ihn manchmal an und fragte, ob ich eine Stunde oder zwei länger aufbleiben dürfte, als Mutter das für richtig hielt. Er war immer auf meiner Seite, wenn er wusste, dass er mich damit froh und Mutter wütend machen konnte, das machte ihn doppelt glücklich.«

JOSTEIN GAARDER
IN: »DER GESCHICHTENVERKÄUFER«

»Ihr seid geschieden, ich nicht.«

AUS DEM FILM »JENSEITS VON BLAU«
VON CHRISTOPH EICHHORN

»Eltern haben manchmal richtig Schwein mit ihren Kindern. Die schleppen eine Menge weg, können lieben und verzeihen.«

HENDRIK, 21, STUDENT

»Eltern sollten sich gut überlegen, ob sie heiraten. Ob sie wirklich bereit sind, ein ganzes Leben mit einem Partner zu verbringen.«

JAQUELINE, 15, SCHÜLERIN

Eltern – eine vom Aussterben bedrohte Spezies?

Vorwort von Heide-Ulrike Wendt

Hannes ist der erste, mit dem ich mich im September 2002 für das Buch »Wir Scheidungskinder« zum Gespräch treffe. Er sagt, er sei schon richtig gespannt auf meine Fragen, aber bevor ich ihm die stellen darf, hätte er eine an mich: »Ist das Buch schon Weihnachten 2002 fertig?«

Als ich ihm eröffne, dass es erst im Frühjahr 2003 erscheint, ist er sichtlich enttäuscht: »Ich hätte es meiner Mutter gern zu Weihnachten geschenkt, damit sie endlich weiß, dass ich fertig bin mit ihr.« Ein hammerharter Satz, der mich ins Schleudern bringt, denn eigentlich will ich dieses Buch ja schreiben, um Scheidungskindern und deren Eltern eine Möglichkeit zu geben, miteinander ins Gespräch darüber zu kommen, was der Verlust der Familie für Menschenkinder des 20. und 21. Jahrhunderts bedeutet. Bei Hannes hört es sich so an, als würde ich die Büchse der Pandora öffnen.

Ein guter Freund von mir, von Beruf Soziologe, ist davon überzeugt. Er findet mein Vorhaben unverantwortlich, denn ich würde in ein intimes, interfamiliäres Biotop eingreifen, in dem ich nichts zu suchen habe. Eigentlich hatte ich vor, auch mit seiner Tochter Emelie, 23, ein Gespräch über die Trennung ihrer Eltern zu führen, lasse nach diesem Disput allerdings sofort die Finger davon. Was nun allerdings Emelie total bescheuert findet, weil sie erwachsen genug sei, selbst zu entscheiden, mit wem sie über ihre Trennungserfahrungen redet oder nicht.

Der Student Georg, 26, würde das am liebsten mit seinem Vater tun. Er fährt jedes Mal mit der Hoffnung zu ihm, dass »wir eines

Tages darüber reden können. Das fesselt mich seit Jahren. Ich kann nicht aufhören, daran zu denken, mir das zu wünschen. Pausenlos.« Niklas geht es genauso, aber weil sein Vater ebenfalls schweigt, schreibt er ihm nach der Trennung in einem Brief, worauf er wartet: »Viele Fragen entstehen in mir, auf die ich Antworten suche. Antworten von Dir. Wie soll ich mit Dir – meinem Vater und Freund – ein ernsthaftes Gespräch führen können, wenn soviel Unausgesprochenes für mich unklar zwischen uns steht? ...Muss ich nicht jeglichen Glauben verlieren, wenn ich sehen muss, wie die so wichtig, so edel geglaubten Ideale von Ehrlichkeit, Freundschaft und Moral in einer solchen Situation so kühl und so vollkommen übergangen werden?«

Eine andere junge Frau, nennen wir sie Mathilda, macht mit ihrer Mutter folgenden Deal, bevor sie sich mit mir trifft: Sie muss ihrer Tochter versprechen, das Buch nie zu lesen, weil sie ihr nicht weh tun will, es aber trotzdem gut findet, einer dritten, völlig unbeteiligten Person ihre ganze Geschichte von Anfang bis Ende zu erzählen, weil es so etwas wie ein Befreiungsschlag für sie sein könnte. Und für andere, die ähnliches oder ganz anderes erlebten, es sich aber nie zu sagen trauten, auch. Mathilda vergöttert ihre Mutter. Sie vergöttert auch ihren Vater, obwohl er sie beide verließ. Trotz allem ist sie ihm dankbar, dass er mit seiner Entscheidung so lange wartete, denn früher hätte sie das nicht verkraftet: »Wenn Eltern sich scheiden lassen, sollten sie sich genau überlegen, ob sie das ihren Kindern wirklich antun wollen. Sie sollten gemeinsam mit Freunden über ihre Probleme reden, zur Paartherapie gehen – dem Kind zuliebe.« Mathilda hofft, dass ihr die negativen Erfahrungen, die sie gemacht hat, für ihr zukünftiges Leben von Nutzen sind, denn »die guten Erfahrungen erhalten einen am Leben, die schlechten stählen einen. Nur gute Erfahrungen bekommen keinem, weil man sie dann nicht mehr schätzen kann. Wenn meine Eltern zusammen geblieben wären, hätte ich nicht soviel Angst vor dem Scheitern. Es erschüttert ein Kind, wenn der Vater nach vielen glücklichen Jahren einfach geht und sagt: Ich will nicht mehr.«

Lauter schwarze Flecken auf der Seele, lauter kluge Gedanken, die leider im Reißwolf verschwinden.

Als ich ihr den Text nämlich schicke, zeigt sie ihn trotz des Deals sofort ihrer Mutter, anschließend ihrem Vater und zieht ihn noch am gleichen Tag zurück. Ihr selbst tut es leid, aber ihre Eltern befürchten, dass man sie erkennen könnte.

Aber genau dies muss nun eigentlich niemand befürchten, denn bei all denen, die es wünschten, sind Namen, Orte, Berufe oder sonstige Angaben, die Rückschlüsse auf die handelnden Personen zulassen könnten, geändert. Doch das eigene Erleben ist authentisch, alle Geschichten in diesem Buch sind wahr.

Es gibt etliche Scheidungskinder, die Angst haben, ihren Eltern mit der Veröffentlichung im Buch weh zu tun. Auch die, die von ihrem Vater oder ihrer Mutter verletzt, verlassen, allein gelassen wurden mit all ihrem Kummer und Schmerz. Einige entscheiden sich deshalb, genau so wie Mathilda, nach unserem Treffen oder nach dem Lesen der Geschichte, sie nicht frei zu geben, was ich absolut bedauere, aber vorbehaltlos respektiere.

Hannes denkt nicht eine Sekunde an Rückzug, denn er will nur eins – die Dinge beim Namen nennen, Auseinandersetzung, Aufklärung: »Ich war damals zehn und damit in einem Alter, wo man die ersten Dinge, die um einen herum passieren, mitbekommt und das Leben begreifen will. Zum Beispiel, was Scheidung der Eltern heißt, was andere betroffene Kinder darüber denken, wie sie damit umgehen. Ich kannte solche Geschichten nur aus dem Fernsehen, wo sich Mann und Frau um die Kinder, das Porzellan, die Eigentumswohnung streiten und sich Gemeinheiten ins Gesicht schreien. Ich hatte große Angst, dass das bei uns auch so wird. Oder besser: Bis ich 15 war, dachte ich – nein, das ist bei uns nicht so. Ich dachte, meine Eltern würden objektiv miteinander umgehen. Jetzt sehe ich das anders.«

Und darüber will Hannes offen, schonungslos, aus der Sicht der Mutter vielleicht auch gnadenlos reden. Das zu bewerten steht mir nicht zu, denn ich kenne nur den einen Blick – den der Scheidungskinder, aber ich gebe zu, dass ich auf ihrer Seite stehe. Auch die Mütter und Väter der minderjährigen Scheidungskinder tun das, die mir ihr Einverständnis gaben, die Geschichten in diesem Buch zu veröffentlichen. Für diesen Mut und die Größe, die völlig subjektive Sicht ihrer Kinder auf das Scheitern ihrer Ehe, den Verlust der Familie, zu akzeptieren und zu autorisieren, möchte ich mich bei ihnen bedanken. Der Grund für ihre Bereitschaft sind ihre Kinder selbst. Hendrik, der in einer der zwei glücklichen Patchworkfamilien in diesem Buch heranwächst, sagt: »Eltern haben manchmal richtig Schwein mit ihren Kindern. Die schleppen eine Menge weg, können lieben und verzeihen.«

Wie auch immer sie das Erlebte verarbeiten, eins steht fest: Ihnen allen gehört unser Respekt. Zum Beispiel der fünfzehnjährigen Schülerin Isa, die meint: »Viele sagen, ich wäre durch diese Zeit reifer und ernster geworden. Vielleicht war dieser Härtetest tatsächlich eine gute Erfahrung für mich. Vor der Trennung meiner Eltern war ich in Watte gepackt und sehe nun, dass die Welt nicht immer rosig ist. Aber das Erwachen hätte nicht so plötzlich kommen müssen.«

Auf die Idee, Scheidungskindern eine Stimme zu geben, kam ich bei meinen Recherchen für mein Buch »Du hast mich betrogen«, das im Herbst 2002 bei Schwarzkopf & Schwarzkopf erschien und in dem 21 Frauen über Liebe, Betrug und Verrat erzählen. Darüber, wie sie hofften, dass sie mit dem Mann, den sie lieben, ein Leben lang zusammenbleiben, wie sie sich nach Geborgenheit und Glück, Schutz und Sicherheit bei ihrem Partner sehnen und auf gegenseitige Treue hoffen.

Viele wollen für ihre Kinder ein Nest, in dem sie behütet und umsorgt aufwachsen, und müssen erkennen: Wer heute noch glaubt, Kinder könnten eine Ehe retten, weil Vater und Mutter sie gleichermaßen lieben und vor allem wollen, dass sie in einer intakten Familie groß werden, irrt sich gewaltig. Kinder sind meist kein Hinderungsgrund mehr, Lebensgemeinschaften als Episoden mit beschränkter Haftung zu sehen, obwohl sie am nachhaltigsten darunter leiden. Für sie, so der Zürcher Paar- und Familientherapeut Jürg Willi, ist die Trennung noch dramatischer als für Vater und Mutter, denn sie lieben beide Eltern und mit dem Zerbrechen der Ehe zerbricht ihre Welt, ohne dass sie etwas dafür oder dagegen unternehmen können. Für manche, wie für Philipp, 26, ist nur eine Erkenntnis tröstlich: »Ich denke, es war besser so, denn eine verkackte Ehe kann beim Kind mehr versauen als eine mehr oder weniger zufriedene allein erziehende Mutter.«

Der heute achtzehnjährige Schüler Michael ist vier Jahre alt, als sein Vater 1988 die Familie im Stich lässt. Was damals genau passierte, erfährt er erst am 3. November 2002, als seine Mutter ihm die Geschichte der Trennung erzählt. Er nennt den 3. November seither den »Tag X«, der zwischen ihm und seiner Mutter alles umkrempelte, weil sie endlich begannen, miteinander zu reden – über die Schule, das Leben, einfach über alles. Vor allem über den Vater und den Grund, warum er sie verließ. Es war eine andere Frau, in die sich der Musiker auf einem Gastspiel im Taunus verliebte und deshalb gar nicht mehr nach Hause kommen wollte.

Erst als ihn Michaels Mutter inständig um ein klärendes Gespräch bittet, ist er dazu bereit, und die Kinder freuen sich auf ihn, denn sie wissen von nichts.

Michaels Brüder hängen für ihn ein Plakat in die Garageneinfahrt, auf dem steht: »Lieber Papi, wir haben dich lieb. Herzlich willkommen.«

Michaels Eltern reden an diesem Tag lange miteinander, und am nächsten Morgen ruft der Vater seine Söhne ins Wohnzimmer und verkündet ihnen: »Ich glaube nicht, dass ihr das schon verstehen könnt, aber ich habe mich in eine andere Frau verliebt und gehe zurück zu ihr.«

Zuerst sitzen alle stumm auf dem Sofa, dann sagt Michaels Bruder Benjamin: »Du kannst ruhig gehen, Papi, wir schaffen das auch alleine.« Trotzdem bleibt er noch, weil Weihnachten ist und Michael plötzlich sehr krank wird – Verdacht auf Meningitis. Er bekommt strenge Bettruhe, und sein Vater sitzt stundenlang bei ihm und singt ihm Lieder vor. Am 2. Weihnachtsfeiertag verlässt er sie für immer.

Michael schläft nach der Trennung bis zu seinem 12. Lebensjahr neben seiner Mutter im Bett: »Ich litt unter Asthma, bekam Neurodermitis, kam mit der ganzen Scheiße nicht klar.«

Erst zu seinem zehnten Geburtstag will ihn sein Vater das erste Mal wieder sehen. Michael hockt an diesem Tag im Schlafanzug vor dem Fernseher, und als seine Mutter ihn bittet, sich endlich anziehen und seine Zähne zu putzen, sagt er: »Nö.«

So sitzt er immer noch im Wohnzimmer, als der Vater an der Haustür klingelt. Nach der Begrüßung nimmt Michael sein Gesicht in die Hand und sagt: »Papi, ich kann mich gar nicht mehr erinnern, dass du so aussiehst.«

Michael sagt über sich: »Ich war nie auffällig, rein äußerlich lief alles gut und es gab es nie Beschwerden über mich.« Obwohl er sich in der Schule anderen gegenüber oft aggressiv verhält: »Wenn mich jemand stresste, flippte ich aus ... Das tat ich immer, wenn bei mir der Nullpunkt erreicht war. In der neunten und zehnten Klasse haben wir über alles philosophiert – die Schule, die Liebe, den Sex und vor allem über den Sinn des Lebens. Meine eigene Definition lautete lange: Null. Das Leben ist nicht lebenswert. Wofür lebt man? Warum geht man in die Schule? Warum soll ich überhaupt auf der Welt sein?«

Seinem allerbesten Freund vertraut er sogar an, dass er schon ein paar Mal an Selbstmord dachte, aber der sagt ihm: »Schwachsinn, das Leben geht weiter.«

In der achten Klasse ist Michael stark rechts orientiert, neofaschistisch, feindlich gegenüber allen Ausländern. »Vielleicht war es so eine Art Selbsthass, weil mein Vater auch Ausländer ist.« Heute ist er stolz darauf, dass er diesem Sog entronnen, nicht in diesem Schlamm gelandet ist.

Trotzdem geht es mit Michael immer hoch und runter, hoch und runter. »Das hat sicher auch mit dem Verlust eines Vaters zu tun, der uns Kinder so gnadenlos verließ. Es gibt Väter, die kümmern sich um ihre Söhne und Töchter. Deshalb fand ich den Film ›Misses Doubtfire‹ so toll, wo sich ein Vater als Kindermädchen ausgibt, um seine Kinder nicht zu verlieren.«

Das hätte Michaels Vater gar nicht nötig gehabt, denn seine Mutter wäre glücklich gewesen, wenn er sich für ihn und seine Brüder interessiert hätte. Doch es gab nur wenige Treffen mit ihm.

Inzwischen ist er für Michael nur sein Erzeuger: »Heute weiß ich, was ich machen muss, wenn ich ihn sehe: ihm den Stinkefinger zeigen. Das tut mir nicht mehr richtig weh. Ich musste vierzehn Jahre ohne meinen Vater leben, verdrängte das in den tiefsten Winkel meiner Magengrube und ging meinen Weg ohne ihn. Ich habe mir nie gewünscht, einen Vater zu haben, ich brauchte ihn nicht. Nie. Mein Vater ist mir egal.Ich will nichts mit einem zu tun haben, der uns soviel Leid angetan hat. Ich denke, dass er eine Menge verpasst hat, als er uns verließ. Für mich war es gut, denn wenn er dageblieben wäre, wäre ich nicht so wissbegierig, so streitbar geworden, wie ich es bin. Ich wäre bestimmt nicht so selbstständig, wenn ich einen Vater gehabt hätte. Meinem Vater verzeihen? Niemals! Das, was er uns angetan hat, ist wie eine Atombombe.«

Auch Georg fällt es schwer, seinem Vater den Verrat an der Familie zu vergeben. Bevor er ging, sind seine Erinnerungen an die Kindheit, vor allem an die Mutter und die beiden großen Schwestern, kuschelig und warm. Von ihnen erfährt er permanente Fürsorge: Nase putzen, Küsschen schenken, Plätzchen backen, bei den Hausaufgaben helfen, Gute-Nacht-Geschichten erzählen. Vom Vater ist ihm nur eine Episode geblieben: »Da nahm er mich, den gerade mal Fünfjährigen, eines Abends mit in sein Arbeitszimmer, schloss die Tür hinter uns beiden Männern zu und brachte mir bei, wie man Pfeife raucht. Sein Vater hatte das mit ihm genauso gemacht und solche Familientraditionen wollte er an mich weitergeben. Das fand ich gut.«

So war es bis 1985. Dann kam die Zäsur: »Ich war damals neun Jahre alt und es kam heraus, dass mein Vater ein Verhältnis mit der besten Freundin meiner Mutter hatte. Die lebte im Sommer dieses Jahres drei Monate mit ihrem kleinen Sohn bei uns, weil sie versucht hatte, sich das Leben zu nehmen. Sie war sehr unglücklich, weil ihr Mann sie verlassen wollte wegen einer anderen Frau. Nach dem überstandenen Suizidversuch wusste sie nicht mehr ein noch aus und schlüpfte mit ihrem völlig verstörten Kind unter die Fittiche meiner Mutter, die die beiden sehr liebte.«

Als nach drei Monaten herauskommt, dass die beiden ein Verhältnis miteinander haben, platzt auch in Georgs Familie eine Bombe.

»Die beste Freundin, die nun keine mehr war, zog sofort aus, in eine kleine Wohnung in einer anderen Stadt, und mein Vater folgte ihr stehenden Fußes. Er kam nur noch manchmal zu uns ins Haus, um sich ein paar Bücher, Schallplatten oder seine dicken Winterpullover zu holen. Beim ersten Mal fragte ich ihn: »Stimmt es, dass du was mit Muttis bester Freundin hast?« Er sagte: »Nein. Das ist nicht wahr«, und wurde nicht mal rot dabei. Damals glaubte ich ihm, weil ich mir nicht vorstellen konnte, dass er so etwas tut. Heute weiß ich, dass er einfach kein Rückgrat besaß, zu seinem Verrat zu stehen. Er hatte unsere Familie zerstört.«

Zum Verlust der Familie, der Geborgenheit, kommt bei Georg ein großer materieller Verlust hinzu, denn seine Mutter muss mit ihm und seinen beiden Schwestern aus dem schönen großen Haus mit Garten in einen öden Plattenbau umziehen: »Früher musste ich nie auf der Straße spielen. Abenteuer erlebte ich mit meinen Freunden im geschützten Bereich unseres Gartens voller Bäume und Blumen. Plötzlich musste ich mich mit verrotzten und verwahrlosten Hofkindern auseinandersetzen, mir einen Platz erkämpfen, mich durchsetzen.«

Alle, die sie besuchen kommen, erzählen schreckliche Dinge über seinen Vater. Zum Beispiel, dass er mit seiner neuen Frau und deren Sohn inzwischen in das einstige Elternhaus eingezogen sei.

Zu seiner Mutter hatte Georg vor der Trennung eine innige Beziehung ohne Worte. Nach der Trennung brauchten sie Worte. »Sie war sehr einsam. Sie wurde härter. Sie war von allen Menschen enttäuscht ... Sie brauchte immer einen Feind, nahm alles persönlich, gegen sich gerichtet, um ihre aufgestaute Wut, ihren Zorn herauszulassen.«

Auch an seinem Vater lässt sie kein gutes Haar, aber Georg will ihre schlechte Meinung über ihn nicht annehmen. Umgekehrt ist es genauso: Wenn sein Vater seine Mutter madig macht, verteidigt er sie. Er hält an seinem Vater fest, besucht ihn manchmal sogar in seinem Haus, denn im Gegensatz zu seiner Mutter »gab es bei ihm eine Form von Zärtlichkeit, er ließ Nähe zu. Keinen Vater zu haben hätte mir Angst eingejagt. Abends lag ich in meinem ehemaligen Zimmer im Bett und heulte in mein Kopfkissen. Ich habe diese Frau an seiner Seite gehasst. Sie war einst Mutters beste Freundin, die sie gehegt und gepflegt hatte, als es ihr schlecht ging, und dann fällt sie ihr so in den Rücken. Es kann viel passieren zwischen Menschen, aber so was? Es war schwer, das alles zu verkraften.«

Das ist es für ihn, seine Schwestern, vor allem für seine Mutter: »Sie trug das Leid der Welt auf ihren Schultern und ließ uns das spüren. Sie fühlte sich missbraucht durch uns, litt darunter, uns nun allein groß ziehen zu müssen. Sie nahm uns alles übel, was wir taten. Irgendwas, ganz egal. Sie ertrug keinerlei Widerspruch. Wenn sie sauer war, übten wir Verständnis, weil wir wussten, dass sie Probleme hat. Aber eigentlich war das alles zuviel für uns. Sie hätte über ihre Gefühle mit uns reden müssen: Jetzt geht es mir gerade schlecht, ich komme nicht mit mir klar. Ich brauche Abstand, lasst mir Zeit. Das hätten wir kapiert. So mussten wir versuchen zu ergründen, was in unserer Mutter vorgeht, aber wir fanden es nie heraus.«

Die Beziehung zur Mutter wird immer unpersönlicher. Georg will nicht mehr der liebe Junge sein, sondern sich emanzipieren: »Ich trat in den marxistisch-leninistischen Jugendverband ein, machte ein bisschen in der Hausbesetzerszene mit, trank Bier, rauchte, war mit Freunden unterwegs und fühlte mich draußen wohler als zu Hause. Natürlich spürte ich ihre Einsamkeit. Natürlich wollte ich, dass es ihr gut geht, aber ich war zugleich in der Pubertät, wollte in der Opposition sein, Scheiße sein. Darüber reden konnten wir nie.«

Auch mit seinem Vater gab es nie ein klärendes Gespräch: »Mein Vater hat noch nie zugegeben, dass er einen Fehler begangen hat, stellt sich nicht infrage. Aber er ist schuldig geworden, hat das Leben anderer Menschen stark verändert. Sein Tun hatte Konsequenzen, und das gesteht er sich nicht ein.

Ich möchte meine Fehler eingestehen. Ich will wissen, was das, was ich tue, für andere nach sich zieht.«

Für Hendrik, 21, Student, sind die Erinnerungen an die Zeit, als er mit seiner Mutter allein lebt, schön: »Die Trennung vom Vater war zwar unschön, aber wir kamen auch ohne ihn gut zurecht.« Er ist drei Jahre alt, als sein Vater geht, und dass eine andere Frau der Grund war, weiß er nur aus den Erzählungen seiner Mutter.

»Ich genoss, dass ich meine Mutter nun ganz allein für mich hatte, vermisste nichts. Mein leiblicher Vater war einfach weg. Ich sah ihn erst 1991 wieder, als ich zehn war. Zufällig, auf dem Wochenendgrundstück meiner Großeltern. Er war mit einer anderen Frau da. Mir war gar nicht richtig bewusst, dass das mein Vater ist. Ich dachte nie tiefer darüber nach, dass ich keinen Vater habe, dass da was falsch ist in meinem Leben.«

Nach dieser eher zufälligen Begegnung treffen sich die beiden öfter, spielen zusammen Fußball oder gehen ins Stadion, um sich ein Spiel anzusehen. Manchmal übernachtet er sogar bei ihm und seine Mutter akzeptiert das ohne Wenn und Aber: »Sie war zu diesem Zeitpunkt schon wieder drei Jahre verheiratet und glücklich mit ihrem neuen Mann. Ich komme mit meinem Stiefvater auch sehr gut zurecht. Ich hatte immer das Gefühl, dass er mich als Sohn akzeptiert. Auch mit seinen beiden Töchtern verstand ich mich gut. Alles war schön, denn ich hatte eine wunderbare Mutter, wunderbare Großeltern und mochte meine beiden Väter. Zu meinem richtigen, leiblichen sage ich Thomas, zu meinem Stiefvater Papa. Ich habe ihn gern. Er ist immer für mich da.«

Hendrik fühlt keinerlei Groll gegen seinen Vater, denn seine eigentliche Familie war für ihn seine Mutter, sein Stiefvater und seine Halbschwester Susanne. Am besten findet er allerdings, dass er in der eigenen Familie seine Liebste gefunden hat, denn die älteste Tochter der ersten Frau seines Stiefvaters, also dessen Stieftochter Patricia, ist seit fünf Jahren seine Freundin.

»Wir sind eine klassische Patchwork-Familie und dazu sehr glücklich. Aber ich glaube, das ist eher die Ausnahme. Die meisten Familien haben nach der Trennung Zoff miteinander ... Trotzdem will ich auf keinen Fall die Fehler meines Vaters machen, mich zu schnell binden und dadurch eventuell Leid über viele Menschen bringen. Ich weiß – das ist leichter gesagt als getan, aber ich möchte meiner Verantwortung anderen gegenüber gerecht werden.«

Die sechzehnjährige Schülerin Hanna ist eines der zwei Scheidungskinder in diesem Buch, das bei seinem Vater lebt.

Als sich ihre Eltern trennen, gibt es Krach ums Sorgerecht, weil beide die gemeinsame Tochter großziehen wollen. Sie einigen sich schließlich darauf, dass Hanna in der Woche bei ihrem Vater, am Wochenende bei ihrer Mutter lebt. Die ständige Hin- und Herfahrerei strengt sie jedoch an, und deshalb verlangt Hanna mit fünf

Jahren nach einer festen Adresse. Sie will bei ihrem Vater bleiben. Obwohl sie sich für den Vater entscheidet, fühlt sich Hanna bei ihrer Oma am wohlsten. Sie hat bei ihr ein eigenes Zimmer und übernachtet am liebsten dort. »Am schönsten fand ich, wenn wir zusammen nähten und uns dabei unterhielten. Sie setzte sich an ihre Maschine und machte ihr Nählicht an – so ein schönes, ganz bestimmtes Licht. Das fand ich gemütlich, genoss diese friedliche Stimmung sehr.«

Nach der ersten Klasse wohnt sie aber bei ihrem Vater und genießt das Leben mit ihm. Seine Erziehungsmethoden gefallen ihr, denn sie darf machen was sie will. Mit seinen beiden Freundinnen, die er im Laufe der Jahre kennen lernt, kommt sie jedoch anfangs nicht richtig klar.

Sie ist eifersüchtig, vor allem auf die, die eine Zeit lang bei ihnen wohnt: »Einmal kamen die beiden aus der Dusche, und ich war sauer, als ich die so glücklich sah. Deshalb haute ich der Frau voller Wut auf den Po. Das war böse, aggressiv. Die Freundin war richtig schockiert über mich, aber Papa beruhigte sie: »Lass meiner Tochter Zeit. Sie hat es schwer. Das wird schon.«

Hanna hat nicht das Gefühl, etwas verpasst zu haben, weil ihre Eltern getrennt leben. »Es gab Zeiten, da wünschte ich mir, dass meine Mama wieder bei uns ist. Das war aber nicht oft. Sie fehlte mir nur manchmal.«

Sie ist auch nicht neidisch auf die Mütter der anderen, weil sie ja ihren Papa hat. Trotzdem erlebt sie am Ende der dritten Klasse eine tiefe Krise, will nicht mehr in die Schule gehen, weint einen Monat lang, sobald sie aufwacht. Weil ihr Vater sie nie zu etwas zwingen will, darf sie zu Hause bleiben. Nach vier Wochen geht er mit ihr zu einem Psychologen, aber Hanna weigert sich zu reden. In den Sommerferien erholt sie sich und geht dann wieder ganz normal zur Schule: »Ich weiß bis heute nicht, was mit mir los war.«

Warum das Verhältnis zu ihrer Mutter inzwischen angespannt ist, kann sie erklären: »Sie bevormundet mich pausenlos, traktiert mich ständig mit Aufgaben, die ich für sie übernehmen soll. Beispielsweise den Abwasch, der sich jedes Mal stapelt, wenn ich komme. Oder sie belehrt mich, dass ich in der Schule aufpassen, fleißig lernen soll.

Das muss sie mir nicht sagen, das mache ich von ganz alleine ... Wenn ich von ihr zurückkomme, fühle ich mich krank.«

Krank findet sie auch, dass nur bei einem einzigen Freund von ihr die Eltern glücklich miteinander sind: »Das macht mich traurig, denn ich habe dieses Ideal von einer Familie, von Liebe, Kindern, einem schönen Haus tief in mir. Wie man das schafft, in Harmonie miteinander zu leben, weiß ich nicht. Das wäre aber gut, um es einmal besser machen zu können. In dieser Hinsicht bin ich eine kleine Träumerin.«

Anja, 18, Friseurin, träumt erst einmal davon, dass ihre Eltern eines Tages Freunde sind. Über ihre einstige Familie sagt sie, dass es bei ihnen gute Zeiten, schlechte Zeiten gab – wie im Fernsehen. »Meine Eltern stritten sich manchmal, aber sie hatten sich lieb. Mich auch.« Doch im Laufe der Jahre leben sich ihre Eltern auseinander. Anjas Mutter sitzt jeden Abend allein im Wohnzimmer vor dem Fernseher und ihr Vater unten im Keller in seinem Hobbyraum. Anja sagt: »Kinder leiden darunter, weil sie nicht wissen, was eigentlich los ist mit ihren Eltern. Ich war mitten in der Pubertät, voller Fragen, voller Probleme, und meine Eltern hatten alle Hände voll mit sich zu tun.«

Die Streitereien nehmen zu, Anja wird immer trotziger. In der Schule läuft gar nichts mehr, und die Mutter beginnt heimlich zu trinken. So geht es über Monate, bis ihre Eltern im September 2001 beschließen, sich zu trennen.

Anjas Vater bleibt zwar noch eine Weile bei ihnen, aber sie begreift: »Die beiden taten einander nicht gut. Ich hoffte, dass sie irgendwann ernst damit machen, einen Schlussstrich unter ihre Ehe zu ziehen, weil ich wusste, dass es das Beste für sie, für uns alle wäre. Gesagt habe ich es nicht. Ich wollte mich nicht einmischen und ihnen auch nicht zeigen, dass es mir total schlecht geht und sie deshalb vielleicht wegen mir zusammenbleiben.«

Das bleiben sie nicht. Ihr Vater hat inzwischen eine Frau gefunden, mit der er glücklich ist und die auch Anja mag. Um ihre Mutter macht sie sich allerdings manchmal Sorgen: »Sie ist mir zu viel allein. Es ist wohl so nach einer Trennung – einer bleibt auf der Strecke. Mutti ist nur ein kleiner Kreis von Freunden geblieben. Eigentlich hat sie einen Neuanfang mit anderen, neuen Freunden geschafft, aber sie hängt noch sehr der alten Zeit nach. Ihre Trauer macht sie ganz schmal. Sie hat zwanzig Kilo abgenommen.«

Trotzdem sagt Anja: »Die Trennung war für beide ein Befreiungsschlag. Früher waren sie meine Eltern und ich ihr Kind. Jetzt sind sie meine Freunde, und so wie es ist, ist es gut. Schön wäre natürlich, wenn sie auch Freunde würden.«

Ob sie selbst einmal eine Familie gründen will, weiß Anja nicht, denn ihre Verunsicherungen sitzen tief.

Judith Wallerstein, amerikanische Psychotherapeutin, begann 1971 mit einer Studie, die die Scheidungsfolgen von sechzig Familien mit insgesamt 131 Kindern untersuchte – international die größte und umfassendste dieser Art. (Quelle: Jürg Willi: »Was hält Paare zusammen?«, Rowohlt.) Sie beobachtete die Familienangehörigen geschiedener Ehe über zehn bis fünfzehn Jahre und stellte fest, dass die Scheidung für alle Beteiligten einen schweren, lebensverändernden Eingriff darstellt. Für manche war er ein Befreiungsschlag, der Gutes bewirkte, aber weit häufiger hinterließ er tiefsitzende Verunsicherungen und Verletzungen, vor allem für die Kinder, die sich von mindestens einem Elternteil zurückgewiesen fühlten. Jürg Willi bemerkt dazu: »Diese Kinder sahen sich in einem Kampf benutzt, der nicht ihr eigener war, und fühlten sich um den Schutz und die Fürsorge einer Familie betrogen, deren Unterstützung sie gerade in der Ablösungsphase bedurft hätten.«

In Deutschland gibt es laut Focus, Heft 49/2001, bisher nur eine einzige repräsentative Langzeitstudie, die sich mit diesem Thema beschäftigt. Die Familiensoziologin Anneke Napp-Peters aus Hamburg begleitete dafür 150 Scheidungsfamilien über zwölf Jahre und stellte unter anderem fest, dass Jungen anfangs heftiger als Mädchen auf den Zusammenbruch der Familie reagieren. Sie bekommen Probleme in der Schule, werden aggressiv. Die Mädchen dagegen verstecken ihre Gefühle, ihren Schmerz bis nach der Pubertät. Dann erst beginnt für sie die wirkliche Trauerarbeit.

Für viele Scheidungskinder bleibt die Erfahrung der Trennung ihrer Eltern, der Verlust der Nestwärme, der Geborgenheit, ein Trauma fürs Leben. In Deutschland sind es etwa 200 000 Kinder, die

Jahr für Jahr durchleiden und verkraften müssen, dass Vater und Mutter auseinander gehen – Tendenz steigend. Jedes zweite Kind verliert dabei einen Elternteil für immer – in den meisten Fällen den Vater. Eine Studie der Freiburger Forscherin Ursula Kodjoe ergab, dass ein Jahr nach der Scheidung mehr als die Hälfte aller Väter ihre Kinder nicht mehr sieht.

Es würde jeden Rahmen sprengen, in diesem Vorwort auf alle Studien, Untersuchungen, Meinungen und Ratschläge zum Thema Scheidungskinder einzugehen. Der Tenor ist auch zu unterschiedlich. So heißt es in manchen wissenschaftlichen Untersuchungen, ein Scheidungskind sei traumatisiert fürs Leben, andere äußern Zweifel daran. Es gibt zum einen etliche Fachleute und Politiker, die zum Schutz der Kinder Pflichtberatungen und Trainingskurse für Eltern fordern – wie übrigens auch Mathilda –, und andere, die meinen, dass eine Trennung heute jedem passiert und damit nichts Besonderes mehr ist, leichter bewältigt würde als früher.

Dieser Sicht gibt eine Studie des Deutschen Jungendinstituts München in gewissem Maße recht, die unlängst herausfand, dass das Pendeln zwischen zwei Haushalten für die Scheidungskinder nicht schädlich sein muss. Entscheidend für ihre Zufriedenheit sei ein guter Kontakt zum getrennten Elternteil. Auch mit dem schlechten Image der »Patchwork-Familien« müsse aufgeräumt werden, denn viele profitierten von den zusätzlichen Sozialbeziehungen in so einer modernen Großfamilie, in der immerhin 850 000 der 15 Millionen deutschen Kinder aufwachsen. (Quelle: »Potsdamer Neueste Nachrichten«) Judith Wallerstein dagegen fand heraus, dass sich eine große Zahl der Scheidungskinder in den Stieffamilien ausgeschlossen fühlen. Die neuen Formen der Familie bieten ihrer Ansicht nach nicht dieselbe Geborgenheit wie die traditionelle Ehe.

Dieses Buch, das Sie jetzt gerade in den Händen halten und hoffentlich bis zur letzten Zeile lesen, ist keine soziologische Studie und nimmt weder Vollständigkeit noch Repräsentativität für sich in Anspruch. Aber es zeigt, wie 25 Scheidungskinder mit ihren meist leidvollen Erfahrungen umgehen, ob und wie sie sie verarbeiten, was sie in ihrer eigenen Familie besser machen oder einst besser machen wollen.

Ich möchte mich an dieser Stelle noch einmal bedanken: bei den Scheidungskindern, die mir ihre Geschichten erzählten und mir dafür viele Stunden ihrer Zeit schenkten; und die es aushielten, den aufgeschriebenen Text, der den Schmerz noch einmal aufrührte, zu ertragen und zu autorisieren.

Es waren ausnahmslos ernste, konzentrierte Gespräche, in denen es nichts zu lachen gab. Deshalb ist dieses Buch auch nicht als Lektüre vor dem Einschlafen zu empfehlen. Im Gegenteil: Es ist eines, das hellwach machen soll.

Ihre Meinung über das, was Sie in diesem Buch lesen konnten, interessiert mich sehr.

Sie können mir schreiben:

Schwarzkopf & Schwarzkopf Verlag
Stichwort »Wir Scheidungskinder«
Kastanienallee 32
10435 Berlin

oder senden Sie mir eine E-mail:
ulrike.wendt@schwarzkopf-schwarzkopf.de

Ich freue mich über Ihre Post.
Ihre Heide-Ulrike Wendt,
Berlin, im Frühjahr 2003

Pascal, 16, Schüler
Ina, 13, Schülerin

»Den richtigen Vater kann niemand ersetzen.«

Mutter, 38, Kindergärtnerin
Vater, 40, Elektriker
Pascal und Ina sind Geschwister

Pascal: Vor sieben Jahren ist mein Vater gegangen. Ich war damals neun. Die Erinnerungen an unsere gemeinsame Zeit sind schön. Er war oft auf Montage, aber wenn er bei uns war, nahm er sich viel Zeit für uns. Er spielte mit mir Fußball und wir fuhren gern zusammen in den Urlaub. Vor der Trennung waren wir zu viert im Europapark in Freiburg und nach der Trennung ohne Mama im Disneyland Paris. Ich habe zwischen meinen Eltern nie Streit erlebt. Warum die beiden auseinandergingen, wurde mir nur erzählt. Sie sind beide ganz normale, ordentliche Menschen, richtig gut erzogen.

Ich war traurig, als Papa nicht mehr bei uns war, bekam Alpträume. Der eine geht so: Ich bin in einem kleinen Raum, der immer und immer größer wird. Die Wände verschieben sich, ich suche eine Tür, um dort herauszukommen, aber ich finde sie nicht. Manchmal sind da Personen im Raum, mit denen ich sprechen will, aber es klappt nicht. Dann gibt es noch einen anderen Alptraum, wo Außerirdische versuchen, mich von der Erde wegzutreiben, damit ich niemandem mehr begegnen, mit niemandem reden kann. Die Außerirdischen wollen mich weg haben. Ich hatte Angst vor diesen fiesen Träumen, manchmal war ich auch ein Schlafwandler. Früher träumte ich einen dieser Träume jede Nacht und fürchtete mich deshalb vor dem Einschlafen. Doch diese Zeit ist vorbei. Wenn ich heute schlimme Dinge träume, haben die eine ganz konkrete Ursache: Filme, die ich sehe und nicht richtig verarbeite.

Ich bin jetzt in der zehnten Klasse und ziehe nach dem Abschluss der Realschule zu meinem Vater nach München, weil ich dort größere Chancen habe, eine Lehrstelle als Einzelhandelskaufmann zu finden. Er lebt dort seit sieben Jahren mit seiner neuen Frau in einem großen Haus. Die beiden sind verheiratet, haben bereits ein gemeinsames Kind und erwarten ein weiteres.

Durch die Trennung meiner Eltern habe ich viele Erfahrungen gemacht – gute und schlechte. Weil Papa nun in München, weit weg von uns, wohnt, komme ich viel mehr in Deutschland herum, sehe was von der Welt. Ina und ich fahren oft zu ihm. Manche Kinder sehen ihren Vater oder ihre Mutter – je nachdem, wer geht – nicht mehr. Wir durften ihn aber immer besuchen. Von Anfang an. Als er vor vier Jahren damit begann, das Haus für seine neue Familie zu bauen, half ich ihm dabei. Anfangs besuchten wir ihn dreimal im Jahr, inzwischen in jeden Ferien. Das ist einwandfrei. Ich verstehe mich mit seiner neuen Frau gut. Die ist 31 und lieb zu uns. Meine Halbschwester Julia, sie ist drei Jahre alt, mag ich auch gern, aber sie wird sehr verwöhnt. Manchmal dreht sie richtig ab: Malt die Tapeten voll, beißt andere Kinder. Ein weiteres Kind ist unterwegs und laut Ultraschall soll es ein Junge sein. Das würde mich freuen. Ich habe in München viele Freunde gefunden und bin in ein Mädchen von dort verliebt.

Mutti hatte zwischendurch auch einen neuen Partner. Der war dreizehn Jahre jünger als sie und nutzte sie nur aus. Ich war in einem Sportverein, und da war er mein Meister im Kung-Fu. Einmal nannte er mich vor allen anderen eine Flasche, um mich zu ärgern. Damals ließ ich mir das gefallen, sagte nichts dazu. Wenn er mich heute auf der Straße sieht, kriegt er Schiss. Vor drei Jahren trennte sich Mutti von ihm. Er wollte ständig Geld von ihr. Die jüngeren Kerle sind so, das habe ich jedenfalls schon oft gehört.

Hinter uns liegt trotzdem eine schöne Zeit. Ich war glücklich mit Mutti. Sie hat eine große Familie und alle kümmern sich um uns.

Deshalb habe ich meine Freunde in der Schule nicht um ihre Familie beneidet. Es lief auch ohne meinen Vater gut. Er fehlte mir nicht. Aber Mutti wird mir fehlen, wenn ich im Sommer weggehe. Bei Ina bin ich mir nicht sicher. Wir hatten ziemlichen Stress miteinander. Mutti könnte sich sicher einen neuen Partner an ihrer Seite vorstellen, aber bisher hat es noch nicht geklappt. Ich gebe zu, dass ich froh darüber bin. Den richtigen Vater kann niemand ersetzen. Mutti würde ich daraus aber nie einen Vorwurf machen. Es ist wohl schwer, ein ganzes Leben lang zusammenzubleiben. Wenn ich mich einst mit meiner Frau nicht mehr verstehe, dann will ich mich von ihr so trennen wie es meine Eltern taten – ehrlich zueinander sein, nicht soviel streiten, verzeihen können, wenn einer was falsch gemacht hat. Noch besser ist es natürlich, sich immer treu zu sein. Ich denke, das schafft man.

Ina: Die Zeit mit Papa war schön. Unsere Eltern waren ein glückliches Paar. Wir unternahmen viel zusammen, ließen Drachen steigen oder fuhren zum Baden an einen See oder in die Schwimmhalle. Mit meinen Problemen ging ich aber zu Mutti.

Als sie diesen anderen, viel jüngeren Mann kennen lernte, schrieben sie sich Briefe und Papa bekam das mit. Er sagte zu Mutti: »Entweder er oder ich.« Sie entschied sich für den anderen und Papa zog aus. Das war eine schlimme Zeit. Ich kenne aber keine Familie, die ohne Streit lebt. Auch von meinen Freunden weiß ich, dass sich ihre Eltern zanken. Ich glaube nicht, dass es Ehen gibt, die ein Leben lang superglücklich sind.

Mit dem neuen Mann war Mutti auch nicht immer auf Wolke sieben. Der wohnte zwar gleich bei uns, als Papa weg war, aber die beiden stritten sich oft. Er war ein Pascha und Mutti musste putzen, bügeln, einkaufen. Ich war damals noch ziemlich klein und dachte, dass es richtig ist, wie Mutti das macht. Doch mit der Zeit fand ich das ungerecht. Sie musste für ihn auch per Katalog Klamotten bestellen, und er gab ihr das Geld nie zurück. Das fand ich nicht gut und sagte das Mutti. Zuerst war er ja lieb und nett, aber mit der Zeit veränderte er sich. Er nannte Pascal sogar mal eine Flasche.

Das Papa weg war, empfand ich anfangs als ganz ganz schlimm. Wir sahen ihn ja wochenlang nicht. Ich wollte aber Mutti keinen Vorwurf machen, ihr nicht die Schuld geben, dass wir keine Familie mehr sind. Heute bereut sie ja selbst, dass sie sich von Papa trennte. Er war so tüchtig, machte alles für uns. Manchmal spüre ich, was sie denkt, wenn sie ein anderes Ehepaar sieht, das glücklich ist.

Auf Papas neue Frau war ich zuerst eifersüchtig. Wir beide stritten uns oft. Wenn sie mir sagte, dass ich das und das machen soll, sah ich das überhaupt nicht ein. Sie ist ja nicht meine Mutter. Wenn sie nicht aufhörte, mich zu bedrängen, dann drohte ich ihr, dass ich das alles Papa sage. Einmal waren Pascal, sie und ich allein zu Hause und sie kochte für uns drei eine Suppe. Die wollten wir aber nicht essen, weil zu viel Fleisch drin war. Sie reagierte sehr abweisend und sagte: »Ihr esst, was auf den Tisch kommt, sonst kriegt ihr gar nichts.« Und ich daraufhin: »Dann lauf ich dir eben davon.« Und sie wieder: »Na dann tschüss. Mach doch!« Als ich wirklich weglief, kam sie mir aber hinterher, packte mich am Arm und sagte: »Wenn du dich entschuldigst, ist alles wieder in Ordnung.«

Das fiel mir schwer, aber ich tat es. Danach fuhren wir schwimmen und Pascal wollte vorne im Auto sitzen. »Nein, das geht nicht«, sagte sie, »du bist erst acht.« Nun war er sauer, obwohl sie natürlich recht hatte. Vor dem Bad wollten wir nicht aus dem Auto steigen, weil es dort keine Rutschen gab. Wir waren so voller Trotz, dass sie meinte: »Ich zähle jetzt bis drei, und wenn ihr bis dahin nicht ausgestiegen seid, fahren wir zurück nach Hause.«

Heute denke ich, dass sie es schwer mit uns hatte, aber wir waren eben sehr eifersüchtig auf sie.

Als mich mein Vater fragte, was ich davon halte, wenn Johanna und er heiraten würden, war ich total geschockt. Ich dachte: »Jetzt nimmt dir diese Frau deinen Papa weg.« Papa sah mir an, was in mir vorging und war nun traurig, dass ich so traurig war. Dann fragte er aber weiter: »Und was hältst du davon, wenn Johanna und ich ein Kind bekommen?« Noch so ein Schock, denn nun befürchtete ich, dass er überhaupt keine Zeit mehr für uns hätte. So kam es aber nicht. Ich hatte umsonst Angst davor.

Die Hochzeit der beiden, erst auf dem Standesamt und dann in der Kirche, war superschön. Johannas Familie ist total nett und meine dreijährige Halbschwester richtig süß. Ich komme super mit ihr klar, obwohl sie ein verwöhntes Einzelkind ist. Sobald wir Ferien haben, fahren wir zu Papas neuer Familie. Mutti bringt uns bis zu einer bestimmten Raststätte, und da holt uns Papa ab. Ich verstehe mich heute sehr gut mit Papas neuer Frau, und sie erzählt mir oft, was ich früher so alles angestellt habe. Auch Mutti versteht sich gut mit ihr.

Wenn wir nach den Ferien nach Hause kamen, war das jedes Mal schlimm für mich. Ich weinte nur. Einmal, als mich Papa und Johanna sogar bis in mein Zimmer brachten, so sehr, dass Mutti die beiden über Handy bat, noch einmal zurückzukommen und mich zu trösten.

In meiner Klasse bin ich das einzige Scheidungskind. Wenn die in der Pause erzählten, was sie am Wochenende so alles mit ihrer Familie unternommen haben, tat mir das weh.

Das Leben mit Mutti allein war und ist aber schön. Ich war zwar traurig, wenn ich von Papa zurückkam, fühlte mich aber wieder ganz schnell geborgen bei ihr. Ich liebe meine Mutti über alles. Sie ist nicht wie andere Mütter, denn sie geht mit uns auf die Love-Parade, ins Rockkonzert, man kann mit ihr über alles reden. Mit Papa kann ich das nicht, weil er ein Mann ist.

Ich wäre zu meinen Kindern wie Mutti zu uns: Sie erlaubt uns alles, kümmert sich um uns, wenn wir Probleme haben. Wenn ich in Mathe eine Fünf schreibe, muss ich keine Angst haben, dass sie deswegen ausflippt. Sie redet mit mir ganz ruhig darüber, wie das passieren konnte, und versucht mit mir gemeinsam herauszufinden, wie ich es besser machen kann.

Manchmal wünsche ich mir, dass sie einen anderen Mann kennen lernt. Sie sagt aber, dass sie allein besser zurecht kommt. Aber auch ohne uns? Im Sommer zieht Pascal zu Papa, irgendwann gehe ich. Aber wir können sie doch nicht allein lassen. Ich habe viele Freunde in München, sogar einen festen Freund und würde gern in dieser Stadt leben. Am liebsten mit Mutti in der Nähe, aber sie wäre da sicher nicht glücklich, weil es vielleicht schwer ist, dort neue Leute kennen zu lernen. Hier in Cottbus kennt sie so viele Menschen, bei denen sie sich geborgen fühlt.

Ich bin im Moment noch nicht traurig, dass Pascal geht. Wir haben uns oft nicht verstanden. Bis er in die Schule kam, waren wir ein Superteam, danach ging er auf Abstand zu mir. Er hatte keine Lust mehr, sich um seine kleine Schwester zu kümmern. Wir gifteten uns eigentlich nur noch an. Einmal schlugen drei Mädchen auf dem Schulhof auf mich ein, traten mir ins Schienbein, und er stand daneben und half mir nicht. Er schlug mich ja auch, wenn ich ihm auf die Nerven fiel. Einmal las ich seine Liebesbriefe, und er war so böse darüber, dass er mich würgte. Ich bin ins Badezimmer geflohen, und als Mutti das mitbekam, gab sie ihm eine Ohrfeige. Natürlich war ich dran schuld, dass er so sauer war, aber deshalb muss er mich nicht gleich würgen. Das ging so bis vor einem Jahr. Jetzt blöken wir uns nur noch an.

Mutti steht auf meiner Seite, wenn er grob zu mir ist. Ich bin sehr froh, dass sie mich so gut versteht. Pascal interessiert sich nur für Filme und seinen PC. Laufend nimmt er Filme auf Videos auf, die ihm gefallen. Wenn mich einer interessiert, behauptet er, dass wir keine neuen Kassetten mehr haben. Das finde ich total ungerecht. Deshalb wird er mir wahrscheinlich nur fehlen, wenn mein Computer kaputt ist.

Jaqueline, 15, Schülerin

»Ich habe den Schock fürs Leben hinter mir.«

Mutter, 47, Apothekerin
Vater, 45, Pfleger
keine Geschwister

Meine Eltern kennen sich seit 22 Jahren, davon waren sie dreizehn Jahre verheiratet. Mama war 25, als sie Papa das erste Mal begegnete, und er 23. Er kümmerte sich als Pfleger um sie, weil sie unter Verspannungen litt. Später trafen sie sich in einer Disco wieder und verliebten sich ineinander. Acht Jahre später kam ich zur Welt.

Wie die Beziehung früher zwischen ihnen war, weiß ich nicht. Papa arbeitete bis 18 Uhr, da blieb nicht viel Zeit für ein richtiges Familienleben. Im Sommer, wenn es lange hell ist, oder am Wochenende gingen wir oft spazieren und meine Eltern haben mit mir »Flieg, Engelchen flieg« gespielt. An meinem achten Geburtstag fuhren wir in einen Freizeitpark und veranstalteten dort ein Picknick. Es war eine schöne Zeit.

Als ich zehn war, sind meine Mutter und ich das erste Mal zu Hause ausgezogen – von einem Tag auf den anderen. Mein Vater war Alkoholiker, es gab immer Streit zwischen den beiden. Ich glaube, dass er Mama schlug. Mich fasste er nie an.

An dem Tag, als wir vor ihm zu Leuten ins Haus gegenüber flohen, war er sehr aggressiv und wollte meine Mutter würgen. Unsere Nachbarn riefen die Polizei und wir blieben über Nacht bei ihnen. Am nächsten Tag, mein Vater war nicht zu Hause, packten wir unsere Koffer und zogen in der Rekordzeit von drei Stunden in eine andere Wohnung. Weil mein Vater ständig betrunken war, hatte sich meine Mutter schon vorher nach einem neuen Domizil für uns zwei umgesehen. Das stand uns in dieser Notlage sofort zur Verfügung. Damals war ich zehn Jahre alt.

Mein Vater schwankte von einer Stimmung in die andere. Extrem. Mal war er total vernarrt in Mama, küsste sie und sagte ihr laufend, wie sehr er sie mag. Dann kippte er wieder um, war böse, beschimpfte sie. Der Alkohol machte ihn, unsere Familie, einfach alles kaputt. Er liebte Mama, war aber auch neidisch auf sie, weil sie im Beruf mehr Erfolg hatte, mehr Prestige besaß, mehr Geld verdiente als er.

Sie besaßen zwar getrennte Konten, wirtschafteten auch jeder für sich, aber letztendlich bezahlte Mama alles. Papa ging für uns einkaufen, die Reisen, die Versicherungen, die Kredite bezahlte aber Mama. Das kränkte seine Männlichkeit und deshalb sagte er ihr bei jeder Gelegenheit: »Ich muss für mein Geld mehr arbeiten als du. Was du machst, ist keine richtige Arbeit.«

Die Katastrophe bahnte sich ganz langsam an. Vielleicht begann alles in seinem geliebten Sportverein, wo gern und viel gebechert wurde. Das kann durchaus sein, aber ich weiß es nicht. Er erzählte mir mal, dass er soviel trinkt, weil er nur so entspannen, vergessen kann.

Ich bemühte mich, das alles zu verdrängen, nur am Wochenende schaffte ich es nicht. Wenn er am Samstagabend aus seinem Verein zurückkam, lag Mama schon im Bett. Dann ging er zu ihr ins Schlafzimmer und pöbelte sie an. Anschließend setzte er sich ins Wohnzimmer, stellte das Radio auf volle Lautstärke und nahm keinerlei Rücksicht auf uns. Mama bat ihn jedes Mal ganz sanft und freundlich, die Musik leiser zu stellen, damit wir schlafen können. Und genau in diesem Moment rastete er aus.

Einmal kam er nach Mitternacht nach Hause, kochte sich Spaghetti und Tomatensauce und schmiss dann den Topf mit den Nudeln und der roten Soße an die Wand im Flur. Ich bekam das erst gar nicht mit, aber als ich gegen eins ins Bad musste, kam ich daran vorbei, sah den roten Fleck an der Wand und dachte: »O Gott, jetzt hat er Mama umgebracht. Es ist etwas ganz Schlimmes passiert.« Nach dem ersten Schock sah ich aber, dass es nur Tomatensoße war.

Ich war erleichtert und versuchte sofort, das alles wieder zu verdrängen, weil ich ja wusste, dass ich nichts tun kann. Nur manchmal, wenn sich meine Eltern zu heftig stritten, ging ich zu ihnen und flehte: »Hört auf! Hört endlich auf!«

Ich blockte meist ab, wenn ich mit Papas Problemen konfrontiert wurde, fragte ihn nicht, warum er trinkt, weil ich Angst hatte, dass er dann ausrastet. Aber ich dachte viel darüber nach. Meine Mutter versuchte ständig, mit ihm über seine Probleme zu reden, aber er sagte kein einziges Wort darüber. Sie weinte oft, gab aber die Hoffnung nicht auf, dass er wieder zu sich kommt.

Mit mir sprach sie über alles: Was sie denkt, ob wir nicht doch lieber ausziehen sollten, sobald sie das nötige Geld beisammen hat. Ich fand bei ihr auch Bücher, richtige Ratgeber zum Thema Alkoholsucht oder »Wie trenne ich mich?«.

Wir kannten niemanden, der uns für eine Weile aufgenommen hätte. Es gab da nur zwei Familien, zu denen wir gehen konnten, wenn es bei uns zu Hause eskalierte.

Als wir nach dieser besagten Nacht in die neue Wohnung gezogen waren – ich ging in die vierte Klasse –, sackte ich in der Schule ab, hatte nur noch Dreien und Vieren. Vorher gehörte ich zu den Besten in der Klasse, bekam nur Einsen. Vor dem Auszug war ich ein richtiges Pummelchen. Danach nahm ich etliche Kilo ab.

In unserer neuen Wohnung im Grünen fühlte ich mich sehr wohl. Die war schön. Gleich nebenan gab es einen Reiterhof, der mein zweites Zuhause wurde. Ich ritt mit meinen Freundinnen über die Wiesen ringsum und genoss das sehr. Mama und ich kamen endlich zur Ruhe.

Nach ein paar Wochen begann Papa uns Briefe zu schreiben. Die waren sehr emotional, und ich musste weinen, wenn ich sie las. Vorher konnte ich nicht weinen. Er schrieb uns, wie sehr er uns liebt, dass er möchte, dass wir zu ihm zurückkommen, und dass er nie mehr trinken wird. Ein paarmal besuchte er uns, blieb aber in unserer alten Wohnung und renovierte die liebevoll, weil er wollte, dass wir wieder zusammen sind. Wir näherten uns langsam wieder an, trafen uns regelmäßig.

Nach anderthalb Jahren dachte ich: »Ja, wir sollten wieder zusammenziehen. Toll, er hat sich geändert. Jetzt sind wir wieder eine richtige Familie.« Mama und ich vertrauten ihm und kehrten zurück.

Kurze Zeit später verlor er seinen Job. Die Trinkerei begann von vorne, die Streitereien zwischen den beiden auch.

Zu mir war Papa nett. Wenn er mich in den Arm nahm, sagte er »Mäuschen« zu mir und gab mir zur Begrüßung und vor dem Schlafengehen ein Küsschen. Seine innersten Gefühle zeigte er mir nicht, sagte mir nie: »Ich liebe dich.«

Hin und wieder nahm er Gelegenheitsjobs an, schmiss den Haushalt, kochte für uns, ging einkaufen. Doch nach neun Monaten ließ das spürbar nach mit der Harmonie. Meine Mutter drängte ihn pausenlos: »Schreib Bewerbungen! Mach was!« Er fühlte sich dadurch wahrscheinlich bedrängt, bevormundet.Die Atmosphäre in unserer Familie war angespannt. Nach etwa anderthalb Jahren sagte Mama ihm, dass sie ihn in dieser Situation nicht mehr lieben kann, dass er ausziehen soll. Das gefiel ihm gar nicht. Das fand er blöd und ungerecht, weil er es ja war, der die Wohnung renoviert hatte. Sein Hauptargument zu bleiben war, dass er gar kein Geld hätte, sich eine eigene Wohnung zu nehmen.

Das zog sich eine ganze Weile hin. Erst als ich zwölfeinhalb war, zog er in eine nette kleine Wohnung eine Straße weiter. 2000 reichten sie die Scheidung ein. Er zahlt uns keinen Unterhalt, obwohl er wieder arbeitet. Weil Mama so gut verdient, muss sie ihm sogar was überweisen. Das belastet sie sehr, weil sie ja nun unsere Miete allein zahlen, mich versorgen und einen Kredit abstottern muss. Das Verhältnis zwischen ihnen ist trotzdem normal. Meine Eltern verstehen sich sogar richtig gut.

Ein halbes Jahr nach dem Auszug fand Papa eine neue Freundin. Die ist vierzig, ziemlich nett und hat selber keine Kinder. Wir wollen uns eigentlich alle zwei Wochen treffen, aber weil ich im Moment extrem wenig Zeit habe, schaffen wir es nur einmal im Monat.

Mama hatte seit ihrer Trennung von Papa zwei Freunde – den ersten fand sie sogar ein bisschen früher als Papa seine Freundin. Die leben ganz woanders. Vielleicht wollte sie das, weil sie Abstand braucht. Ich fand sie beide nett, obwohl sie das totale Gegenteil von Papa sind: der ist groß, stark, burschikos, eigentlich ein Beschützertyp. Ihre neuen Männer sind klein, kultiviert, intelligent, Brillenträger und sehr erfolgreich im Beruf.

Sie lernte beide im Internet kennen. Zuerst gefiel mir das gar nicht. Ich sagte ihr: »Mama, pass auf! Im Internet können die dir doch sonst was erzählen. Ich würde einen Mann lieber in einem Café kennen lernen oder in der Bahn, wo man zufällig ins Gespräch kommt.«

Später fand ich das aber okay, richtig gut, dass sie wieder jemanden hatte. Mit dem ersten blieb sie nur vier Monate zusammen, mit dem zweiten hält das schon ein Jahr. Sie besuchen sich gegenseitig und sie findet das gut so, denn sie möchte nicht, dass bei uns wieder ein Mann einzieht. Zwischen den beiden liegen 500 Kilometer, und ich habe sie gefragt: »Wie soll das denn klappen?« Aber es klappt.

Nach allem, was so passiert ist, will ich auch nicht, dass meine Eltern wieder zusammen sind. Seitdem Mama und ich allein leben, ist es abends ganz entspannt bei uns. Wir kochen uns was Schönes, sitzen bei Kerzenschein im Wohnzimmer und müssen endlich keine Angst mehr haben, dass Papa betrunken nach Hause kommt und mit uns streitet. Ich liebe meinen Vater, aber das will ich nicht noch mal. Er findet es auch besser, dass Mama und er nicht mehr zusammen sind. Ich habe ihn seit der Trennung nie mehr betrunken erlebt.

Mama hat mich mal gefragt: »Bist du traurig, dass wir uns getrennt haben?« Nein, bin ich nicht. Ich genieße die Zeit mit ihr allein. Wir führen so einen richtigen Weiberhaushalt und ich helfe ihr viel.

Mama ist jetzt richtig fröhlich. Sie will ihren Spaß, trifft sich mit ihren Freundinnen, ist viel auf Achse. Papa sieht vieles negativ: die Regierung, den Staat – alles ist schlecht. Mama ist da viel zuversichtlicher.

Manchmal gehen wir zu dritt essen – an meinem Geburtstag oder an meinem letzten Schultag vor den Ferien. Das ist jedes Mal schön, ganz entspannt. Wenn wir nach Hause gingen, sagte sie anfangs: »Er hat sich so verändert.« Manchmal weinte sie auch, weil er uns beim Essen erzählte, was er mit seiner neuen Freundin so alles macht – Oper, Theater, Kino, essen gehen. Da war sie manchmal traurig und fragte sich und mich: »Warum hat er das nicht mit mir, mit uns gemacht? Dein Papa ist doch ein ganz netter Typ.«

Ich hielt dann sofort dagegen: »Nein, Mama. Denk nicht an so was. Ihr seid viel zu unterschiedlich. Es würde nicht gut gehen.« Ich wäre absolut dagegen, dass sie wieder zusammenziehen. Ich habe den Schock fürs Leben hinter mir. Das möchte ich wirklich nicht noch mal.

Das kann kein Mensch nachvollziehen, was man für eine Angst hat, wenn der Vater so ausflippt. Erst jetzt, allein mit Mama, fühle ich mich geborgen. Ich glaube, mein Vater weiß gar nicht, wie sehr ich mich vor ihm fürchtete. Einmal sollte ich mein Zimmer aufräumen und er hat mich deshalb richtig angemacht. Ich war so in Panik, dass ich mich auf seinen Schoß setzte und es ihm sagte. Da war er bestürzt und tröstete mich. Das war kurz nachdem wir zu ihm zurückgekehrt waren, überhaupt das einzige Mal, dass wir darüber sprachen. In den Briefen hatte er sich zwar dafür entschuldigt, was er uns angetan hat, aber wusste er eigentlich, was alles passiert ist? Bekommen Alkoholiker mit, wenn sie ausflippen? Oder erinnern sie sich am nächsten Tag daran? Ich fände es gut, wenn wir darüber reden würden, aber ich wage nicht den ersten Schritt, weil ich nicht weiß, wie er darauf reagiert.

Eltern sollten sich gut überlegen, ob sie heiraten. Ob sie wirklich bereit sind, ein ganzes Leben mit einem Partner zu verbringen. Jede zweite Ehe wird bei uns geschieden, da sollten Erwachsene gut darüber nachdenken, was sie tun.

Ich war vierzehn, als mein Vater ging, und ich vermisse die Vaterrolle nicht. Meine Mutter und ich unternehmen immer was und wir verstehen uns gut. Das reicht mir. Ich will mein Abitur machen, studieren und auf keinen Fall vor meinem 25. Lebensjahr Kinder bekommen. Vielleicht will ich auch nicht heiraten. Meine Eltern haben nichts falsch gemacht. Sie sind nur zu verschieden. Sie haben es noch einmal miteinander versucht, aber es klappte nicht. Mama ist sicher nur so lange mit ihm zusammengeblieben, weil sie harmoniebedürftig ist und immer hoffte, dass doch noch alles gut wird. Wenn er durchdrehte, dachte ich oft: »So ein Arschloch.« Hätte ich es so lange mit ihm ausgehalten wie meine Mutter? Vielleicht tat sie es nur wegen mir. Ich habe ja auch nie gesagt: »Trennt euch!« Wenn mein Vater mich geschlagen hätte, wäre das was anderes gewesen. Da hätte ich mich gewehrt. Wenn er Mama schlug oder drangsalierte, hörte ich das nur. Gesehen habe ich es nie. Man verdrängt das, weil man ja irgendwie miteinander klar kommen muss.

Aber so wie es jetzt ist, ist es besser. Mama und ich schaffen das schon. Ich weiß nicht, wie ich damit fertig geworden wäre, als ich noch klein war. Und wenn das alles erst jetzt passieren würde, bekäme es Papa mit mir zu tun. Ich bin stärker und älter und würde nicht mehr einfach stillhalten, sondern mich einmischen.

Alice, 15, Schülerin

»Mein Vater, der ehemalige Held.«

Mutter, 33, Ärztin
Vater, 42, Musiker, lebt zur Zeit in Kanada
ein Bruder, Marcel, 13

Es war im Sommer 1985. Meine Mutter bummelte gerade ein bisschen an den glitzernden Boutiquen von Düsseldorf vorbei, als ihr vor einem kleinen Straßencafé ein junger Musiker auffiel. Er improvisierte auf seiner Gitarre einen Song von Bob Dylan und blies dabei die Mundharmonika. Wie die Legende. Sie beobachtete ihn lange, hörte seine Musik und die beiden verliebten sich ineinander. Damals war sie sechzehn, er fünfundzwanzig. Noch vor ihrem 18. Geburtstag zog sie gegen den Willen ihrer Eltern von zu Hause aus, um mit Papa zu leben. Mutti war jung, naiv und total verknallt in ihn. Sie stand mitten im Abitur, war bereits schwanger und kurz nach ihrem achtzehnten Geburtstag feierten die beiden Hochzeit. Papa ist Ausländer, wollte unbedingt in Deutschland bleiben. Deshalb ging alles so rasch. Ihr Vater war absolut dagegen, dass sie diesen Mann heiratet. Er erkannte schon damals seine schlechten Seiten, fand ihn auch zu alt für meine Mutter. Aber sie hörte nicht auf ihn, wollte schon lange weg von ihrem Vater, der sie als Kind oft geschlagen hatte. Nur zu ihrer Mutter hatte sie ein gutes Verhältnis. Meine Großeltern kamen trotzdem zur Hochzeit, und auf dem großen Familienfoto sieht man, wie mies gelaunt Opa war. Oma hat darauf Tränen im Gesicht. Mutti ging noch in die 13. Klasse, als ich zur Welt kam. Nach dem erfolgreichen Abitur begann sie sofort mit dem Medizinstudium, und die beiden lebten von ihrem Bafög und dem Geld, das er mit seiner Straßenmusik verdiente.

Mein Vater war extrem eifersüchtig. Wenn Mutti in den Vorlesungen saß, sollte er sich eigentlich um mich kümmern, stattdessen spionierte er ihr auf dem Unigelände hinterher und machte ihr Szenen, weil er fand, dass sie ständig mit Männern zusammen war. Er war ein Frauenheld, ging von sich aus. Sein Charme war unwiderstehlich. Er spielte schöne Lieder auf der Gitarre, war attraktiv, trainierte im Fitness-Studio seinen Körper und hob zu Hause Gewichte. Außerdem kann er auch gut kochen, aber das sieht man ja nicht auf den ersten Blick.

Es war Mutti peinlich, wenn er ihr hinterher spionierte und ihr Szenen machte.

Auch mein Opa fühlte sich einmal von ihm zurechtgewiesen, als mein Vater ihn bat, wegen mir nicht zu rauchen, weil ich ja noch ein Baby war. Opa war beleidigt und die beiden stritten sich heftig. Oma wollte schlichten, hielt sich aber zurück. Mutti fand das gar nicht gut und fragte sie, warum sie sich eigentlich nie einmischt. Und da sagte Oma: »Wir sind seit vielen Jahren verheiratet, ein glückliches Paar. Wir halten zusammen.«

Danach feierten wir zwar noch Weihnachten bei meinen Großeltern, aber in den folgenden sechs Jahren sahen wir sie kaum.

1989 kam mein Bruder zur Welt. Während der Schwangerschaft war mein Vater oft wochenlang unterwegs. Nach der Geburt von Marcel zogen wir in eine große Altbauwohnung und Muttis Kommilitonen halfen beim Packen. Auch mein Vater war sehr aktiv, weil er handwerklich sehr geschickt ist.

Weil meine Eltern jemanden brauchten, der am Tag auf uns aufpasst, zog die Mutter meines Vaters zu uns. Diese Frau kam vom Land und wusste noch nicht mal, dass es fließend Wasser aus der Wand gibt. In ihrem Dorf musste sie sich das Wasser vom Brunnen holen. Und das Gemüse aus dem Garten. Sie war streng katholisch, betete pausenlos ihren Rosenkranz und ging oft mit uns in die Kirche. Ich fand das gar nicht schlecht, es gefiel mir dort, und sie bekam so einen gewissen Einfluss auf mich.

Mein Vater ging schon damals fremd, aber ich weiß nicht, ob meine Mutter es wusste oder einfach nicht wissen wollte. Sie stritten sich oft und dann weinte mein Vater, weil er behauptete, dass meine Mutter angeblich fremdgeht. Das stimmte aber nicht. Sie ging nie fremd.

Papa bekam oft Wutanfälle, wurde aber nie handgreiflich. Einmal trat er mit seinem Fuß nach einem Stuhl und brach sich dabei einen Zeh. Ich hörte nachts im Halbschlaf, wie er schrie, dass er eines Tages uns oder sich umbringt, und stand auf, um zu gucken, was los ist. Als Mutti mich sah, sagte sie mir, ich solle mich anziehen und meinen Bruder wecken. Der Krach ängstigte mich sehr, also zog ich meine Sachen ganz schnell über den Schlafanzug und kroch unter unser Klavier. Mein Bruder kam hinterher, nahm mich in den Arm, tröstete mich, machte mir Mut, obwohl er noch so klein war. Das werde ich ihm nie vergessen.

Mutti hatte Angst vor meinem Vater, das sah ich. Er schrie, heulte, tobte, stampfte mit den Füßen auf den Boden und drohte wieder, sich umzubringen. Der Streit zwischen den beiden eskalierte derart, dass Mutti das Frauen-Nottelefon anrief. Wenig später holten uns zwei Leute von denen ab und brachten uns zu einer Freundin von Mutti.

Wir blieben eine Woche bei ihr und mir war komisch. Zum einen fühlte ich mich befreit, weil der Stress weg war, auf der anderen Seite wollte ich aber auch, dass die beiden zusammenbleiben. Ich liebte meinen Vater ja, bewunderte ihn. Er brachte mich zum Weinen, wenn er weinte. Das wusste er. Wenn er heulte, nahm er mich in den Arm, sah mir in die Augen und fragte mich, ob ich ihn lieb habe. Das tat er nur mit mir. Zu meinem Bruder hatte er gar kein Verhältnis. Der spielte für ihn nur eine Nebenrolle. Die Hauptrolle in seinem Leben spielte ich.

Nach einer Woche kehrten wir zurück in unsere Wohnung. Mein Vater war weg. Mutti ließ die Schlösser austauschen und wollte, dass er fortbleibt. Sie schmiss ihn raus und er wohnte nun in einer völlig anderen Gegend. Manchmal holte er mich und meinen Bruder ab, ging mit uns auf den Spielplatz oder in seine neue Wohnung. Hin und wieder wartete er vor der Schule auf mich, weil er mit mir allein sein wollte.

Mein Vater hat mich missbraucht. Schon als ich sehr klein war. Mutti hatte mich vor Männern gewarnt, die mich auf der Straße ansprechen, weil die meist was von kleinen Mädchen wollen. Als das mein Vater mit mir tat, wusste ich, dass das falsch war. Ich fragte ihn deshalb, ob das nicht eine Sünde sei, was er da mit mir tat. Nein, sagte er, das sei ganz normal. Er täte das, weil er mich so lieb hat. Wenn mich die Gedanken daran quälten, fing ich an zu singen. Ich fühlte mich schmutzig. Und weil ich dachte, dass Gott meine Gedanken lesen kann und so erfährt, wie es in mir aussieht, sang ich eben. Es machte mich auch sehr verlegen, wenn jemand über Sex redete.

Als ich vier war, hatte ich eine etwas ältere Freundin, die Doktorspiele mit mir spielte. Das fand ich auch komisch. Meinem Vater glaubte ich, dass er das nur mit mir macht, weil er mich lieb hat. Ich hatte ihn ja auch lieb. Er war attraktiv, begabt, konnte musizieren, zeichnen. Bei ihm fühlte ich mich wie eine Prinzessin. Ich war stolz darauf, dass er mein Vater ist, und er war stolz auf mich.

Wenn ich morgens zu meinen Eltern ins Bett kam und Mutti als Erste unter die Dusche ging, dann machte er das mit mir. Oder wenn wir allein waren. Dann legte er mich auf die Couch und zog mich aus. Wenn wir in seiner Wohnung übernachteten, schlief mein Bruder auf einer Matratze neben seinem Bett, ich mit Papa in seinem Bett, und alles war klar.

Ich wurde immer blasser, konnte nichts mehr essen. In der ersten Klasse litt ich sehr unter der Trennung, hatte zu nichts mehr Lust, lag nur im Bett und las meine Kinderbücher. Ich fühlte mich schlapp. Das nervte Papa, wenn wir ihn besuchten, weil er sehr aktiv und sportlich war. Er fand es gar nicht gut, dass ich so eine Leseratte bin. In der Schule half es mir. Ich konnte besser lesen als alle meine Mitschüler.

Wenn ich meinen Bruder heute frage, ob er etwas gemerkt hat, weicht er aus. Ich selbst bekam damals gar nicht mit, wie ich immer blasser und schmaler wurde.

Die Scheidung war schlimm für mich, obwohl sich eigentlich nicht viel für mich änderte. Mein Vater wollte damals, dass ich bei ihm bleibe und mein Bruder bei Mutti. Davor hatte ich Angst, und zum Glück bekam Mutti das Sorgerecht für uns beide. Vater sollte Unterhalt für uns bezahlen, aber er übernahm nur unsere Miete. Drei

Monate nach der Scheidung bekam Mutti dann eine Mahnung: »Wir machen Sie hiermit darauf aufmerksam, dass die Miete seit drei Monaten nicht bezahlt wurde.«

Mutti war völlig hilflos, denn wir besaßen überhaupt kein Geld mehr, und auch die Großeltern halfen uns nicht. Deshalb konnten wir wochenlang nur noch Haferflocken essen.

Schließlich wollte uns der Wohnungsverwalter auf die Straße setzen, aber eine Freundin von Mutti ließ das nicht zu. Sie lieh ihr tausend Mark, damit sie die Miete bezahlen konnte.

Mutti wollte nie abhängig von Papa sein, versuchte alles ganz allein zu schaffen. Doch sie war am Ende, spielte auf der Gitarre ihre Lieblingslieder, war total in sich gekehrt, fast männerfeindlich. Sie traf sich nur noch mit anderen Frauen. In unserem Umfeld gab es nur allein erziehende Mütter. Das war aber keine schlechte Zeit, es gefiel mir sogar.

Vater wohnte inzwischen bei einer anderen Frau. Die war ziemlich reich, sehr hübsch, und manchmal nahm er uns mit zu ihr. Sie mochte mich und meinen Bruder, fand uns richtig toll und wir sie auch. Da war ich erstaunt über mich, denn seine anderen Frauen fand ich doof, die verachtete ich und dachte: »Eigentlich gehört er nur mir. Ihr seid ihm eh nicht wichtig, er hat euch nicht so lieb wie mich.« Aber diese reiche Frau war eine Powerfrau, richtig auf Karrieretrip. Als sie schwanger von ihm wurde, trennte sie sich von Papa. In dieser Zeit missbrauchte er mich auch. Die anderen Frauen fand ich deshalb wertlos.

Mutti war dagegen, dass wir ihn so oft sehen. Aber wenn wir wollten, durften wir zu ihm. Wenn er mich von der Schule abholte, erzählte er mir ständig was von irgendwelchen Halbgeschwistern, die gerade unterwegs waren, und überlegte mit mir, wie die mal heißen sollen. Ich fand das doof, weil ich meine Rolle als Prinzessin in Gefahr sah. Für Mutti war ich nicht die Prinzessin, weil ich die Ältere war und Verantwortung für unser Leben übernehmen sollte. Bei ihr war eher mein Bruder der Verhätschelte.

Als wir lange Zeit nicht mehr bei Papa übernachteten, griff er mir unter den Badeanzug, wenn wir schwimmen gingen. Einmal waren wir mit zwei meiner Freundinnen im Bad, und da tat er es auch bei ihnen. Die sprachen das sofort aus und fragten mich, ob er das auch bei mir macht. Ich stritt es ab. Im Auto fragte ich ihn, warum er meine Freundinnen so wie mich angefasst hat. Da lachte er und sagte: »Davon werden die doch nicht schwanger.«

Ich war total sauer auf ihn, weil er das so lächerlich sah. Es war nur eine Spielerei für ihn. Ich fühlte starke Beschützerinstinkte gegenüber meinen Freundinnen in mir. Bei mir war es »erlaubt«, ich war sein Kind. Aber über die beiden anderen hatte er keinerlei Befugnis. Ich war enttäuscht, dass er sich das bei anderen traut. Mein Mitleid für ihn schwand. Was hatte er gejammert, dass Mutti ihn rausgeschmissen hatte und nie wollte, dass er mich sieht.

Als er mich zu Hause absetzte, wusste meine Mutter schon von den beiden, was in der Schwimmhalle passiert ist. Sie war erschrocken und fragte mich sofort, ob er das auch mit mir macht. Ich sagte: »Nein, nein, nein.«

Mutti startete mit den Müttern meiner beiden Freundinnen sofort eine Aktion gegen ihn, weil er zu dieser Zeit in einem Kindergarten arbeitete. Sie druckten Plakate mit einem Foto von ihm, auf dem stand: »Schützt eure Kinder vor diesem Mann« und hängten sie im und vor dem Kindergarten auf. Er stritt alles ab, verlor aber trotzdem seinen Job. Mir tat er leid, denn ich fand ihn immer noch toll und wollte nicht, dass die Leute ihn verachten.

Mutti glaubte mir, dass Papa mir nicht unter den Badeanzug gefasst hatte. Erst ein Jahr später, ich war mit meiner Kindergruppe auf Reisen, schrieb ich ihr als P.S. unter einen Brief: »Papa hat mich doch missbraucht.«

Mir war nicht klar, wie meine Mutter darauf reagiert. Es war für sie der totale Schock. Vor allem, weil sie mich nicht sofort in den Arm nehmen konnte. Für mich war es gut, weil sie so Abstand hatte und genug Zeit, erst einmal allein darüber nachzudenken. Als ich nach Hause kam, nahm sie mich in den Arm und fragte, was ich will – mit ihr darüber reden oder mit einem Psychologen? Ich wollte beides nicht.

Doch sie ließ nicht locker, brauchte selbst Hilfe und ging mit mir ein halbes Jahr später zu »Wildwasser«. Die Psychologin dort begrüßte mich nicht mal und redete nur mit meiner Mutter. Meist über mich, obwohl ich mit im Raum saß. Damals war ich zehn und damit schon alt genug, um zu erkennen: Das wird nichts.

Also gingen wir zu einer anderen. Diesmal war auch mein Bruder dabei. Diese Psychologin hatte einen Hund im Sprechzimmer und forderte uns auf, einfach drauf los zu erzählen. Danach ging sie auf die Terrasse, schaufelte mit den Händen Schnee von den Tannenzweigen und schmiss mir den ins Gesicht. Anschließend machten wir zusammen eine Schneeballschlacht. Über Missbrauch wollte ich aber auch mit ihr nicht sprechen. Sie verstand das, sagte, dass man mir nichts einreden soll. Die Einstellung fand ich gut. Ich wollte das nämlich wirklich nicht an die große Glocke hängen.

Die Nächste akzeptierte das nicht. Bei der war ich ein Jahr lang, aber es brachte mir nichts. Die wollte alles bis ins kleinste analysieren. Sie nahm meinen ganzen Alltag auseinander, jeden Satz, den ich sagte. Sie meinte, dass meine Wutausbrüche aus meiner Kindheit, vom Missbrauch her rühren. Ich hätte einen »Ärgerball« in mir und würde deshalb später nicht zurecht kommen mit meinem Leben. Das hat mich geschockt und entmutigt. Als ich die Therapie abbrechen wollte, sagte sie: »Dann wird ja alles doppelt so schlimm.«

Wirklich geholfen hat mir, als ich das erste Mal Sex hatte. Das war wichtig für mich, eine positive Erfahrung. Ich erlebte, wie das ist, wenn man wirklich Lust hat. Bei meinem Vater schaltete ich einfach ab und dachte, dass jeder Sex so ist. Der mit dem Jungen war aber schön. Ich erzählte ihm, dass ich vom eigenen Vater missbraucht wurde. Er war sehr verständnisvoll, guckte mich nicht an, als wäre ich verrückt, sondern riet mir zu lernen, damit umzugehen.

Er war siebzehn und sah meinem Vater sehr ähnlich. Darüber grübelte ich lange nach und dachte: Hoffentlich bist du nicht dabei, in anderen Männern deinen Vater zu suchen. Das glaube ich heute nicht mehr, aber damals war ich darüber sehr verwirrt und ich sprach mit der Psychologin darüber. Sie hörte mir zu, brachte mich auf neue Gedanken, aber helfen konnte sie mir nicht.

Ich ging nicht mehr zu ihr. Seitdem fühle ich mich besser. Ich will mich nicht ständig mit meiner Vergangenheit auseinandersetzen, sondern mich auf andere Sachen konzentrieren: die Schule, den Sport.

Papa erzählte meiner Mutter, dass er als Kind selbst vergewaltigt worden war. Sie riet ihm zu einer Therapie, aber das schlug er in den Wind.

Ich habe heute richtige Hemmungen, kleine Kinder anzufassen, weil ich befürchte, damit etwas zu tun, was sie nicht wollen. Das ist besonders hart, weil ich eine gefragte Babysitterin bin. Zuerst hatte ich totale Angst vor jedwedem Körperkontakt. Wenn die Kinder sich an mich kuschelten, befürchtete ich, damit zu weit zu gehen. Ich fragte sie jedes Mal: »Ist es okay, wenn ich euch auf den Schoß nehme?«

Mutti ist zur Zeit Single, aber sie hatte sieben Jahre einen Freund, den ich nicht ausstehen konnte. Die ganzen sieben Jahre nicht. Wenn ich den satt hatte, fühlte ich blinde Wut. Er ist das Gegenteil von meinem Vater: ein Weichei. Er ist klein, unsportlich, kein bisschen attraktiv, wirkt auf den ersten Blick sogar unsympathisch. Mir gegenüber war er total unsicher. Mutti hatte ihm erzählt, dass ich von meinem Vater missbraucht wurde und es daher besser wäre, wenn er seine Zärtlichkeiten mir gegenüber auf einen Gute-Nacht-Kuss beschränkt. Damit kam er nicht klar, gab mir keinen Widerstand und das reizte mich.

Wenn ich am Abend zu Freunden ging, sagte er zum Beispiel: »Du gehst weg? Ich weiß aber nicht, wann du wieder zu Hause sein sollst. Deine Mutti hat nichts gesagt.« Das machte mich jedes Mal so wütend, dass ich ihn anfuhr: »Das geht dich doch gar nichts an. Du bist nicht mein Vater. Ich kann solange wegbleiben, wie ich will.« Und er darauf » Das geht natürlich nicht.« Und ich: »Das mache ich, wie ich will.«

Er war dann total verunsichert. Ich hätte lieber gehabt, dass er streng ist, dass er mir Grenzen setzt, dass er für mich Verantwortung fühlt und mir sagt, dass ich Punkt acht zu Hause sein soll. Mit Marcel verstand er sich gut. Die waren richtig befreundet.

Das war sicher gut für meinen Bruder, denn er ist sehr verschlossen, richtig schwer zu knacken. Er weiß, dass ich von Papa missbraucht wurde, aber sagt nichts dazu. Er sitzt den ganzen Tag vor seinem PC und macht nichts anderes. In der fünften Klasse bekam er große Probleme, weil er beim Schreiben so aufdrückte, dass er beim Diktat zum Beispiel nie fertig wurde. Eine Psychologin sollte sich um ihn kümmern, aber er kam mit der auch nicht klar.

1998 lebten wir fünf Monate in den USA und ich fing an, wieder mehr zu essen. Vor allem Marshmellos, Cookies, Burger. Ich wurde dicker.

Als ich nach Deutschland zurückkam, war meine Ballettlehrerin sehr besorgt darüber. Ich war seit elf Jahren bei ihr im Ballettunterricht, fünf Tage in der Woche. Das hat mich aufgefangen. Sie war so etwas wie ein Muttterersatz für mich.

Sie wollte, dass ich die Hauptrolle in »Cinderella« tanze – worauf alle Mädchen neidisch waren – , und sagte: »Das Stück soll perfekt sein. Du musst abnehmen.«

Wir sollten immerzu abnehmen, und viele Mädchen um mich herum litten deshalb unter Bulimie – das wollte ich nicht haben. Als sie mir verbot, Avocados und Erdnussbutter zu essen, stopfte ich sie erst recht in mich hinein. Das gab mir das gute Gefühl, selbst entscheiden zu können, was ich will und was nicht. Ich hatte keine Lust, mich unter Druck setzen zu lassen.

Kurz vor meinem Geburtstag sagte ich meiner Ballettlehrerin deshalb auch, dass ich an diesem Tag nicht proben kann, weil meine Familie mit mir feiern will. Sie war außer sich und sagte: »Doch, du musst. Auch wenn deine ganze Verwandtschaft kommt, kannst du nicht entscheiden, einfach wegzubleiben. Sonst bist du hier fehl am Platze.« Ich blieb trotzdem weg und sie machte mich am nächsten Tag vor allen runter, meinte sogar, dass ich hässlich aussehe. Das verletzte mich so sehr, dass ich meine Ballettgruppe von einem Tag auf den anderen verließ. Mir war bewusst, das ich sie damit im Stich ließ, weil sie keine andere Hauptdarstellerin hatte. Aber dieses ständige »Abnehmen! Abnehmen! Abnehmen!« konnte ich nicht mehr ertragen. Sich den Finger in den Hals zu stecken, um immer schön dünn zu sein, das ist doch nicht normal. Das ist gegen die Natur. Viele Mädchen in der Ballettgruppe machten das aber oder hielten straffe Diätpläne ein. Die gingen auch ständig ins Solarium, um toll auszusehen.

Ich habe mir oft Gedanken über meinen Körper gemacht. Mutti hatte uns eine Waage gekauft und ich fragte mich, obwohl es mich tierisch nervte: »Wie nimmt man am besten ab?« Mutti sagte dazu nichts, aber ihr Freund: »Iss nicht soviel.«

Ich fing an zu laufen, um meinen Kummer zu überwinden, und fühle mich inzwischen gut. Jetzt mache ich Karate. Damals war ich traurig, dass ich die Cinderella nicht tanze, heulte nachts heimlich in mein Kissen und stellte mir vor, wie ich auf der Bühne stehe und mich alle umjubeln.

Doch es gibt Schlimmeres. Mein Vater, der ehemalige Held, ist armselig für mich geworden. Er lebt seit 1998 in Kanada. Vielleicht, weil seine vielen Frauen alle Kinder von ihm haben und er das nicht mehr bezahlen kann.

Nun schreibt er mir jedes Jahr einen Brief und steckt ein Foto von sich dazu. Ich sehe seinem Gesicht alles an: Dass er krank geworden ist, dass er mit sich selbst nicht zurande kommt. Er macht immer noch Bodybuilding und hat viel zu junge Blondinen an seiner Seite, die er trotzdem abschleppt. Er trägt Klamotten, die längst nicht mehr zu ihm passen.

Als er mir das erste Mal eine Karte zum Geburtstag schickte, brachte mich das in die Krise. Ich fand es fies, dass er sich bei mir einschleimen wollte. Ich schrieb ihm zurück, wie ich es finde, dass er weiter so tut, als wäre nichts geschehen, drohte ihm, ihn anzuzeigen, wenn er das noch einmal tun würde. Ich hatte so schlechte Zeiten hinter mir, wo ich in der Schule absackte und unter Depressionen litt. Und dann fragt er mich im Brief: »Hast du mich noch lieb?« Diese Frage weckte zu viele Kindheitserinnerungen in mir – das war zu krass.

Aber er konnte es nicht lassen. 1999 rief er mich an meinem Geburtstag an, und ich hörte ihm zu. Wie er mir alles Gute wünschte, mir sagte, wie doll lieb er mich hat und dass er mich nie vergessen würde. Die Tränen liefen mir übers Gesicht, und keiner in der Familie wusste, was mit mir los ist. Als ich aufgelegt hatte, fragte ich sie: »Ratet mal, wer das war. Mein Erzeuger.«

Wenn er eines Tages vor meiner Tür stände, würde ich nicht mehr auf ihn einschlagen. Eine Zeit lang wollte ich ihn mit meinen eigenen Händen umbringen. Als ich zwölf war, dachte ich viel darüber nach. Bis mir klar wurde, dass Missbrauch ein gesellschaftliches

Problem ist, nicht nur eins zwischen ihm und mir. Er tat mir an, was ihm selbst passiert ist, und setzte sich erst viel zu spät damit auseinander. Wenn ich ihn sähe, würde ich nicht mehr emotional, sondern rational reagieren. Ich denke, ich habe ihn noch gern. Es gab Zeiten, wo er nur mein Papa war.

Inzwischen ist mein Opa so etwas wie ein Vater für mich. Er ist ein gebildeter Mann, mit dem ich gut reden kann. Den Vater meiner besten Freundin bewundere ich auch. Der ist mit uns an die Ostsee gefahren und wir verbrachten eine schöne Zeit miteinander.

Es gibt ein paar Leute, die mir das Gefühl geben, dass mir nichts fehlt. Deshalb habe ich mich damit abgefunden, keinen Vater zu haben. Wenn Mutti von ihm redet, denkt sie an sein Fremdgehen, an den Missbrauch. Für sie ist er krank, sie kann ihm nicht verzeihen.

Mutti ist längst nicht mehr naiv und niedlich. Eher misstrauisch, kämpferisch, streitbar, rebellisch. Trotzdem setzt sie sich für alle ein. Sie regt sich aber viel zu schnell auf und bewertet alles negativ. Ihr Selbstwertgefühl ist lädiert. Wenn ich zum Beispiel sage: »Oh, du hast eine neue Frisur«, geht sie zu meinem Bruder und behauptet: »Alice findet meine Frisur nicht gut.« Sie stellt sich immer infrage.

Zur Zeit ist sie Single, aber ich wünsche mir, dass sie einen Mann kennen lernt, der aber bitte nicht zwanghaft mein Vater sein soll oder will. Ich fände es nur schön, wenn sie sich verlieben würde, wieder Freude am Leben hätte.

Ich will später mal ganz viel Geld verdienen. Ich will die Zeit der Haferflocken nie mehr erleben. Ich will einmal Chefin sein. Auf jeden Fall. Ich will nie von einem Mann oder von sonst wem abhängig sein. Ich bin ein Organisationstalent. Ich nehme gern Sachen in die Hand. Die Klasse lässt sich auch gerne von mir leiten. Das macht mir Spaß. Ich bin aber sehr kritisch mir gegenüber und denke, ich könnte alles noch viel besser machen. Ich bin neugierig auf das Leben, das vor mir liegt.

Isa, 15, Schülerin

»Papa wollte nur noch eins – alles hinter sich lassen.«

Mutter, 41, Steuerberaterin
Vater, 41, Unternehmer
eine Schwester, Jeannette, 18

Der Countdown für unsere Familie begann am 18. August 2001, einen Tag vor Papas Geburtstag. Wir gingen am Abend in sein Fitness-Studio, schon lange sein zweites Zuhause, wo eine Party stattfand. Dort wollte er in seinen Geburtstag hineinfeiern. Er fühlte sich pudelwohl, tanzte wie ein Wilder, war total ausgelassen und ließ meine Mama die ganze Zeit links liegen. Als sie ihm um Mitternacht gratulierte, ging er gar nicht auf sie ein, packte nicht mal ihr Geschenk aus. Sie waren längst nicht mehr so liebevoll zueinander wie früher. Es tat mir weh, Mamas Enttäuschung zu sehen.

In dieser Zeit hatte ich einen Traum, der immer wiederkehrte. Mein Vater war verschwunden, ich suchte ihn überall und fand ihn schließlich bei einer anderen Frau im Bett. Als ich Mama davon erzählte, sagte sie: »Mach dir keine Sorgen, das ist nur ein böser Traum.« Sie war sehr verschlossen und er redete auch nicht mit uns über ihrer beiden Probleme. Wenn wir am Wochenende zusammen Mittag aßen, herrschte Schweigen am Tisch. Wenn ich ihn fragte, was denn los sei, meinte er nur: »Deine Mutter ist komisch geworden.«

Mama begann eine Therapie und war nach diesen Gesprächen oft sehr verweint. Vater blockte ab, kam oft spät oder gar nicht nach Hause und behauptete, er wäre bei Freunden gewesen. Er schlief in den letzten Wochen vor seinem Auszug auch nicht mehr im gemeinsamen Schlafzimmer, sondern im Wohnzimmer auf der Couch. Wenn Mama ihn bat, sich doch nachts neben sie zu legen, weigerte er sich, war stur. Mama dachte, es läge an ihr.

In den Herbstferien 2001 fuhr sie mit Jeannette und mir für ein verlängertes Wochenende nach Prag, damit Papa in Ruhe über alles nachdenken kann. Wir waren sehr glücklich zu dritt, denn es gab endlich mal keinen Streit. Nur wenn Mama sagte, wie schön sie es fände, wenn Papa jetzt bei uns wäre, flossen bei uns die Tränen. Damals hofften wir noch, dass alles wieder gut wird.

Als wir am Sonntag zurückkamen, begrüßte er Jeanette und mich mit einem Küsschen. Mama sagte er nur Hallo und überreichte ihr einen Brief. In dem stand, was er empfindet: Eine Ehe habe keinen Anspruch auf Ewigkeit, und er wisse nicht, wohin die Reise für ihn gehe. Uns gestand er, dass er die Zeit ohne uns genossen hätte, weil er endlich mal entspannen konnte. In der Nacht schlief er wieder auf der Couch, arbeitete in den folgenden Wochen achtzehn Stunden am Tag, um Mama nicht zu begegnen. Sie sollte aber weiterhin funktionieren: die Wäsche für ihn waschen, seine Hemden bügeln, am Abend für ihn kochen. Irgendwann sagte sie: »Du musst dich entscheiden. Entweder für uns oder gegen uns. So jedenfalls kann es nicht weitergehen.«

Papa empfand das als Rausschmiss und zog zu einem Freund. Mama ging am nächsten Tag ins Fitness-Studio, um zu trainieren, sich abzureagieren. An diesem Abend erzählte ihr eine Frau aus dem Team, dass er eine Geliebte hat. Weil ich auf sie wartete, sah ich durchs Fenster, wie sie mit dem Auto in unsere Auffahrt fuhr. Dort blieb sie eine halbe Stunde hinter dem Steuer sitzen und weinte. Manchmal schrie sie auch und riss an ihren Haaren. Ich sah das alles, dachte aber, es sei besser, sie in Ruhe zu lassen.

Als sie endlich ins Haus kam, stand sie völlig neben sich, konnte nicht reden. Sie nahm nur das gerahmte Hochzeitsfoto vom Regal, ging in den Keller und zertrümmerte es mit einem Hammer. Ich war entsetzt, wusste nicht, was das sollte. Als das Bild in tausend Scherben zersprungen war, sagte sie zu mir: »Dein Vater hat eine Geliebte.«

Ich konnte es nicht fassen. Wir gingen ins Wohnzimmer, setzten uns auf die Couch und versuchten herauszufinden, welche Gründe es dafür geben könnte. Seine Neue war 28 und arbeitete schwarz im Fitness-Studio. Sie war arbeitslos und wollte sich so ein paar Mark dazuverdienen. Sie hatte zwei Kinder von zwei verschiedenen Männern und er offensichtlich seine Midlifecrisis, glaubte, in seinem Leben was verpasst zu haben. Am 25. August vor neunzehn Jahren hatten er und Mama geheiratet und später zwei Töchtern das Leben geschenkt. Nun wollte er nur noch eins – alles hinter sich lassen.

Wie konnte er so etwas tun? Wie konnte er uns das antun? Für mich waren wir eine perfekte Familie. Unsere Eltern schienen mir so glücklich miteinander. Sie hatten viele gemeinsame Freunde, finanziell ging es uns sehr gut. Eine Weile drückten meinen Vater Schulden, weil er im Unternehmen ein paar Fehler gemacht hatte. Aber die waren alle abbezahlt. Mama hielt in dieser schweren Zeit absolut zu ihm. Deshalb war es besonders bitter für sie, dass er sie nun betrog.

Ich liebe meine Eltern über alles. Mein Vater war für lange Zeit ein Traumvater für mich, ein lieber Mensch. Wir spielten zusammen Golf, richtig professionell, und wenn Jeanette und ich an einem Turnier teilnahmen, fuhr er uns hin und holte uns wieder ab. Er war unser größter Förderer.

Nur wenn er keine Argumente mehr hatte, rastete er aus. Manchmal schlug er uns sogar – vor allem meine Schwester. Einmal stritten sich unsere Eltern. Als meine Mutter sich umdrehte, um das Zimmer zu verlassen, schnitt er ihr hinter dem Rücken eine Grimasse. Meine Schwester fand das kein bisschen komisch, stellte ihn zur Rede. Er stritt alles ab, Jeanette hielt dagegen, und als der Streit eskalierte, sagte er zu ihr: »Ich bring dich um, wenn du jetzt nicht aufhörst zu diskutieren.« In solchen Momenten war er mir fremd. Unser Vater war ein starker Mann. Wir hatten Respekt vor ihm. Er musste uns gar nicht drohen.

Nachdem Papa weg war, konnte ich nichts mehr essen. In der Schule rannte ich oft aus dem Unterricht und weinte draußen vor dem Klassenzimmer. Die Lehrer machten sich große Sorgen um mich, versuchten mich zu trösten: Das wird schon wieder. In der Schule traf das zu. Ich bin inzwischen eine bessere Schülerin als je zuvor.

Ansonsten traf ein, was mir die beste Freundin meiner Mama voraussagte, als sie mir am Abend dieses legendären November 2001 die Karten legte: »Deine Kindheit war schön, in der Gegenwart hast du Probleme und in der Zukunft gibt es eine Enttäuschung.«

Es gab viele Enttäuschungen. Allein die Vorweihnachtszeit ohne Papa war schlimm für mich. Er meldete sich nicht einmal bei uns. Mama hetzte trotzdem nie über ihn. Wenn Jeannette und ich wütend auf ihn waren, ermahnte sie uns: »Denkt daran – er ist euer Vater und hat die vergangenen Jahre für euch gesorgt.«

Erst kurz vor dem Fest lud er mich in eine Pizzeria ein. Eigentlich auch meine Schwester, aber die wollte nichts mehr mit ihm zu tun haben. Mir grauste vor diesem Treffen, weil mich Mama gebeten hatte, so zu tun, als wüsste ich nicht, dass er eine Geliebte hat. Er wollte auf keinen Fall, dass das publik wird.

Das fand ich blöd. Ich wollte ihn bei diesem ersten Wiedersehen auch nicht berühren. Ich wusste von der anderen Frau und fand den Gedanken eklig, dass er mich nach ihr in die Arme nimmt oder küsst. Ich bin von Natur aus eifersüchtig und wollte die Liebe meiner Eltern für mich. Beim Essen erzählte er mir, wie sehr er Jeannette und mich vermisst, aber er könne mit Mama nicht mehr leben. Dann weinte er. Als ich ihn fragte, ob er eine Freundin hätte, sagte er: »Aber nein. Die Trennung hat nur etwas mit deiner Mutter zu tun.« Danach schwiegen wir uns lange an. Ich fand es total erschütternd, dass er mir nicht die Wahrheit sagte.

Vor der Pizzeria lagen wir uns dann doch weinend in den Armen und schworen uns, in Kontakt zu bleiben. Danach hörte ich lange nichts mehr von ihm.

Im Dezember fand ich seine Handyrechnung bei uns im Briefkasten, weil er sich noch nicht umgemeldet hatte. Darauf war zu sehen, dass er im November 400 SMS an diese Frau geschickt hatte. Offensichtlich war er den ganzen Tag mit nichts anderem beschäftigt. Ich bedrängte ihn, endlich zuzugeben, dass sie seine Geliebte ist, aber er log weiter.

Es war kurz vor Weihnachten. Wir drei bereiteten das Fest so wie immer vor, kauften einen Weihnachtsbaum, eine Gans und freuten uns auf den Lichterglanz. Die Bescherung war gemütlich. Wir würfeln vorher immer. Wer die höchste Zahl hat, darf ein Geschenk auspacken. Dann ist die nächste Würfelrunde dran. Das war unser Ritual. Auch ohne Papa. Es war schön, bis in uns alles wieder hochkam und wir uns fragten: »Was ist hier eigentlich los?«

Um nicht in absolute Trauer zu verfallen, zogen wir unsere Mäntel an und gingen im Schnee spazieren. Am ersten Weihnachtsfeiertag kamen unsere Großeltern und machten uns Mut: »Lasst ihm Zeit«, sagten sie. »Der kommt schon wieder.« Opa wollte noch vor der Jahreswende mit ihm reden, aber mein Vater war nicht zu einem Gespräch bereit.

Im Januar erhielten wir einen Brief von seinem Anwalt, in dem stand, wieviel Unterhalt er für uns zahlt. Auf dem Briefkopf fand ich die Adresse seiner Freundin. Jetzt war klar, dass wir wissen durften, wo er steckt. Sofort schrieb ich ihm eine SMS: »Schön, dass du jetzt bei ihr wohnst.« Ich nannte sie ein Hure, beschimpfte sie: »Eine Arbeitslose schnappt sich einen Wohlhabenden. Toll.«

Er nahm sie natürlich in Schutz – was sie für eine liebe Frau sei, wie sie ihm in schwerer Zeit zur Seite gestanden hätte – und behauptete auch noch, er wohne nur bei ihr, weil er sich mit seinem Freund nicht mehr verstünde. Es war unerträglich.

Im neuen Jahr wollte er sich mit mir treffen, um mir ein Geschenk zu kaufen. Ich wünschte mir Skistiefel und bekam die besten und teuersten, die es im Laden gab. Er sagte mir auch, dass er mein Handy weiter bezahlt. Das von Mama und Jeanette hatte er gekündigt.

Nach dem Shoppen fragte er mich, was mein Liebesleben macht, und ich antwortete: »Das ist wie bei dir – mal hier und mal da.« Ich wollte ihn damit provozieren und traf genau ins Schwarze. Er war richtig echauffiert, knuffte mich. Das Ganze war ihm peinlich. Für mich war es eine Genugtuung.

Nachdem er sich gefangen hatte, fragte er, ob sich mein Verhältnis zu seiner Freundin in der Zwischenzeit geändert hätte. Sie würde mich jedenfalls total mögen. Ich sagte: »Nein.« Er guckte völlig verständnislos. Dann fragte er fast nebenbei, wie es meiner Schwester gehe und ob bei uns alles in Ordnung sei. Nach Mama erkundigte er sich nie. Das regte mich wahnsinnig auf.

Über sich konnte er endlos erzählen. Wie gut er es fände, dass er überhaupt nicht mehr fernsieht, nur noch »Rammstein« und Techno hört. Warum in seinem Auto dann wie immer Howard Carpendale dudelte, bekam ich nicht ganz auf die Reihe.

Er zeigte mir die Sonne, die er sich auf den Oberarm tätowieren ließ, und spannte dabei seine Muskeln an. Da war er stolz drauf. Er trug inzwischen auch ganz enge Klamotten und seine Haare waren gegelt. Er wirkte so wie einer, der mir permanent signalisieren will: »Guck mal, wie ich aussehe. Ich bin dein jugendlicher Vater.« Er war ganz stolz darauf, am ganzen Körper rasiert zu sein. Früher wollte er von Mama, dass sie sich für ihn komplett kahl schert. Als ich ihm sagte, dass ich seinen Aufzug unangemessen finde, war er beleidigt.

Das war mir egal. Mama nicht. Die rauchte eine Zigarette nach der anderen, hatte zehn Kilo abgenommen und fiel richtig in sich zusammen. Zum Glück gab es außer Jeanette, unseren Großeltern und mir noch ein paar alte Freunde, die sie auffingen, die ihr halfen, wo sie konnten.

Aber immer wenn es mit ihr ein bisschen bergauf ging, kam eine neue Hiobsbotschaft. Eines Tages verkündete uns mein Vater beispielsweise, dass er das Haus gekündigt hätte, weil er nicht mehr genug Geld verdiene, uns das alles zu bezahlen. Mama schon gar nicht. Der Besitzer, ein richtig guter Freund von uns, stand uns aber zur Seite. Wir könnten so lange bleiben, bis wir etwas Neues gefunden hätten. Mittlerweile haben wir es uns in einer netten Drei-Zimmer-Wohnung gemütlich gemacht.

Wir fanden es zuerst traurig, umziehen zu müssen, weil uns das Haus, in dem wir lebten, gefiel. Es war ja auch nicht unsere Entscheidung. Trotzdem finde ich sie heute richtig, denn in dem Haus war ja überall noch Papa drin. Lauter Bilder im Kopf: Wie er sich vor dem Spiegelschrank rasiert oder am Frühstückstisch seinen Kaffee trinkt. Unser jetziges Quartier ist deshalb ein wirklicher Neuanfang für uns.

Als wir dabei waren, die letzten Umzugskisten einzupacken, wollte Papa, dass wir den Schlüssel für das Haus unter die Fußmatte legen. Er besaß keinen mehr, weil Mama neue Schlösser einbauen ließ, nachdem er uns verlassen hatte. Sie schickte ihm eine SMS, in der stand, dass er sich die Schlüssel beim Hausbesitzer abholen könnte.

Bei dem saßen wir gerade, um noch ein paar Sachen zu klären, als Mamas Handy klingelte. Papa war dran und wir hörten genau, was er sagte: »Petra, du bist das mieseste Schwein, das ich kenne. Du steckst mit dem Vermieter unter einer Decke. Ihr wollt mich fertig machen.«

Das war absurd. Niemand wollte ihn fertig machen. Er konnte sich doch den Schlüssel jederzeit abholen.

Mama sagte: »Ich werde weitererzählen, wie du mich beschimpfst.« Und er darauf: »Du hast keine Zeugen. Du solltest dich nachts nicht auf der Straße umdrehen, denn es könnte einer hinter dir stehen.« Nach dieser eindeutigen Drohung legte Mama auf.

Ich konnte in diesem Augenblick gar nichts denken. Alles, was er sagte, klang, als wäre er manipuliert. Das war nicht mehr mein Vater.

Von Februar bis August 2002 herrschte absolute Funkstille zwischen uns. Er überwies keinen Unterhalt, kein gar nichts. Ich fand das schlimm, wollte ihm sagen: »Zahl endlich!« Aber er war unerreichbar. Mama übernahm Gelegenheitsjobs, saß in einer Fabrik 9 1/2 Stunden für einen Hungerlohn am Band und löste ihre Rentenversicherung auf, um die Miete und unser täglich Brot bezahlen zu können. Sie glaubte, sie sei zu alt für einen beruflichen Neuanfang, aber wir machten ihr Mut, lasen am Wochenende für sie die Stellenangebote. Wir konnten nicht zulassen, dass sie sich aufgibt. Auch ihre Therapeutin bestärkte sie, an sich selbst zu denken, an sich selbst zu glauben.

Mama wollte früher eigentlich studieren, aber mein Vater verbot es ihr. Damals gab sie nach, weil sie Angst hatte, ihn sonst zu verlieren. Sie nahm alles hin, versuchte nie, ihre eigenen Interessen durchzusetzen. Das bereut sie heute. Ihre Mutter hatte der Familie auch alles untergeordnet, kümmerte sich um den Haushalt und die

Kinder und ihr Mann verdiente das Geld. Das hatte sie unserer Mama vorgelebt.

Im März 2002 schrieb er mir zu meinem Geburtstag einen Brief, in dem er sich beschwerte, dass ich ihn so fallen lasse. Aber nach seiner Drohung gegenüber meiner Mutter war mir dieser Mensch total fremd. In dem Brief standen so Sprüche wie: »Wer nicht gegen den Strom schwimmt, wird nie an seine Quelle kommen.« Total dämlich.

Wenig später kam eine SMS, in der er mich fragte, ob ich mit ihm, mit seiner Freundin und deren beiden Kindern in den Urlaub fahren will. Ich schrieb zurück: »Danke, aber mit denen möchte ich nichts zu tun haben.« Er behauptete, dass Mama mich gegen ihn aufhetzt, und fragte, ob ich ihm zuliebe auch nichts mit Mama und einem neuen Freund unternehmen würde.

Das eine hatte mit dem anderen aber gar nichts zu tun. Mama war überhaupt nicht dagegen, dass ich mit ihm und der anderen Frau in den Urlaub fahre. Das war ganz allein meine Entscheidung. Ich wollte mir ersparen, ihn mit seiner Neuen turteln zu sehen.

Das war's bis August. Zwischendurch montierte er nur in einer heimlichen Nacht-und-Nebel-Aktion die Nummernschilder von unserem Auto ab. Erst wollte er es uns überlassen, später jedoch zurückhaben. Was für ein Gedanke: Er kommt in der Nacht, schleicht sich geduckt zum Auto und schraubt die Nummernschilder ab. Im Brief, der daraufhin kam, stand, dass er das Auto abgemeldet hat und nun abgeben muss. Meine Mutter fragte ihren Anwalt, ob das rechtens sei. Nein, war es nicht. Das Auto stand ihr zu. Wir haben es zu Freunden gebracht, und da steht es jetzt seit Juli.

Zum Geburtstag meiner Schwester im August ließ er nichts von sich hören. Aber vier Tage später, an seinem Geburtstag, schrieb ihm Jeannette einen Brief: »Warum meldest du dich nicht? Warum interessierst du dich nicht dafür, was wir machen? Im Fitness-Studio erzählt man uns, dass du kiffst und Anabolika schluckst. Wir wollen dir helfen. Wir vermissen dich.«

Er antwortete ihr erst viel später, ging aber nicht auf ihre Fragen ein. Er forderte nur von Mama, dass sie aufhören soll, gegen ihn zu hetzen. Er hätte Probleme mit ihr gehabt, aber sie hätte nicht um ihn gekämpft. Deshalb wäre er zu dieser Frau gezogen, weil sie ihm zur Seite stand, ihm Mut machte, dass er und Mama wieder zueinander finden. Jetzt würden sie sich aber lieben.

Dann bekamen wir einen zweiseitigen Brief von ihr. Tenor: Was bildet ihr euch eigentlich ein, wer ihr seid ? Wie kommt ihr dazu, ständig euren Vater anzugreifen? Darauf reagierten wir gar nicht. Wir wollten uns mit ihm treffen, aber er sich nicht mit uns.

Mama nahm das alles sehr mit. Vor sechs Jahren war sie schon einmal durch ein tiefes Tal geschritten, aber darüber will sie nicht mit uns reden. Ich kenne die Geschichte nur bruchstückhaft. Jedenfalls war sie eine Woche im Krankenhaus, weil die Gefahr bestand, dass sie sich das Leben nimmt. Papa hielt damals zu ihr, war aber völlig ratlos, total überfordert und besuchte sie nicht einmal. Sie war so unglücklich – man kann es nicht beschreiben.

Damals litt sie auch darunter, dass wir solange keinen Kontakt mehr zu ihren Eltern hatten. Papa kam nicht mit ihnen klar, weil sie Mama vor ihm gewarnt hatten. Es gab anfangs ständig Sticheleien, dass er nicht der Richtige für sie wäre. Zu ungebildet. Er kam aus einfachen Verhältnissen, konnte uns später bei den Schularbeiten nicht helfen. Er fühlte sich von unseren Problemen in Mathe oder Englisch überfordert und irgendwann nicht mehr gebraucht. Er bekam Minderwertigkeitsgefühle. Streitgespräche ließ er gar nicht erst zu. Wenn wir mit ihm diskutieren wollten, schaltete er einfach ab oder wurde laut. Mama war viel intellektueller als er, ließ aber nie heraushängen, dass sie vieles besser weiß als er. Sie war doch so verliebt in ihn.

Er nahm die Ablehnung ihrer Eltern sehr übel und kappte die Verbindung zu ihnen radikal. Für uns alle. Jeannette und ich waren damals noch viel zu klein, um das beeinflussen zu können. Erst zwei Jahre später gab es wieder Annäherungen. Papa fand das okay, weil es Mama so besser ging, und schließlich bekamen wir alle ein gutes Verhältnis zueinander. Für uns Kinder war das zuerst komisch, weil wir unsere Großeltern ja gar nicht richtig kannten.

In der Trennungszeit halfen sie uns sehr. Trotzdem fehlte mir Papa, der oft ein Kumpel, ein Beschützer für mich war. Wenn ich außerhalb der Schule Probleme hatte, half er mir. Er holte mich zum

Beispiel nach jedem Golfturnier ab, egal wo und wann es stattfand. Dieses Bild ist noch in mir. Aber es verblasst. Seine neue Freundin hat ihn total vereinnahmt und gegen uns aufgehetzt.

Als ich Mama einmal fragte, ob sie noch hofft, dass er eines Tages zu uns zurück kehrt, sagte sie nein. Sie ist inzwischen froh, dass er weg ist. Einen neuen Lebensgefährten wünscht sie sich trotzdem nicht. Die Verletzungen sind zu groß.

Sie hat einen guten Freund, mit dem sie sich oft trifft, und da frage ich mich schon: Läuft da was? Einmal war er bei uns und ich habe gesehen, wie sie sich küssten. Ich bin sofort weggelaufen. Ich weiß, das ist total egoistisch, aber das will ich nicht.

Sie beruhigte mich: »Keine Angst, ich will mit diesem Mann nicht zusammenleben.« Da war ich froh, denn ich denke, dass ich keinen anderen an ihrer Seite akzeptieren würde. Ich will sie für mich alleine haben. Es wäre natürlich schön, wenn sie Zärtlichkeiten bekäme, aber ich will sie nicht mit einem anderen teilen müssen. Für meine Schwester wäre das kein Problem.

Es ist hart, dass uns Papa verlassen hat. Er ist einfach gegangen. Finanziell ließ er uns auch im Stich. Es ist aber nicht hart, mit Mama allein zu leben. Sie ist eine starke Frau, immer für uns da. Ich bewundere, wie sie das alles verkraftet. Ich bin glücklich, dass sie sich nichts angetan hat. Sie ist nie depressiv, nie schlecht gelaunt, sondern sagt, dass alles ein gutes Ende nimmt. In letzter Zeit ist sie manchmal richtig fröhlich und albert mit uns herum. Und das Beste: Sie hat einen guten, anspruchsvollen Job in der Verwaltung gefunden – mit Festanstellung und allem Drum und Dran. Vielleicht können die beiden irgendwann Freunde sein, wieder miteinander reden. Über die Trennung von Papa ist sie jedenfalls hinweg.

Mich quält sie weiterhin. Meine Schwester ist froh, dass er weg ist. Ich vermisse ihn sehr. Jedenfalls den Papa, der er früher war. Aber zwischen den beiden geht nichts mehr. Ich habe deshalb Angst, dass ich vieles nicht in die Reihe bekomme, nicht gut genug bin, nicht genug leisten kann – in der Schule, für meine Mutter. Ich denke aber nicht, dass ich Schuld bin an der Trennung meiner Eltern.

Ich kann mir überhaupt nicht vorstellen, einmal selbst Kinder in die Welt zu setzen, und weiß auch nicht, ob ich jemals heiraten möchte. Alle meine Freunde haben geschiedene Eltern. Alle!!! Was war ich früher stolz, dass ich als Einzige Eltern hatte, die noch zusammenlebten. So viele Leute in meinem Umfeld sind unglücklich geschieden. Wie soll das gut gehen? Ich bin gerade sehr depressiv, weil mich mein Freund verlassen hat. Mir bricht jedes Mal das Herz, wenn ich ihn in der Schule sehe. Manchmal möchte ich gar nicht raus aus der Wohnung und frage mich, was das ganze Leben eigentlich soll. Das sind aber nur so kleine Phasen, die wieder vergehen.

Viele sagen, ich wäre durch diese Zeit reifer und ernster geworden. Vielleicht war dieser Härtetest tatsächlich eine gute Erfahrung für mich. Vor der Trennung meiner Eltern war ich in Watte gepackt und sehe nun, dass die Welt nicht immer rosig ist. Aber das Erwachen hätte nicht so plötzlich kommen müssen.

Nachtrag: Und nicht mit solcher Härte. Meine Schwester und ich hatten nach langer Zeit des Schweigens gerade ein Treffen mit unserem Vater. Wir waren es, die ihn darum baten, und schlugen ihm als Ort für das Gespräch unser einstiges Lieblingsrestaurant vor. Das lehnte er ab, weil er befürchtete, dass Mama dazukäme, um zu schreien: »Hilfe, dieser Mann hat mich belästigt. Rufen Sie sofort die Polizei.«

Völlig abstrus das Ganze. Also trafen wir uns bei einem Italiener bei ihm um die Ecke. Er hatte eigentlich keine Fragen an uns. Nur viele Antworten, die er für sich gefunden hat. Zum Beispiel, dass es den Holocaust nie gegeben hätte und er nun endlich wüsste, wie er leben müsse – germanisch.

Es ist zum Fürchten.

Hanna, 16, Schülerin

»Ich bin nicht neidisch auf die Mütter der anderen. Ich habe ja meinen Papa.«

Vater, 38, Sachbearbeiter
Mutter, 40, Sekretärin
keine Geschwister

Ich weiß nicht viel aus der Zeit, als Mama noch bei uns wohnte. Es muss schön gewesen sein. Gleich bei uns nebenan gab es einen Kinderladen, in dem ich mit meinen Freunden spielte. Zu Hause kümmerte sich Papa mehr um mich als sie. Wenn ich meine Mutter und meinen Vater miteinander vergleiche, dann erlaubte mir Papa alles und Mama hatte immer was zu meckern. Sie litt unter allgemeiner Unzufriedenheit und einer Angstphobie. Deswegen war sie einige Zeit in psychologischer Behandlung.

Als Mama bei uns auszog, war ich drei Jahre alt. Ich kann mich nur ganz dunkel an Streitereien zwischen meinen Eltern erinnern. Es kann auch sein, dass das nur ein Traum war. Sie stehen sich gegenüber und schreien sich an. Mama ging nicht, weil sie einen anderen kennen gelernt hatte. Das Zusammenleben der beiden war einfach zu anstrengend. Trotzdem war Papa sehr mitgenommen, als sie sich neu verliebte. Meine Mutter hatte viel Pech mit Männern. Der erste – vor meinem Vater – schlug sie. Papa war dann das absolute Kontrastprogramm: lieb. Zu lieb. Der Typ nach meinem Vater war nett zu mir, nahm aber Drogen und betrog sie. Jetzt hat sie einen Partner gefunden, mit dem sie glücklich ist. Total.

Als sich meine Eltern trennten, gab es Krach ums Sorgerecht. Die beiden stritten sich um mich, weil sie mich beide behalten wollten. Papa bestand auf dem gemeinsamen Sorgerecht, weil er sich weiter intensiv um mich kümmern wollte. Also war ich in der Woche bei Papa, am Wochenende bei Mama. Jeden Freitag musste er meine Sachen packen, und die ewige Hin- und Herfahrerei strengte mich an. Eigentlich uns alle. Als ich fünf war, wollte ich endlich eine feste Adresse haben und eher bei Papa bleiben. So kam es auch.

Es gab Zeiten, da wünschte ich mir, dass meine Mama wieder bei uns ist. Das war aber nicht oft. Sie fehlte mir nur manchmal.

Papa und ich waren oft bei Oma, die nur einen Häuserblock weiter wohnte. Wir saßen bei ihr in der Küche, und sie kochte für uns. Sie war für mich so was wie ein Muttterersatz. Papa wäre viel lieber mit mir allein gewesen, aber ich mochte unser Zuhause nicht. Bei Oma war es schöner, gemütlicher. Ich besaß bei ihr ein eigenes Zimmer und übernachtete am liebsten bei ihr. Papa fand das nicht so toll, dass ich immer zu ihr wollte, aber er akzeptierte es. Er war oft segeln und dann froh, wenn ich bei ihr gut untergebracht war und er sich um mich keine Sorgen machen musste.

Meine Oma arbeitete, aber am Nachmittag war sie zu Hause. Ich bin nach der Schule in den Kinderladen gegangen und anschließend zu ihr. Wir haben gemeinsam Plätzchen gebacken, »Mensch-ärgere-Dich-nicht!« gespielt, uns Geschichten vorgelesen. Am schönsten fand ich, wenn wir zusammen nähten und uns dabei unterhielten. Sie setzte sich an ihre Maschine und machte ihr Nählicht an – so ein schönes, ganz bestimmtes Licht. Das fand ich gemütlich, genoss diese friedliche Stimmung sehr.

Nach der ersten Klasse wohnte ich aber nur noch bei Papa. Meine Großeltern zofften sich ständig, denn mein Opa hat ein schweres Alkoholproblem. Ihre Streitereien belasteten mich zunehmend. Einmal sperrte er Oma und mich in mein Zimmer ein und Oma musste aus dem Fenster springen, um Papa zu holen, damit er Opa besänftigt und mein Zimmer wieder aufschließt. Oma ist inzwischen 60 und Opa schon 71. Wenn Opa ausflippt, kommt sie manchmal zu uns. Er ist so unvernünftig, unruhig, krank, macht meiner Oma das Leben richtig schwer. Sie keifen sich den ganzen Tag nur noch an. Die beiden leben seit über vierzig Jahren zusammen, und nach so langer Zeit schafft sie es nicht mehr, sich von ihm zu trennen. Schade, dass die beiden sich so gar nicht mehr verstehen. Für mich ist das ein großer Verlust an Geborgenheit.

Wieder bei meinem Vater zu wohnen war schön. Er arbeitete damals nur sechs Stunden und war deshalb schon um 14 Uhr zu Hause. Wenn ich aus dem Kinderladen kam, kochte er für uns. Nach dem Essen spielte ich draußen mit meinen Freunden und er machte den Haushalt. Papa kann nicht nur gut kochen, sondern auch putzen, waschen, bügeln. Nicht so perfekt wie eine Frau, aber gut. Ich hatte und habe keine Lust, ihm dabei zu helfen. Er akzeptiert das, bedrängt mich nicht. Ich muss nur mein Zimmer in Ordnung halten. Das gefällt mir an Papa – dass er so frei ist in seinen Erziehungsmethoden. Ich darf machen, was ich will.

In den vergangenen Jahren lernte er zwei Frauen kennen, die ihm wichtig waren. Ich fand die okay, obwohl ich zuerst rumzickte. Vor allem mit der, die eine Zeit lang bei uns wohnte. Ich kam mit ihr klar, aber anfangs war ich eifersüchtig auf sie. Einmal kamen die beiden aus der Dusche, und ich war sauer, als ich die so glücklich sah. Deshalb haute ich der Frau voller Wut auf den Po. Das war böse, aggressiv. Die Freundin war richtig schockiert über mich, aber Papa beruhigte sie: »Lass meiner Tochter Zeit. Sie hat es schwer. Das wird schon.«

Die Eltern seiner zweiten Freundin besaßen ein Haus und einen großen Garten. Die besuchten wir oft. Das war schön, und die akzeptierten mich. Ich habe nicht das Gefühl, etwas verpasst zu haben, weil meine Eltern getrennt leben. Ich finde es nur blöd, wenn ich zu meiner Mama muss. Sie bevormundet mich pausenlos, traktiert mich ständig mit Aufgaben, die ich für sie übernehmen soll. Beispielsweise den Abwasch, der sich jedes Mal stapelt, wenn ich komme. Oder sie belehrt mich, dass ich in der Schule aufpassen, fleißig lernen soll. Das muss sie mir nicht sagen, das mache ich von ganz alleine. Ich habe immer das Gefühl, dass sie nur mit mir stänkern will. Manchmal werde ich dann richtig streitsüchtig und bin sauer auf sie. Ich übernachte auch bei ihr, aber es ist voll die Belastung. Wenn ich von ihr zurückkomme, fühle ich mich krank. Papa findet das gar nicht toll. Die beiden haben aber wenig Kontakt miteinander. Manchmal lästern wir zusammen über sie.

Meine Mutter stört, dass sie mich nicht regelmäßig sieht. Eine Zeit lang kämpfte sie richtig um mich, meldete mich bei ihr im Ort im Kindergarten an und schwärmte mir vor, wie schön der ist, wie gut ich es dort hätte. Sie richtete auch ein Zimmer ihrer Wohnung nur für mich ein, komplett mit Bett, Schreibtisch, bunten Gardinen. Es war allerdings das kleinste. Bei Papa bekam ich das größte für mich. Dafür schätze ich ihn total. Sie machte mir auch viele Geschenke. Inzwischen existiert das Zimmer aber nicht mehr.

Über meine Probleme mit dem Erwachsenwerden rede ich fast nur mit Freunden, weil einen niemand besser versteht als Gleichaltrige. Meine Mutter hält mir zum Thema Sex nur Moralpredigten und ermahnt mich ständig, dass ich »aufpassen!« soll. Ich weiß das alles. Ich bin verantwortungsbewusst und es nervt mich, weil sie mir nicht vertraut.

Aber das beruht auf Gegenseitigkeit. Sie kann wirklich nichts für sich behalten. Jedesmal, wenn ich ihr etwas anvertraue, sprechen mich kurz danach andere aus der Familie daraufhin an. Ich erzähle ihr beispielsweise, dass ich das erste Mal mit einem Freund geschlafen habe, und vier Wochen später sagt mir Oma, wie empörend sie das findet: »In deinem Alter!« Dieses Herumtröten meiner intimsten Angelegenheiten finde ich furchtbar. Ich habe meiner Mutter klipp und klar gesagt, dass ich das nicht will, und was meint sie daraufhin: »Es ist doch deine Oma.«

Meinem Vater erzähle ich da viel mehr. Er sieht das alles viel lockerer, hat die besseren Ansichten, gibt mir gute Tipps. Als ich meiner Mutter sagte, dass ich jetzt die Pille nehme, diskutierte sie stundenlang mit mir, ob das nicht ein bisschen zu früh für mich wäre. Und wenn – gibt es eine Alternative? Das zu erfahren fände ich entschieden konstruktiver.

Was die Schule betrifft, mach ich mich selber verrückt. Ich peitsche mich regelrecht in Stress, sage mir pausenlos: »Du musst lernen, lernen, lernen!« Wenn Papa spürt, dass ich fast durchdrehe, rät er mir: »Mach jetzt erst mal was Schönes und lerne danach. Das ist viel effektiver. Geh zum Handball, triff dich mit Freunden.«

Ich bin froh, dass ich nicht bei meiner Mutter wohnen muss. Schon allein bei der Vorstellung geht bei mir gar nichts mehr. Sie ist anstrengend. Es nervt mich schon, wenn sie will, dass ich sie besuche. Ich habe Besseres zu tun: Schule, Training, Freunde. Ich bin auch nicht neidisch auf die Mütter der anderen – ich habe ja meinen Papa.

Seit letztem Jahr versucht er noch einmal zu studieren. Erst entschied er sich für Architektur, wechselte dann aber zur Physik.

Bei seinem ersten Studium kam ich dazwischen. Nach meiner Geburt übernahm er meine Betreuung und blieb zu Hause. Anfangs versuchte er, nebenbei zu lernen, aber das funktionierte nicht, weil Mama ganztags arbeitete, um das Geld für uns zu verdienen. Kurz nach seinem zweiten Anlauf wurde ich krank. Ende der dritten Klasse weigerte ich mich eines Tages, zum Sportfest zu gehen. Am nächsten Tag wollte ich überhaupt nicht mehr in die Schule. So fing alles an. Weil er mich nie zu etwas zwingen wollte, ließ er mich in Ruhe. Wenn ich am Morgen weinte, durfte ich zu Hause bleiben. Ich weinte einen ganzen Monat lang, sobald ich aufwachte.

Schließlich brachte mich Papa zu einem Psychologen, aber ich redete in dieser Praxis mit keinem. Die wollten mit mir Nintendo spielen, aber ich nicht mit ihnen. Später kam ich in eine psychiatrische Klink. Dort wollten sie, dass ich ihnen was male, aber ich verweigert mich wieder. Also begannen sie mir von einer grünen Wiese mit bunten Blumen zu erzählen, die ich tuschen könnte, weil doch draußen so schöner Sommer sei. Da reichte es mir und ich malte ihnen einen Weihnachtsbaum. Am Abend schickten sie mich wieder nach Hause und ich las und las und las bis irgendwann die Sommerferien begannen.

Danach ging ich wieder ganz normal zur Schule. Wir hatten zwei neue in der Klasse und das war gut, denn die lenkten mich ab. Ich weiß bis heute nicht, was mit mir los war.

Jetzt gäbe es solche Aussetzer bei mir nicht mehr. Ich bin absolut zielstrebig, denke immer, dass ich schon was verpasse, wenn ich auch nur eine Stunde zu spät komme. Mein Abi will ich unbedingt schaffen und dann Mathematik studieren. Oder Psychologie. In meinem Schulpraktikum war ich in der psychiatrischen Klinik, in der ich damals behandelt werden sollte. Das organisierte ich für mich, weil es mich interessierte, was da so alles abläuft. Jetzt weiß ich zumindest, dass ich später nie mit kleinen Kindern arbeiten will. Die in der Klinik waren super anstrengend, richtig verwahrlost. Mit den Jugendlichen kam ich besser zurecht.

Wenn meine Mutter nicht so wäre, wie meine Mutter nun mal ist, fände ich es natürlich schön, wenn sie bei uns leben würde. Aber so gebe ich ihr einen großen Teil der Schuld, dass wir keine Familie mehr sind. Mein Vater ist ein wundervoller Mensch.Er ist absolut zuverlässig.

Ich habe nur einen einzigen Freund, wo die Eltern glücklich miteinander sind. Das macht mich traurig, denn ich habe dieses Ideal von einer Familie, von Liebe, Kindern, einem schönen Haus tief in mir. Wie man das schafft, in Harmonie miteinander zu leben, weiß ich nicht. Das wäre aber gut, um es einmal besser machen zu können. In dieser Hinsicht bin ich eine kleine Träumerin.

Michelle, 16, Schülerin

»Was ich erlebt habe, wünscht sich doch keiner.«

Mutter, 46, Angestellte
Vater, 50, Beamter
ein Bruder, Justus, 14

Als meine Eltern im Sommer 1990 heirateten, war ich bereits vier Jahre alt und sie nahmen mich mit aufs Standesamt. Mein Bruder war noch zu klein. Zwei Jahre später war die große Liebe vorbei und sie trennten sich. Ich habe es nicht verstanden.

Wir verbrachten viele schöne Urlaube am Meer. 1991 sind wir gemeinsam nach Kreta geflogen. Ich war das erste Mal so hoch über den Wolken und fand es toll. Fliegen macht Spaß. Auf Kreta war es heiß, wir verstanden uns prächtig und sind abends viel weggegangen. Dann wurde mein Vater in eine andere Stadt versetzt und war nur noch einmal im Monat für eine Woche bei uns. Er fehlte mir. Mein Vater half Mama viel im Haushalt, kochte auch gerne für uns. Wir wohnten in einem schönen Haus, und Papa pflanzte im Garten Hecken und Rosenstöcke, legte einen Steingarten an, baute eine Garage. Wir saßen oft in unserem Garten, schwatzten mit den Nachbarn, die sehr nett waren, und Oma, Opa, Onkel und Tanten kamen gern zu Besuch. Alles schien in bester Ordnung.

Wie sich herausstellte, hatten die beiden aber Probleme miteinander und die nur hervorragend abgeschirmt. An einem Sonntag im Sommer 1992 hatten sie sich so in den Flicken, dass ich nachts davon aufgewacht bin. Als ich von ihnen wissen wollte, was los ist, schickten sie mich wieder ins Bett.

Am nächsten Tag sagte meine Mama: »Dein Vater zieht aus.« Sie war bitter enttäuscht und böse. Ich weiß nicht, ob sie es erst an diesem Tag von ihm erfuhr. Für mich brach eine Welt zusammen. Mein Bruder bekam das gar nicht richtig mit. Er war sehr auf unsere Mutter fixiert, hatte wenig Lust, mit unserem Vater zu reden oder mit ihm Fußball zu spielen.

Mama versuchte mich zu trösten: »Er ruft euch an, wenn er in der Stadt ist, und dann könnt ihr euch sehen.« Was er zu mir sagte, war krass: »Ich habe damit abgeschlossen, zwei Kinder zu haben.« Das irritierte mich sehr.

Nach drei Monaten meldete er sich das erste Mal telefonisch bei mir, war dann aber für neun Monate wie in der Versenkung verschwunden. Schließlich kam ein Brief vom Gericht, in dem die Besuchszeiten geregelt waren. Mama sagte: »Was auch immer das Gericht festgelegt hat – trefft ihn, wann ihr wollt.«

Alle zwei Wochen kam Papa nach Dortmund, kochte in seiner winzig kleinen Wohnung für uns, oder wir spielten Karten, gingen ins Kino und ins Kindertheater. Ich war erst sechs und wusste nicht, wie ich mit ihm über die Trennung reden soll. Ich litt darunter, dass ich ihn nicht öfter sehen konnte.

Mama ist sehr verschlossen, was ihre eigenen Probleme angeht. Sie will alles ganz mit sich allein klären. Das ist schade, denn ich hätte ihr zugehört. Zuhören! Das ist doch so wichtig. Mama hörte allen anderen zu und vergaß sich selbst dabei. Sie spielte heile Welt, und ich sah nicht, wie sehr sie litt.

In der sechsten Klasse wollte ich zu meinem Vater ziehen. Ich hing so an ihm, wollte lieber männliche Gesellschaft um mich haben. Mama hätte mich losgelassen, obwohl sie mir sagte, wie weh ich ihr damit täte. Ich wäre trotzdem gegangen, war gedanklich schon dabei, meine Koffer zu packen. Doch dann sagte er ab, weil er sich wegen seiner unterschiedlichen Dienste nicht genug um mich kümmern könnte. Durch seine vielen Spät- und Nachtdienste wäre ich viel zu lange allein. Mir hätte das nichts ausgemacht und meinen Bruder konnte ich sowieso noch nie leiden.

Als mein Bruder in die Schule kam, arbeitete meine Mutter nur noch halbtags. Ihr Sohn, ihr Sohn – alles drehte sich um ihn. Der musste nicht wie ich mit dem Bus zur Schule, zum Training, zu seinen Freunden fahren – der wurde mit dem Auto gebracht. Für ihn war alles selbstverständlich. Wenn ICH sie darum bat, wies sie mich ab, sagte: »Du hast doch deine Schülerkarte.« Im Nachhinein empfinde ich das zwar als positiv, denn mein Bruder ist nicht annähernd so selbstständig wie ich. Damals machte es mich aber wütend, dass sie ihn so bevorzugte.

Er bekam ständig neue Klamotten. Ich musste die abgelegten von der Tochter einer Freundin meiner Mutter tragen. Die waren nicht schlecht, aber neue Pullover und Hosen sind was ganz anderes. Wenn ich neue Schuhe brauchte, hatte sie kein Geld oder ich sollte von meinem Taschengeld was dazulegen. Warum legte sie nicht mal was für MICH zurück? Das war nicht schön. Ich musste zusehen, wie mein Bruder geschniegelt und gebügelt durch die Gegend lief und ich nicht.

Meinen Kummer darüber schien sie nicht zu bemerken, was mich noch mehr enttäuschte. Also beschloss ich: »Ab sofort kaufst du dir deine Sachen selbst!« Ich nahm dafür mein Erspartes – was ich so von Oma oder dem Rest der Familie geschenkt bekam. Eigentlich wollte ich mir davon irgendwann ein eigenes Pferd kaufen, sparte dafür viel, aber dann gab ich es für meine Schuhe und Sweatshirts aus. Das klingt krass, aber so lernte ich mit Geld umzugehen. Auch mit meinen Klamotten. Die behandle ich sehr sorgfältig. Manchmal gab mir Mama was dazu.

Auf dem Höhepunkt der Bevorzugung meines Bruder – da war ich vierzehn und mitten in der Pubertät – sagte ich meinem Vater wieder, dass ich zu ihm ziehen will. Ich hatte mich mit meinem Bruder ständig in den Flicken, weil er mich von früh bis spät mit Ausdrücken bombardierte und beleidigte: »Du bist fett, du bist dumm, du hast von nichts eine Ahnung.« Das musste ich nicht nur zu Hause ertragen. Wir gingen auch zusammen in eine Schule und in einen Sportverein. Ich wollte zu meinem Vater, der im Januar 2001 eigentlich zurückkommen wollte nach Dortmund und bereits nach einer größeren Wohnung suchte.

Er verstand mich, riet mir aber trotzdem, dass ich mir das alles noch einmal genau überlegen soll. Mama sagte, dass es sie schmerzt, dass ich weg will von ihr, aber böse war sie deshalb nicht. Sie meinte: »Es ist dein Vater, ich weiß, wie sehr du an ihm hängst, ich akzeptiere deinen Wunsch.«

Als Papa im Juni 2001 dann wirklich zurückkam, zog ich nach der Zeugnisvergabe sofort zu ihm, obwohl er da schon mit seiner neuen Frau Natascha, einer Russin, zusammenlebte. Die gab mir von Anfang an das Signal: »Ich stehe über dir, ich kann dir sagen, was du zu tun und zu lassen hast.« Sie bevormundete mich unentwegt. Zuerst dachte ich, das wären nur Anfangsschwierigkeiten. Es war ja für sie eine neue Situation, plötzlich eine Tochter zu haben.

Mal funktionierte es zwischen uns, mal nicht. Einmal besuchten uns Freunde von ihr und ich kam mit meiner Jogginghose ins Wohnzimmer und sagte ganz normal »Guten Tag«. Sie machte mich total runter: »Man begrüßt doch die Gäste nicht in einer Jogginghose. Da zieht man sich erst was Ordentliches an, bevor man ins Zimmer tritt.«

Wenn ich etwas tat, was ihr nicht gefiel, redete sie mit meinem Vater darüber, und dann gab es von seiner Seite ein Donnerwetter. Er hörte sich meine Meinung dazu zwar an, aber er akzeptierte sie fast nie, sondern belehrte mich, was ich zu tun und zu lassen hätte.

Lange Zeit glaubte ich trotzdem: Das wird. Einmal sind Natascha und ich allein in den Skiurlaub gefahren und wir verstanden uns gut. Im Jahr darauf fühlte ich mich aber nicht wohl und wollte wieder nach Hause. Das fand sie völlig daneben, weil sie noch einen Abstecher zu einer Freundin in der Nähe geplant hatte. Sie fuhr schließlich allein mit dem Auto weiter und ich mit dem Zug zurück zu Papa. Das war im Januar 2002.

Als ich nach Hause kam, sagte er zu mir: »Setz dich, ich muss dir zwei Sachen sagen. Erstens: Deine Ratte ist tot. Zweitens: Deine Mutter liegt im Krankenhaus. Sie hatte einen Schlaganfall.«

Da schaltete ich erst mal ab. Am nächsten Tag fuhr ich mit Verwandten zu ihr. Da bekam ich meinen nächsten Schock. Ich wusste bis dahin nicht, was ein Schlaganfall bedeutet: Mama lag da, kreidebleich, linksseitig gelähmt und konnte nicht sprechen. Ich machte mir sofort Vorwürfe, dass ich sie nicht dazu gebracht hatte, mit mir über ihre Probleme zu reden. Sie hatte in einer Scheinwelt gelebt – keine Rechnungen, keinen Strom, keine Miete mehr bezahlt, aber ein neues Auto gekauft. Ein neues Auto, wenn man die Miete nicht bezahlen kann? Ich weiß nicht, was sie dazu bewegt hat.

Mein Onkel sichtete alle Rechnungen, als sie noch im Krankenhaus war, und sagte: »Die Lage ist ernst, aber nicht hoffnungslos. Sie kann es schaffen, das alles abzubezahlen.«

Damals stand noch in den Sternen, wann sie wieder nach Hause kommt. Deshalb zog nun auch mein Bruder zu meinem Vater und wir wohnten zu viert in der Wohnung. Ich wusste, dass das mit mir und ihm nicht gut gehen konnte. Es gab nicht nur Spannungen zwischen uns, sondern auch zwischen meinem Vater und Natascha.

Anfang Mai 2002 kam Mama aus der Reha in eine häusliche Therapie. Weil Natascha zur gleichen Zeit Besuch von ihrer Familie erwartete, brauchten sie für ein paar Tage mein Zimmer. Ich zog deshalb zu meiner Mutter, Justus blieb da. Als ich nach ein paar Tagen zurückkam, waren mein Videorekorder und meine Dartscheibe verschwunden und sämtliche Programme an meinem Fernseher umgestellt. Anstatt mir das zu erklären, brüllte mich Natascha an: »In deinem Zimmer sind Motten und es ist total verwanzt. Meine Schwester hat es gemerkt, als sie in deinem Zimmer schlief.« Mein Vater meckerte auch mit mir, obwohl ich noch nie Motten entdeckt hatte. Deshalb rollte ich vor ihren Augen den Teppich auf. Da war keine Motte, nicht mal ein Mottenflügel. Ich schrie die beiden an: »Wie missachtet ihr mich? Ihr schmeißt mich aus meinem Zimmer, dann sieht eine im Vollrausch eine Motte und ihr glaubt das auch noch.« Es tat mir gut, ihnen mal richtig die Meinung zu sagen. Von Natascha bekam ich daraufhin nur Ablehnung.

Im Laufe der Zeit beruhigten wir uns aber alle wieder, und im Sommer fuhr sie mit mir weg. Mein Vater musste arbeiten, mein Bruder wollte lieber zu Freunden. Als wir zurückkamen, zitierte mich mein Vater zu sich. Natascha hatte ihm alles erzählt, was ich ihr anvertraute: über Jungs, über einen Besuch beim Frauenarzt. Das war für mich ein ungeheurer Vertrauensbruch.

Ein paar Tage später war ich mit meiner Oma schwimmen, und als ich zurückkam, ging ich mit meinen Straßenschuhen ins Wohnzimmer, um Guten Abend zu sagen. Natascha schnauzte mich an:

»Was fällt dir ein, hier mit deinen Schuhen herein zu trampeln. Ich habe gerade gewischt.«

Nun reichte es mir. Ich packte meine Sachen und haute ab zu meiner Mutter. Ich rief sie über Handy an und sagte ihr Bescheid, dass ich komme, damit sie nicht erschrickt, wenn ich plötzlich vor der Tür stehe. Sie fragte mich, was los sei, warum ich wieder bei ihr sein will. Aber ich spürte auch ihre Freude, denn sie sagte: »Man kann auch in anderthalb Zimmern sehr gut miteinander leben.«

Das stimmt. Sie ist aber sehr krank, vergisst viel, zum Beispiel, was sie alles einkaufen soll. Durch den Schlaganfall sind viele Gehirnzellen beschädigt.

Ich habe aus all dem eine Menge fürs Leben gelernt. Wenn mich Leute beleidigen, dann sage ich: Ihr könnt mich mal. Ich denke anders als andere Jugendliche in meinem Alter. Ich nehme die Schule ernst, will besser sein als die anderen, bin mit meiner Zwei in Englisch und Geschichte nicht zufrieden. Die anderen verstehen das nicht.

Und wenn mir einer »fette Sau« oder »dumme Kuh« hinterher ruft, dann drehe ich mich um und sage dem meine Meinung, wehre mich. Ich habe den Körperbau meines Vaters. Damit muss ich leben. Weil ich viel Kraft habe, ging ich lange Zeit auf eine Sportschule, Hauptfach Rudern. Leider bekam ich eine chronische Gelenkentzündung und musste die Schule wechseln. Als ich in meine neue Klasse kam, versuchten einige, mich in die Ecke zu verweisen, mir das Gefühl zu geben: »Du bist nichts.« Dagegen habe ich angekämpft. Das hatte ich beim Rudern gelernt.

»Du bist das Letzte« – wenn das einer zu mir sagt, kriegt er von mir sein Fett. Ich habe gute Argumente dagegen. Ich bin in vielen Fächern besser als die anderen. Viel besser.

Zuerst merkte keiner, dass ich abgehauen bin. Erst spät am Abend rief mein Bruder bei meiner Mutter an und sagte ihr, dass ich sofort nach Hause kommen soll. Ich rief zurück und sagte Papa, dass ich bei ihr bleibe. Zuerst war er stinkig. Er reagiert oft cholerisch, ist zuviel im Stress. Später fand er auch, dass es so besser ist.

Ich verstehe mich gut mit meiner Mutter, finde nur schrecklich, dass sie zuviel raucht und zuviel Rotwein trinkt. Früher hat sie Kette geraucht, das ist jetzt schon besser geworden. Wenn ich ihr sage, wie sehr ihr das schadet, rede ich gegen eine Wand.

Finanziell kommen wir hin. Wenn ich von der Schule komme, macht sie mir meist was zu essen oder ich gieße mir eine 5-Minuten-Terrine auf. Wir quatschen dann, was so passiert ist, danach büffel ich für die Schule, spiele mit meiner Katze, gehe zum Fußballtraining und schließlich schlafen. Im Bett höre ich oft noch Musik und Mama nimmt manchmal einen Film für mich auf.

Ich finde es schade, dass meine Eltern getrennt sind, aber Mama kann jetzt viel besser zuhören, wenn ich ihr was erzähle, und rastet nicht mehr so schnell aus. Meinen Vater sehe ich regelmäßig. Seitdem ich weg bin, verstehen wir uns wieder. Wenn ich ihn brauche, ist er für mich da, gibt mir Tipps, wie ein Bewerbungsschreiben aussehen muss oder wie man sich bei einem Vorstellungsgespräch am besten verhält. Wenn ich in ein Tief sinke, Trübsal blase, dann holt er mich da raus, rät mir, das alles nicht so eng zu sehen.

Ich schwanke bei dem Gedanken, ob es gut wäre, wenn sie wieder zusammenleben würden. Ja und nein. Natürlich hätte ich sie gerne BEIDE in meiner Nähe, denn ich liebe sie ja beide. Aber ich glaube, Mama will keinen Mann mehr an ihrer Seite haben. Sie redet darüber allerdings nicht mit mir. Und mein Bruder kann bleiben, wo der Pfeffer wächst. Es reicht, wenn ich ihn einmal im Monat sehe. Bei Papa und Natascha ist er ganz klein mit Hut, bekommt jeden Tag zu hören, wie der Hase läuft. Papa achtet auch darauf, dass wir beide gleich behandelt werden, nicht nur einer was kriegt. Endlich tanzen nicht mehr alle nach seiner Pfeife. Da bin ich schadenfroh, das gebe ich zu. Wir verstehen auch alle nicht, warum er sich für Mama schämt und deshalb nicht mehr bei ihr leben will. Diese Ablehnung quält sie, wo sie ihn so umhegt und gepflegt hat.

Die Lähmung sieht man noch in ihrem Gesicht. Sie schafft keine weiten Strecken, weil sie ihr linkes Bein und ihren linken Arm noch nicht wieder richtig bewegen kann. Ihre Schrift ist teilweise nicht lesbar. Sie müsste mehr kämpfen, um wieder richtig gesund zu werden, aber meist sitzt sie nur da und sagt: »Ich kann es nicht ändern.« Aber das kann sie, und ich will ihr dabei helfen.

Zum Beispiel, in dem ich ihr zeige, dass ich sie liebe, sie nicht im Stich lasse, obwohl sie meinen Bruder so bevorzugt hat. Das war nicht okay. Man kann nicht das eine Kind aufpolieren und das andere verwahrlosen lassen. Darüber würde ich gern noch einmal mit ihr reden, aber im Moment geht das nicht. Das würde sie zu sehr runterziehen.

Aber zum Glück bin ich in einer Therapie und kann meiner Psychologin erzählen, was mich bewegt, was so alles passiert und wie ich darüber denke. Ihr offenbare ich meine Ängste in der Schule und lasse mir Tipps geben, wie ich besser damit klar komme, wenn ich mal eine etwas schlechtere Note einheimse. So was rolle ich mit meiner Therapeutin alles auf. Sie hilft mir sehr. Ich bin ruhiger geworden, ernster, und versuche nicht mehr, vor Problemen wegzulaufen. Ich will stark sein. Ich muss stark sein, um meiner Mutter unter die Arme greifen zu können. Das ist meine Pflicht.

Manchmal ticke ich in der Schule trotzdem richtig aus. Da fällt irgendein Wort, das ich komisch finde, und ich gackere zwei Stunden darüber. Ich denke, das ist ein Zeichen dafür, dass ich endlich wieder Spaß am Leben habe.

Nach dem Abi will ich Pathologie studieren und mir sehr genau überlegen, ob ich jemals heiraten werde. Kinder möchte ich gar nicht, weil ich mit denen nicht klar komme. Aber wenn ich das Geld hätte, würde ich mir gern ein Haus kaufen, obwohl das für einen ja viel zu groß ist. Allein kann ich es sowieso nicht finanzieren.

Dann hätte ich die gleichen Probleme wie Mama. Meine Eltern sind nur noch in Kontakt, wenn es ums Kindergeld oder die Schule geht. Im Moment wünsche ich mir auch nicht, dass sie sich treffen. Mama soll sich erst mal erholen. Es tut mir so leid, dass sie nicht mehr mitreden kann. Wir waren neulich zum Geburtstag eingeladen, sie kannte alle Leute und saß trotzdem nur stumm am Tisch. Ich weiß nicht, warum die Leute nicht einfach auf sie zugehen, ihr helfen. Was denken sie? Sind sie überfordert, wenn einer mal krank ist?

Im Gegensatz zu anderen konnte ich eine Zeit lang zwischen zwei »Familien« auswählen. Meine Mutter bot mir an, bei ihr zu leben, und mein Vater auch. Sie passten mir beide nicht. Bei Papa scheiterte es an seiner neuen Frau. Wenn sie nicht da war, herrschte zwischen uns eine ganz andere Atmosphäre. In mancher Hinsicht arbeitete sie gegen mich. Manchmal spüre ich eine richtige Wut auf die Neue. Ich frage mich, wer von uns beiden normal ist – sie oder ich? Zum Beispiel die Geschichte mit meinem Zimmer: Ich wollte nicht, dass Fremde in meinem Zimmer schlafen, und sie respektiert das nicht. Warum sich mein Vater nicht für mich eingesetzt hat, verstehe ich bis heute nicht.

Meine Kindheit hätte besser sein können. Ich hätte mir Geborgenheit gewünscht. Was ich erlebt habe, wünscht sich doch keiner. Das macht nun wirklich keinen Spaß. Meine Eltern haben mich aber so erzogen, dass ich mich benehmen kann. Das wenigstens haben sie geschafft. Es ist ein Schmerz in mir, soviel Kränkendes erfahren zu haben, aber auch das Glück, dadurch vielleicht besser als andere zu wissen, was man später tun sollte und was nicht.

Sicher wird es schwer sein, einen Job zu kriegen. Das Wichtigste ist deshalb, dass ich erst mal mein Abi richtig gut schaffe. Dann werde ich ja sehen, was kommt. Vielleicht kann ich mir neben dem Studium ein bisschen Geld dazu verdienen und mir ein eigenes Zimmer nehmen. Oder ich bleibe bei Mama.

Oder ich verliebe mich in einen Mann, der so ist wie mein erster Freund, den ich mit zwölf hatte. Der gab mir viel Rückhalt. Darauf hoffe ich vor allem: Einen Menschen zu finden, mit dem ich glücklich bin.

Michael, 17, Schüler

»Eine Scheidung ist das Schlimmste, was einem Kind passieren kann.«

Mutter, 49, lebt in den USA, Barbesitzerin
Vater, 48, Frührentner
Geschwister:
Marlen, Halbschwester, 25, allein erziehende Mutter, drei Kinder
Martin, Halbbruder, 23, arbeitslos
Mona, Schwester, 19, Hausfrau, zwei Kinder
Nicole, Halbschwester, 8

Die erste Kindheitserinnerung habe ich an mein viertes Lebensjahr: Meine Mutter hält mich auf dem Arm, und mein Vater und sie streiten sich. Das ist wirklich das Erste, woran ich mich erinnern kann. Mit meinen Geschwistern vertrug ich mich gut. Ich war der Jüngste in der Familie und wusste damals auch noch nicht, dass wir so durcheinander gemixt sind. Mutter hat Vater oft rausgeschmissen. Einmal standen sogar ein paar Möbel innen vor der Wohnungstür, damit er nicht wieder rein kommen kann oder die Tür aufbricht. Er hat sie aber nie geschlagen, sie stritten sich nur.

In dieser unruhigen Zeit waren wir einmal mit der ganzen Familie auf dem Campingplatz. Da war ich fünf und meine Schwester fragte mich: »Zu wem willst DU denn?« Ich wusste gar nicht, was sie meint. Sie klärte mich dann auf, dass sich unsere Eltern trennen wollen. Die Frage konnte ich trotzdem nicht beantworten. Als die anderen alle sagten, dass sie beim Vater bleiben wollen, entschied ich mich auch für ihn.

Kurz darauf zog Mutter aus, aber ich bekam das gar nicht richtig mit. Mir wurde erklärt, dass das zwischen Mutter und Vater nicht mehr läuft, weil sie sich um jede kleinste Kleinigkeit nur streiten und ihm Mutter schon zur Hochzeit in den Magen getreten hätte. Für mich war das damit abgegessen. Ich konnte ja eh nichts dagegen tun und tröstete mich mit dem Versprechen, dass ich Mutter jedes Wochenende in ihrer neuen Wohnung besuchen könnte.

Zuerst war es so. Dann sah ich sie nur noch jedes zweite Wochenende, zuletzt gar nicht mehr. Die beiden stritten sich auch nach ihrer Trennung wie die Kesselflicker – vor allem um das Besuchsrecht. Meine Mutter hatte uns einmal nicht dort abgeholt, wo wir mit ihr verabredet waren, und mein Vater behauptete dann vor Gericht, dass sie Verabredungen nie einhält und außerdem Alkoholikerin sei. Aber das stimmte nicht. Sie trank nur abends gerne ein Bier. Vater machte sie immer runter.

Ich vermisste sie oft, verdrängte aber meinen Kummer. Auch für sie muss diese Zeit schrecklich gewesen sein. An meinem siebenten Geburtstag stand sie früh am Morgen auf dem Hof vor unserem Haus und wartete mit Geburtstagsgeschenken auf mich. Wenn man so klein ist, realisiert man gar nicht, was da abgeht. Für meine älteren Geschwister war das schlimmer, denn die konnten das schon einordnen.

Für mich war das Leben okay. Vater lebte noch allein, Mutter übrigens auch, war 24 Stunden am Tag arbeiten und schob uns alles in den Arsch. Es gab laufend Geschenke und Süßigkeiten in Massen. Früher sagte er oft nein, wenn wir naschen wollten, und nun: »Nehmt euch doch.« Er schien liebevoll, aber heute weiß ich, dass er das nur machte, um uns zu beeinflussen. Er wollte uns behalten, um unsere Mutter mürbe zu machen – die Kinder sind bei mir. Er war stolz darauf, denn das schaffen die meisten Väter nicht. Aber für eine Mutter ist es doch hart, die Kinder zu verlieren.

Wir Geschwister hielten zusammen. Es gab zwar Streit zwischen uns, aber nach einer Stunde war alles wieder gut. Wir stellten einen Wochenplan auf, in dem die Aufgaben für jeden einzelnen von uns eingetragen waren, damit der Haushalt in Ordnung ist. Auch Weihnachten lief alles normal. Am Anfang kümmerte sich Oma oft um uns. Aber das Verhältnis zwischen ihr und Vater verschlechterte sich zusehends. Das fand ich schade, denn ich mochte sie sehr. Einmal schickte sie mir einen Brief mit hundert Mark für mich, aber die waren weg, als ich ihn geöffnet im Briefkasten fand. Das Geld hatte sich sicher mein Vater genommen, gab es aber nie zu. Zu den anderen Großeltern hatten wir keinen Kontakt. Die lebten weit weg.

Als ich acht war, lernte Vater eine andere Frau kennen – Beate, dreißig Jahre alt. Die war Erzieherin und wohnte nun manchmal bei uns. Die beiden stritten sich häufig und wir hofften, dass sie wieder aus unserem Leben verschwindet. Dann zog sie aber zu uns und richtete die Wohnung neu ein – alles nach ihrem Geschmack. Sie gab sich Mühe, war lieb zu uns. Sie nahm Martin sogar mit zu ihrem Karatekurs. Als Beate einzog, verließ uns Marlen, meine älteste Schwester. Sie hatte einen Mann kennen gelernt und lebte mit ihm zusammen. Mona verstand sich gar nicht mit Beate. Sie ist sehr still und zurückhaltend und fand Beate eingebildet. Das fand ich nicht. Alles ging gut – bis Beate schwanger wurde. Kurz vor Weihnachten 1993, ich war achteinhalb, zogen wir in eine neue Wohnung, weil die alte zu klein für uns alle war. Auch das fand ich okay, denn ich hatte das erste Mal in meinem Leben ein eigenes Zimmer. In der alten Wohnung hatte ich in einer Abstellkammer mit einem Bretterverhau oben geschlafen. Das war mein Bett. Das empfand ich aber nicht als schlimm, denn ich wusste ja noch nicht, wie schön es ist, ein richtiges eigenes Zimmer zu haben. Meine Geschwister schon. In diesem Verhau hatte ich jedenfalls meine Ruhe, wenn ich wollte.

Als Beates eigene Tochter, Nicole, zur Welt kam, bevorzugte sie die. Das gab es Streit. Wir mussten alles im Haushalt erledigen, damit sie sich um ihr Kind kümmern kann.

Das Zimmer von Nicole war durchgestylt, da standen lauter Luxusmöbel drin. Allein der Wickeltisch kostete damals 400 Mark. Ich weiß nicht, ob das okay ist, einen in der Familie so zu bevorzugen. Die Kleine besaß Berge von Spielzeug, das in der Ecke lag. Zum Geburtstag bekam sie zwanzig Geschenke, die jedes Maß überschritten, denn ich konnte ihren Wert einschätzen. Was wir bekamen, war entschieden bescheidener.

Das machte uns was aus. Vater fiel das gar nicht auf. Auch nicht, dass sich mein Verhältnis zu Beate rapide verschlechterte. Es gab ständig Zoff zwischen uns. Als ich elf war, steigerte sich das mehr und mehr, ich sackte auch in der Schule total ab. Wenn Beate meinte, ich hätte meine Hausaufgaben nicht ordentlich genug gemacht, musste ich alles noch einmal abschreiben. War mein Zimmer nicht pikobello aufgeräumt und sauber, räumte sie alle meine Sachen aus den Schränken und schmiss sie auf den Boden. Das totale Chaos. Wenn ich nach Hause kam, musste ich alles wieder aufräumen. Irgendwann weigerte ich mich und der Stress war komplett. Mona, damals 16, ließ sich das auch nicht gefallen. Martin war inzwischen beim Bund.

Mein Vater dachte wohl die ganze Zeit, wir seien glücklich – die Wohnung und unsere Klamotten waren sauber und es gab jeden Abend Essen. Das war wohl seine Vorstellung von Glück.

1994 ging meine Mutter in die USA. Weil uns jeder Kontakt zu ihr untersagt war, wusste ich nicht mal, dass sie das vorhat. In diesem Jahr durfte ich aber das erste Mal mit ihr Urlaub machen. Meinem Vater sagte sie, dass wir zusammen nach Frankreich fahren. In Wirklichkeit flogen wir zuerst nach Atlanta und dann weiter nach Pensacola. Sie hatte in Deutschland einen Amerikaner, Jim, kennen gelernt, der hier stationiert war und 1994 nach Amerika zurückging. Mit ihm wollte sie in den USA zusammen leben und dort auch mit uns beiden Urlaub machen. Sechs Wochen. Das war schön. Ihren Freund fand ich okay.

In dieser Zeit fragte sie mich: »Willst du hier bei mir, bei uns bleiben oder zu deinem Vater zurück?« Das Jugendamt wusste Bescheid, dass sie mich das fragen wird. Ich dachte ein paar Tage darüber nach, wollte aber zu meinem Vater, zu meinen Geschwistern, den Freunden zurück, die vertraute Umgebung nicht verlieren. Mein Vater holte mich nach sechs Wochen in den USA ab. Er kam mit Beate. Als Erstes schenkte er mir einen Gameboy. Wir blieben für eine Nacht im Hotel am Flughafen und flogen am nächsten Tag zurück nach Deutschland.

Zu Hause erfuhr ich, dass sich mein Vater aus diesen sechs Wochen bei meiner Mutter eine Entführung gebastelt hatte. Er war sogar mit meinem Bruder Martin bei SAT.1 im Frühstücksfernsehen aufgetreten und hatte meine Mutter vor laufender Kamera der Entführung seines Sohnes angeklagt. Auch der Yellow-Press erzählte er die Geschichte und zeigte mir stolz seine gesammelten Zeitungsausschnitte. Aber was da stand, stimmte alles vorne und hinten nicht.

Ja, meine Mutter wollte mich bei sich haben. Ja, sie wollte sich um mich kümmern, aber sie hatte mich nicht entführt.

Einen Monat später flogen wir für zwei Wochen nach Tunesien – Vater, Beate, Nicole und ich. Als wir zurückkamen, erfuhr ich, dass nun Martin bei unserer Mutter in den USA war. Er wollte vor seinen Schulden fliehen, hatte die Schnauze voll von all den Problemen. Er blieb ein Jahr bei ihr. Damals war er 19.

Nach Tunesien und kurz vor dem nächsten Umzug gingen die Streitigkeiten zwischen Beate und mir erst richtig los. In der Schule bekam ich nichts mehr auf die Reihe. Meine Klassenlehrerin war sehr besorgt, kümmerte sich um mich, ging mit mir sogar aufs Jugendamt, weil ich mich auch mit meinem Vater überhaupt nicht mehr verstand. Die auf dem Jugendamt fragten mich, ob ich lieber bei meinem Vater bleiben oder zu meiner Mutter will. Ich wollte nun zu ihr. Vater gab sich neutral, hatte aber angeblich kein Geld für den Flug.

Ich zog zu Marlen, meiner großen Schwester, weil ich es zu Hause nicht mehr aushielt. Sie war inzwischen zwanzig, hatte selbst zwei Kinder, und sie und ihr Mann waren bereit, sich um mich zu kümmern. Ich sollte ja auch nur so lange bei ihnen bleiben, bis das Geld für den Flug nach Amerika vom Jugendamt bewilligt wird.

Am 21. Juni 1996 flog ich in die USA. Die Frau vom Jugendamt sagte mir, ich sollte mich von meinem Vater und seiner Freundin verabschieden, aber ich wollte nicht.

Als ich bei meiner Mutter ankam, stand schon ein PC für mich auf dem Tisch. Das war cool, denn zu Hause gehörte der PC meinem Vater. An die Schule in den USA gewöhnte ich mich schnell, ich kam dort nach einer Woche schon ganz gut zurecht. Auch mit dem Freud meiner Mutter verstand ich mich. Nur einmal hatten wir Streit, weil ich meiner Mutter eine Zigarette geklaut und sie heimlich geraucht hatte.

Später bekam ich mehr Ärger mit ihm, weil ich eine Woche nicht zur Schule ging, nur noch im Internet rumsurfte. Ich konnte nicht aufhören am PC zu sitzen. Weil Mutter schon vor meinem Schulbeginn das Haus verließ, merkte sie nichts. Aber ihr Freund Jim. Der meckerte mit mir, weil man in den USA in den Knast kommt, wenn die Kinder nicht zum Unterricht erscheinen. Einmal schlug er mich deswegen und ich sagte zu ihm: »Jetzt kannst du wirklich Angst haben, denn wer seine Kinder schlägt, kommt tatsächlich in den Knast.« Da hatte ich ihn offensichtlich mit seinen eigenen Waffen geschlagen, denn er ließ mich in Ruhe. Von Stund an ließ ich die Schule links liegen und paukte nur noch am PC. Es gibt genug Programme, mit denen man Mathe, Physik, Biologie und so weiter alleine lernen kann.

Dann beschlossen meine Mutter und Jim, zusammen einen Truck zu fahren. Sie brauchte dafür aber noch den Führerschein und besuchte eine Truckerschule in einem anderen Bundesstaat. In dieser Zeit bin ich manchmal mit Jim die ganze Ostküste rauf und runter gefahren und absolvierte mein Schulpensum per Videorekorder und Fernseher im Führerhaus. Einmal besuchten wir Mutter in Mississippi auf der Truckerschule und Jim hatte nichts Besseres zu tun, als mich bei ihr anzuschwärzen: Dass ich nicht mehr in die Schule gehe, nicht auf ihn höre, seine Ermahnungen nicht ernst nehme und und und. Sie war sauer, beschimpfte mich, schrie. Als ich ihr sagte, dass sie mich in Ruhe lassen soll, schlug sie mir krass ins Gesicht und meine Nase fing an zu bluten. Ich rannte auf die Straße, ging zur nächsten Tankstelle und der Besitzer fragte mich, ob er die Polizei rufen soll. Ich war einverstanden. Die kam auch, rief einen Krankenwagen, der mich ins Krankenhaus brachte. Die Polizei fuhr zu meiner Mutter, um ihr Bescheid zu sagen, wo ich bin. Ich lag zwei Tage auf der Kinderstation, dann holte mich meine Mutter ab, brachte mich zum Flughafen und schickte mich zurück nach Deutschland. In Mississippi wird jeder bestraft, der Kinder schlägt. Sie hatte Angst, dass sie Schwierigkeiten bekommt, wenn ich bei der Polizei aussagen muss, was passiert ist. Also hätte sie ihren Truckerschein nicht machen können. Sie wollte deshalb, dass ich verschwinde. Ich war gerade mal dreizehn, saß im Flieger, war total verwirrt, verstand das alles nicht. Fragte mich außerdem: Wer holt mich ab? Das Jugendamt? Mein Vater?

Es war mein Vater, der am Flughafen stand. Ich aß als erstes einen Döner. Weil mein Vater keinen Platz mehr für mich hatte, brachte er mich zu Mona. Sie war inzwischen neunzehn und hatte selbst zwei Kinder. Ihr jüngstes starb am zweiten Januar 2000. Sie stand am Morgen wie immer an seinem Bett, um nach ihm zu schauen, als sie plötzlich schrie: »Michael, ruf sofort Papa an!«

Ich wusste nicht, was passiert ist, aber ich hörte die Panik in ihrer Stimme und wählte seine Nummer. Als er kam, rief er die Feuerwehr, und die Ärzte stellten plötzlichen Kindstod fest. Es war eine Tragödie. Meine Schwester wollte nicht mehr in dieser Wohnung bleiben und wir zogen um. Sie litt sehr unter dem Tod ihres Kindes, war häufig ungerecht zu mir.

Einmal bat ich sie um Geld, weil ich sieben Mark für einen Schulausflug brauchte, und da wurde sie sauer und wollte mich nicht mitgehen lassen. Da hatte ich die Schnauze voll – ein Jahr immer nur Streit, Streit, Streit. 2001 zog ich deshalb wieder zu meinem Vater. Wir waren nun zu viert und für mich begann ein relativ gutes Leben. Beate war neutral, und ich hatte zwar kein eigenes Zimmer, aber einen Platz zum Schlafen. Meine Halbschwester Nicole besaß eine kleine Puppenecke mit Minicouch, Minitisch und Schrank, und daneben lag meine Matratze. Am Wochenende wohnte ich bei Freunden oder bei meinem Bruder Martin, der inzwischen aus den USA zurück war.

Alles lief gut, bis mein Vater Probleme mit seiner Freundin bekam. Beate hatte auf Arbeit einen anderen Typen kennen gelernt. Er war eifersüchtig, die beiden fetzten sich so lange, bis er sie eines Tages rausschmeißen wollte. Er schrie sie an: »Entweder du gehst oder Michael und ich.« Da packte sie ihre Sachen und verschwand.

Für mich begann eine richtig gute Phase. Ich hatte endlich meine Ruhe. Vater renovierte die Wohnung, verlegte in allen Zimmern Laminat und flieste das Badezimmer weiß-blau. Als Beate das sah, war sie neidisch – überall Laminat, ein gefliestes Bad, ein fetter neuer PC. Alles war plötzlich so, wie sie es sich immer gewünscht hatte. Sie fragte mich, woher Vater das ganze Geld nähme, aber ich hatte keine Ahnung. Ich wusste nur, dass er sie neidisch machen wollte. Kurze Zeit später war er oft tagelang weg. Im Januar 2001 rief er mich kurz nach Schulschluss über Handy an und sagte, ich solle nicht nach Hause, sondern zu Mona gehen. Die klärte mich dann auf: »Eure Wohnung ist gerade zwangsgeräumt worden. Vater hat die Miete seit Monaten nicht mehr bezahlt.« Von ihr erfuhr ich endlich, warum er in den letzten Wochen so selten zu Hause war. Er hatte sich wieder mit Beate vertragen, bei ihr gewohnt und sich um nichts mehr gekümmert. Deshalb kam es zu dieser Zwangsräumung an einem Freitag im Januar. Die Möbel standen zuerst auf der Straße und wurden später in einem Lagerhaus untergestellt. Am Montag trugen wir sie schließlich in Beates Wohnung, was sie sehr freute. Ich wohnte mal bei meinem Bruder, mal bei meiner Schwester oder bei Freunden und war wieder total verwirrt. Meine Geschwister haben nur noch gelacht. Ich nicht, denn ich wusste nicht mal, ob ich meine Klamotten und meinen PC je wiederbekomme.

Das Jugendamt wusste von all dem nichts. Bis mich mein Vater im Februar 2002 fragte, ob ich nicht lieber in einer WG leben will anstatt über Wochen von einem zum anderen zu ziehen. Wir dachten uns eine Geschichte aus – ich käme mit Beate nicht mehr klar etc. – und gingen gemeinsam zum Jugendamt. Die verstanden mein Problem und gaben mir eine Tabelle mit allen betreuten WGs in Frankfurt. In der stand auch, wer da so wohnt und was die Jugendlichen machen. Bei den jeweiligen Betreuern sollte ich mich selbst melden und mit denen einen Besuchstermin vereinbaren. Ich klapperte die WGs nacheinander ab, lernte die Bewohner kennen und entschied mich im März für eine, die mir am besten gefiel. Für mich war die Aussicht, von nun an in einer betreuten WG zu leben, okay.

Vater hatte inzwischen einen blauen Brief von meiner Schule bekommen, in dem sie ihm mitteilten, dass ich auf dem Abschlusszeugnis der 9. Klasse zwei Fünfen haben werde, wenn ich mich nicht mehr anstrenge. Als ich ihn einmal anrief, um ihn um Geld zu bitten, legte er einfach auf. Ich rief ihn gleich wieder an, aber er ging nicht mehr ans Telefon. Ich hatte keine Ahnung, was jetzt schon wieder los ist, denn von dem Brief wusste ich noch nichts. Seitdem haben wir uns nur einmal bei meiner Schwester gesehen. Als ich ihn fragte, warum er aufgelegt hat, sagte er: »Weil du frech geworden bist.«

Wieso macht er das? Gibt es nichts anderes zu bereden?

Seitdem herrscht Funkstille zwischen uns. Meine Schwester Mona sagt zwar, dass er zweimal versucht hätte, mich telefonisch zu erreichen, aber davon bekam ich nichts mit. Auch zu meiner Mutter habe ich nur noch selten Kontakt. Im Oktober 2001 war sie in Deutschland und wohnte bei Marlen. Sie wollte sich eigentlich um ihre Enkel kümmern, aber Marlen war diese plötzliche Nähe zuviel. Mutter zog deshalb zu Mona, was mich wunderte, weil die sie doch immer gehasst hat. Sie konnte Mutter dann auch nicht ertragen und wollte, dass sie geht. Mutter hätte praktisch auf der Straße gestanden, wenn ihr nicht mein Vater angeboten hätte: »Komm doch zu mir.« Das war erst mal verwirrend. Die beiden saßen dann acht Wochen lang jeden Abend zusammen und spielten mit dem Noch-Mann meiner Schwester Marlen Skat.

Das Leben in der WG ist okay. Von 15 bis 19 Uhr sind Betreuer in der Wohnung, fragen, wie es uns geht, ob wir in der Schule waren, klären mit uns Ämtersachen und gucken nach unseren Zimmern. Ich habe endlich wieder ein eigenes, das ich so einrichten kann, wie ich will. Und eigenes Geld – 260 Euro im Monat. Davon kaufe ich mir meine Klamotten und was ich sonst noch zum Leben brauche. Damit komme ich ziemlich gut hin. Als ich in die WG einzog, besaß ich gar nichts. Jetzt gehören mir ein Bett, eine Kommode, ein Tisch, ein Teppich und ein Fernseher. Ein paar Sachen davon bekam ich geschenkt. In der Schule geht es seitdem auch wieder bergauf, ich bekomme nur noch Einsen und Zweien, weil ich begriffen habe, wie wichtig sie ist. Nach der Zwangsräumung habe ich sie wochenlang geschwänzt.

In Englisch sollten wir vor kurzem eine Geschichte darüber schreiben, was unser Leben verändert hat. Ich erzählte darin von meinen Erlebnissen in Mississippi, und mein Lehrer war entsetzt. Er – und viele andere auch – empfinden das als Drama, aber wenn ich die ganze Zeit darüber trauere, nutzt mir das gar nichts. Die Frage, was mein Vater oder meine Mutter nur für Menschen sind, bringt mich nicht weiter.

Ich habe jetzt einen Freund, mit dem ich mich sehr gut verstehe. Wir diskutieren ständig über unser späteres Leben und über Kindererziehung. Das interessiert mich sehr. Ich würde das 300 Prozent anders machen als meine Eltern. Alles, was man in der Kindheit erlebt, ist einschneidend für das weitere Leben. Vielleicht denkt so ein Kind in der Schule: Wozu soll ich das alles lernen und begreifen? Dazu habe ich null Bock! Erst viel später merkt es, wie wichtig das gewesen wäre. Ich finde auch falsch, wie man in der Schule lernt. Auswendig pauken ist blödsinnig. Der Unterricht muss interessant sein, zum Denken anregen.

Über meine Eltern denke ich nicht nach. Einmal war Vater in die WG eingeladen. Ich wollte das nicht, aber meine Betreuer. Dem muss ich nachgeben, das Jugendamt unterstützen, sonst geben sie mir weniger Geld. Die wollen unbedingt, dass ich zu meinem Vater Kontakt habe. Einmal im Monat führen die Betreuer mit mir ein Einzelgespräch, wo sie mich nach der Familie befragen, damit sie sich ein Bild über den Stand der Dinge machen können.

An diesem Tag haben wir auf meinen Vater gewartet, aber er kam nicht. Und dann beklagt er sich, dass er nicht informiert wird. Das ist verlogen. In Wahrheit wird er froh sein, dass er sich nicht mehr um mich kümmern muss und in Ruhe sein glückliches Leben leben kann.

In der WG verstehen wir uns gut, reden viel miteinander. Ich will jetzt die Realschule abschließen, mein Fachabitur in Informatik und Zertifikate für »Microsoft« machen und mir dann eine Arbeit in Firmen suchen, die sich mit Netzwerken beschäftigen – beispielsweise bei Schering. Ich weiß ganz genau, was ich will, habe ein Ziel vor Augen.

Die Beziehung zu meinen Eltern würde ich nicht als Liebe bezeichnen. Ich kann meine Gefühle nicht benennen. Sie hätten sich um mich kümmern, mich vor schlechten Einflüssen schützen müssen. Vernachlässigte Kinder wie ich haben aber Vorteile. Ein Kind, das glücklich ist, macht sich keine Gedanken, was in der Welt passiert. Kinder, die es schlecht haben, denken darüber nach. Warum hat mich mein Vater geschlagen? Was ist daran falsch? Warum streiten sich Eltern? Mit welchen Probleme kommen sie nicht zurecht? Die Kindheit ist wichtig für das spätere Leben. Eine Scheidung ist deshalb das Schlimmste, was einem Kind passieren kann.

Anja, 18, Friseurin

»Ich würde mir wünschen, dass meine Eltern irgendwann Freunde sind.«

Mutter, 41, Sekretärin
Vater 41, Truckerfahrer
keine Geschwister

Es gab bei uns gute Zeiten und schlechte Zeiten – wie im Fernsehen. Meine Eltern verliebten sich im April 1983 ineinander und heirateten fünf Monate später. 1984 kam ich zur Welt. Ich kann mich noch daran erinnern, dass wir anfangs eine olle Wohnung hatten. Die war so klein, dass ich bei meinen Eltern im Schlafzimmer schlafen musste. Erst 1990 zogen wir in eine schöne in einem Vier-Familien-Haus im Grünen und feierten meinen siebenten Geburtstag in unserem Garten.

Meine Eltern gaben eine Party für mich, luden alle Kinder aus der Nachbarschaft ein und wir tobten über den Rasen, spielten Puppentheater, schleckten ganz viel Eis. Mitten im größten Getümmel holte mich Mutti ins Haus, verband mir die Augen und setzte mich auf einen Stuhl. Dann brachte sie etwas ins Zimmer, und ich hörte es rascheln. Schließlich bat sie mich, mein Überraschungsgeschenk anzufassen, das sich weich und kuschelig anfühlte. Als sie mir die Augenbinde abnahm, sah ich: Es war ein kleiner getigerter Kater mit einer weißen Schwanzspitze. Ich nannte ihn Willi und war total in ihn verliebt.

Zuerst dachten wir wirklich, es wäre ein Kater, aber eines Tages bekam »Willi« Junge. Sie behielt trotzdem diesen Namen. Als sie ihre kleinen Kätzchen zur Welt brachte, war ich die Einzige, die sie in der Nähe duldete. Als ich ihr meine Hand hinhielt, stupste sie mich zu den kleinen Wollknäueln. Eins davon durfte ich behalten.

Meine Eltern stritten sich manchmal, aber sie hatten sich lieb. Mich auch. Hin und wieder gab es bei uns allerdings den Vorwurf, dass ich an vielen Streitereien schuld sei. Die beiden fanden mich zu ungezogen. An eine Episode erinnere ich mich sehr genau.

Ich hatte einen Freund in der Gesamtschule, der mich einmal nachts abholte. Ich kletterte heimlich aus dem Fenster und ging mit zu ihm, denn er hatte sturmfreie Bude. Wir quatschten, sahen fern und irgendwann schliefen wir ein. Als ich am nächsten Morgen um zehn nach Hause kam, sah mich Papa mit so einem Blick an, der mich Böses ahnen ließ. Er fragte mich mit eiskaltem Unterton: »Wo warst du?« Als ich »spazieren« antwortete, brüllte er: »Früh um sechs, ja?«

Er schmiss mich auf mein Bett, warf sich auf mich und hob die Hand. Zuerst dachte ich, er will mich vergewaltigen, aber das hätte er natürlich nie getan. Aber er wollte mich sicher schlagen. Doch dann kam Mama ins Zimmer. Er ließ mich los, nannte mich eine Hure und schrie: »Denkst du denn, ich erlaube, dass du dich in der Nacht herumtreibst und rumhurst?« Ich war völlig geschockt und weinte.

»Dein Vater ist ein Choleriker«, sagte meine Mutter nach diesem Streit, und ich musste erst im Lexikon nachgucken, was das ist – ein Choleriker. Seitdem weiß ich es: Ein Choleriker ist leicht erregbar, jähzornig, hat ein leidenschaftliches Temperament.

Nach diesem Zwischenfall gingen zwischen uns richtig heftige Streits los. Heute denke ich: Manche Vorwürfe gegen mich waren berechtigt, manche nicht. Einmal stellte ich meine Schuhe nicht ordentlich weg, und als mein Vater nach Hause kam, konnte er die Wohnungstür nicht öffnen. Sofort brach die Hölle los. Meine Mutter nahm mich in Schutz, die beiden zofften sich, und ich war wieder mal an allem schuld.

Solche Auseinandersetzungen gehörten bei uns fast schon zur Tagesordnung. Danach redeten wir ein bis zwei Stunden nicht miteinander, keiner entschuldigte sich beim anderen für irgendwas, sondern wir taten nach einer Weile, als wäre nichts passiert. Nie wurde etwas geklärt. Das Verhältnis zwischen meinen Eltern war angespannt, sie lebten sich auseinander. Ich bekam nur ein einziges Mal mit, dass sie überhaupt miteinander schliefen. Es war an einem Sonntagmorgen, ich wollte zu ihnen unter die Bettdecke schlüpfen und öffnete leise ihre Schlafzimmertür. Als ich die beiden im Bett liegen sah, bekam ich totales Herzklopfen, weil Papa auf Mutti lag und die so komisch stöhnte. Ich war noch klein, hatte keine Ahnung, was sie da trieben, und ging zurück in mein Zimmer. Nach ein paar Minuten schlich ich mich noch einmal zu ihnen, aber da waren sie schon fertig.

Jahre später saß Mutti jeden Abend allein im Wohnzimmer vor dem Fernseher und Papa unten im Keller in seinem Hobbyraum, in dem eine Couch und ein Fernseher standen. Da guckte er seinen geliebten Fußball oder anderen Schrott, schlief häufig dabei ein und ging erst spät nachts ins Bett. Kinder leiden darunter, weil sie nicht wissen, was eigentlich los ist mit ihren Eltern. Ich war mitten in der Pubertät, voller Fragen, voller Probleme, und meine Eltern hatten alle Hände voll mit sich zu tun.

Als ich in die Grundschule ging, mussten sie sich um mich keine Sorgen machen. Ich schüttelte alles aus dem Ärmel, auf meinem Zeugnis standen nur Einsen und Zweien. Erst auf dem Gymnasium sackte ich ab, denn ich hatte kein bisschen gelernt zu lernen. Es zog mich total runter, dass ich jetzt Fünfen und Sechsen bekam. Meine Eltern predigten fortwährend: »Du lernst nicht für die Schule, du lernst für dich«, aber das half mir gar nichts. Mein Trotz wuchs.

Einmal hatten sie sich wegen mir so schlimm in der Wolle, dass Mutti mit unserem Auto wegfuhr und dabei einen Unfall baute – zum Glück nur ein Blechschaden. Sie behauptete später, sie wäre nur zur Tankstelle gefahren, aber ich wusste, dass das nicht stimmt, denn auf dem Rücksitz stand eine Reisetasche von ihr.

Vater überforderte das alles, und er sagte eines Tages: »Ich kann nicht mehr.« Er sprach tatsächlich davon sich aufzuhängen und weinte bitterlich. Am nächsten Morgen hatte er sich wieder erholt, alles lief weiter wie bisher, aber ich war total fertig. In der Schule ging gar nichts mehr, und die Lehrer wussten nicht, was mit mir los ist. Nach der achten Klasse wollte ich wegen meiner schlechten Leistungen auf eine Gesamtschule, aber meine Eltern erlaubten das nicht.

Weihnachten 1998 schien es, als wäre bei uns wieder Frieden eingekehrt. Wir saßen nach dem Essen auf der Couch und Papa sagte: »Jetzt könnte ich einen Tee vertragen.« Ich blieb sitzen, und er stand nach ein paar Minuten auf, ging in die Küche und schnauzte mich an: »Danke, dass du mir einen gemacht hast.«

Ich hatte das wirklich nicht als Aufforderung verstanden, aber er war so empört über mein Verhalten, dass er mich wieder eine Hure nannte und das Thema Jungs auf die Tagesordnung setzte. Mutti wollte schlichten, aber Vater war nicht zu bremsen in seinem Zorn.

Er geriet in Rage, wenn ich mich nicht so verhielt, wie er es sich wünschte. Manchmal kitzelten wir uns gegenseitig ab und lachten Tränen dabei. Das Schlimme war nur, dass er nicht aufhören konnte. Ich fühlte mich dann zu sehr bedrängt und weinte. Und er? Anstatt mich zu trösten, rastete er aus, zog über mich her. Immer die gleiche Leier: die Schule, die Jungs, die Hure.

Weihnachten 1999 kam für mich der richtige Schock. Ich suchte im Schlafzimmerschrank meiner Mutter nach meinen wattierten Handschuhen und dem Norwegerpullover und fand in einer Tasche fünf Flaschen Chantré.

Zwei Monate sagte ich nichts, behielt das für mich. Ich wunderte mich nur, dass Mutti pausenlos Kaugummi kaute. Im Februar hielt ich das nicht mehr aus und fragte sie: »Du, Mutti, als ich in deinem Kleiderschrank nach meinen Wintersachen suchte, habe ich was gefunden.«

»Was denn«, fragte sie.

»Fünf Flaschen Chantré.«

Sie wurde rot, begann zu weinen, gab zu, dass sie trinkt.

»Warum machst du das?« fragte ich, und sie erklärte: »Ich trinke, wenn es Streit gibt, wenn ich Stress habe, denn ein Schluck aus der Flasche beruhigt mich schon. Mir ist das so peinlich, ich wollte nicht, dass du es je erfährst.«

Nun wusste ich es aber und sagte: »Pass auf Mutti, ich gebe dir ein Jahr Zeit, damit aufzuhören. Ich werde dich kontrollieren und herausfinden, wenn du trinkst.«

Hin und wieder sah ich in ihrem Schrank nach, ob sie dort Flaschen versteckt hatte, aber ich fand keine. Langsam entspannte ich mich, bis ich eines Tages aus Versehen mit meinem Fuß an eine Tasche im Flur stieß. Als es klirrte, sah ich nach und fand dort eine Flasche Cola und eine Flasche Chantré.

Ich war entsetzt und fragte: »Mutti, warum trinkst du noch? Du hast mir versprochen, damit aufzuhören. Wenn du das nicht schaffst, trink meinetwegen soviel, wie du willst – aber nicht heimlich.«

Anfang 2001 fragte ich sie noch einmal: »Trinkst du?«

Sie sagte »nein«, denn sie hätte ein paar Ratgeber zum Thema Alkoholsucht gelesen und wolle das nicht mehr. Ich denke, sie sagte mir die Wahrheit. Heute mixt sie sich zu Hause hin und wieder einen Drink. Auf Partys trinkt sie nur Wein.

Papa fragte ich nach diesem Fund: »Weißt du eigentlich, warum Mama so dick geworden ist?«

»Nein.«

»Sie trinkt.«

Er wusste es nicht, und es tat ihm unheimlich leid.

In der neunten Klasse bekamen meine Eltern einen Brief von der Schule, in dem stand, dass ich versetzungsgefährdet sei. Ich blieb tatsächlich sitzen, schaffte die nächste Runde wieder nicht und bewarb mich deshalb um eine Lehrstelle in einem Friseurladen. Friseurin – das war mein Traumberuf, meine Welt. Bei meinem ersten Praktikum war ich allerdings so schüchtern, dass die Chefin mich ablehnte, weil sie meinte, ich ginge nicht genug auf die Kunden ein.

Ich war total frustriert, trotzig, schroff, schmiss zu Hause mit den Türen, ließ alles an meinen Eltern aus. Erst beim zweiten Anlauf, in einem anderen Salon, klappte es mit meiner Bewerbung, und ich war glücklich. Allerdings nicht lange, denn im September 2001 kamen meine Eltern zu mir ins Zimmer und sagten: »Wir müssen mit dir reden.«

Ich wusste sofort, was los ist. Mein Vater saß lange mit mir auf dem Balkon und erklärte mir, warum er sich von Mutti trennen will: Sie wäre kalt geworden. Sie hätten sich auseinander gelebt, keinen Sex mehr. Mama würde sogar seine Zärtlichkeit, seine Küsse stets abblocken. Er sagte: »Wenn ich sie umarme, windet sie sich heraus wie aus einer Umklammerung.« Er sehne sich aber nach Nähe, Geborgenheit.

Ihm fehlte einfach Liebe. Trotzdem blieb er noch eine Weile bei uns, aber die beiden taten einander nicht gut. Ich hoffte, dass sie irgendwann ernst damit machen, einen Schlussstrich unter ihre Ehe zu ziehen, weil ich wusste, dass es das Beste für sie, für uns alle wäre. Gesagt habe ich es nicht. Ich wollte mich nicht einmischen und ihnen auch nicht zeigen, dass es mir total schlecht geht und sie deshalb vielleicht wegen mir zusammenbleiben.

In dieser Zeit hatte Papa schon eine neue Freundin. Ich wusste es, weil ich mir einmal sein Handy nahm, um heimlich eine SMS zu verschicken. Unter »Kurzmitteilungseingang« fand ich eine Sylvana, klickte darauf und las: »Ich liebe dich, du fehlst mir, ich hoffe, dass unsere Herzen bald zueinander finden.« Es war das reinste Liebesgesülze.

Er telefonierte abends oft mit ihr, und ich belauschte einmal ein Gespräch, in dem er ihr erzählte, was ich, seine Tochter, heute alles gemacht hätte. Das fand ich komisch. Auch, dass mein Vater eine neue Freundin hatte. Als ich ihn danach fragte, stritt er es ab. Erst als ich ihn bat, mir die Wahrheit zu sagen, weil ich doch hören würde, wie er ständig mit ihr telefoniert, erzählte er von ihr: wie sie aussieht, dass sie eine Gaststätte besitzt, dass er mit ihr glücklich ist, obwohl sie sehr dominant und aufbrausend sei.

Wie er.

Für Mutter tat mir das leid, weil ich wusste, dass es ihr weh tun würde, wenn sie es erfährt. Später steckten es ihr Freunde, und sie litt.

Papa besuchte seine neue Freundin oft, und ich bat ihn: »Bestell ihr doch mal einen schönen Gruß von mir.« Er erzählte mir am nächsten Tag, wie sie darauf reagiert hätte: »Ich wusste doch, dass deine Tochter nicht doof ist.«

Die beiden hatten sich im Juli 2001 kennen gelernt, im September war unser Gespräch, im November zog er aus. Für Mutti war das hart. Es ging ihr schlecht, und sie wurde so anhänglich, dass ich mich regelrecht belagert fühlte durch sie. Sie war plötzlich eifersüchtig auf meine Freunde, denn ich war das Einzige, das ihr geblieben war. Sie wollte ständig was mit mir unternehmen, aber ich blockte ab.

Zu meinem Vater behielt ich Kontakt. Ich wollte seine Freundin kennen lernen, aber daraus wurde nichts, weil sie mit seiner aufbrausenden Art überhaupt nicht klarkam und ihm schnell den Laufpass gab.

Danach lebte er allein, fühlte sich einsam und verlassen. Wenn wir telefonierten, ließ er vor allem mich erzählen. Manchmal weinte er nur und schluchzte: »Es geht mir schlecht.«

Einmal sagte ich zu ihm: »Pass auf, Papa, ich komme in einer halben Stunde vorbei, und wir reden über alles.« Ich wollte ihm helfen, ihn trösten, ihm zeigen, wie lieb ich ihn habe. Ich wusste, warum es ihm schlecht ging: er hatte soviel Liebe im Herzen, die er jemandem schenken wollte, aber da war niemand.

Jedenfalls ein paar Monate. Jetzt hat er wieder eine Liebste. Als er sie kennen lernte, schrieb er mir eine SMS: »Habe seit einer halben Stunde eine neue Freundin. Freue mich. SMS sofort löschen. Paps.«

Ich freute mich auch für ihn. Papa ist seitdem total gut drauf, fühlt sich wie dreißig. Seine Neue heißt auch Sylvana, ist 39 und eine liebe nette Frau. Sie war sogar schon bei mir zum Haareschneiden. Meine Mutter weiß nicht, dass es sie gibt, und ich werde es ihr nicht erzählen, weil sie dann traurig wäre. Papa will auch nicht, dass sie das weiß. Heute fragt mich Mama manchmal: »Hat sich dein Vater wieder mal bei dir gemeldet?« So erkundigt sie sich nach ihm.

Mit Mutti kann ich über alles reden: über Klamotten, Sex, über meine Freunde. Meine Eltern sind beide total cool. Mutti sehnt sich nach einem Mann, aber sie ist noch nicht bereit für einen neuen Partner, für eine neue Beziehung.

Sie hat zwar einen Verehrer, aber der ist dick und lässt sich gehen. Ihrem Ideal Papa – groß, stark, schlank, sportlich, grüne Augen, dunkle Haare – kann er nichts entgegensetzen. Trotzdem: die Trennung war für beide ein Befreiungsschlag.

Wenn Papa und ich uns sehen, haben wir uns eine Menge zu erzählen. Eigentlich hatten wir vereinbart, uns jede Woche zu treffen, aber zur Zeit klappt das gar nicht. Vor kurzem schickte ich ihm eine SMS: »Warum meldest du dich nicht?« In seiner stand: »Ich bin der Ältere, ich bin dein Vater, da hast du die Pflicht, dich zu melden.«

Das sehe ich anders, und deshalb schrieb ich ihm zurück, dass er auch an seine Familie denken solle, dass es neben Sylvana andere Menschen gäbe, die seine Liebe brauchen – zum Beispiel Oma und Opa.

Wir telefonierten danach miteinander, stritten uns. Ich weinte und sagte: »Ich bin deine Tochter, zeig mir deine Liebe. Wenn wir uns so selten sehen, verpasst du doch mein jetziges Leben, weißt gar nicht, was ich erlebe, denke und fühle.« Er war völlig überfordert, holte Sylvana ans Telefon. Die verstand mich, sprach ganz ruhig mit mir. Das gefiel mir. Er ist mein Vater, ich liebe ihn über alles. Ich will Kontakt zu ihm.

In der darauf folgenden Woche schrieb er mir gleich drei SMS, weil er darüber nachgedacht hatte, was ich ihm und seiner Freundin sagte.

Um meine Mutter mache ich mir manchmal Sorgen. Sie ist mir zu viel allein. Es ist wohl so nach einer Trennung: Einer bleibt auf der Strecke. Mutti ist nur ein kleiner Kreis von Freunden geblieben. Früher kannte sie total viele Leute, es gab so schöne Treffen. Wir feierten viel mit denen, kochten zusammen: mal texanisch, mal chinesisch, mal thailändisch. Jetzt haben die sich alle zurückgezogen. An ihrem letzten Geburtstag bekam sie nur zwei Anrufe – von meinem damaligen Freund und von ihrem Verehrer. Keiner ihrer Freunde und Bekannten meldete sich, und ich verstehe nicht, warum. Eigentlich hat sie einen Neuanfang mit anderen, neuen Freunden geschafft, aber sie hängt noch sehr der alten Zeit nach. Ihre Trauer macht sie ganz schmal. Sie hat zwanzig Kilo abgenommen.

Am Nachmittag klingelte es an der Wohnungstür, und als ich öffnete, stand ihre Schwiegermutter vor der Tür und sang ihr ein Ständchen. Mutti hatte überhaupt nicht mit ihr gerechnet, war total fassungslos, wollte sie erst gar nicht empfangen. Aber schließlich umarmte sie sie doch, und die beiden quatschten zwei Stunden miteinander. Oma zeigte uns Fotos von ihrem Urlaub, und es wurde richtig gemütlich. Ich hatte auch Papa gefragt, ob er zu Muttis Geburtstag kommt, aber er wollte nicht.

Ich bat ihn, sie wenigstens anzurufen, aber er tat es nicht. Ich schickte ihm am Abend eine SMS: »Warum hast du noch nicht angerufen?«

Er behauptete, dass er ihr eine SMS geschickt hätte, aber das stimmte nicht. Also schrieb ich ihm: »Papa, ihr beide wart achtzehneinhalb Jahre zusammen, wünsch ihr bitte alles Gute.« Er blieb stur.

Darüber bin ich total enttäuscht. Ich fragte sie an ihrem Geburtstag: »Wie fühlst du dich, Mutti? Wie geht es dir? Das ist für mich wichtig zu wissen.«

Und sie sagte: »Mies.« Ich nahm sie in den Arm.

Ich würde mir wünschen, dass meine Eltern irgendwann Freunde sind. Meine Mutter möchte das auch, aber Vater blockt ab. Ich weiß nicht, warum. Er ist ein totaler Sturkopf.

Früher waren sie meine Eltern und ich ihr Kind. Jetzt sind sie meine Freunde, und so wie es ist, ist es gut. Ich finde nur unverständlich, dass ich geheim halten soll, dass mein Vater eine Freundin hat. Ich schweige aber. Auch deshalb, weil ich sonst den seelischen Rückschlag meiner Mutter wieder aushalten muss.

Mutti sagt, ich sei erwachsen, richtig ausgeglichen geworden, eine richtig hübsche junge Frau. Ich versuche, das alles nicht an mich heranzulassen, damit es mir weiter gut geht.

Wie ich selbst mit einer Familie leben will, weiß ich noch nicht. Aber wenn ich mal heirate, muss mein Zukünftiger meinen Namen annehmen, denn ich bin die letzte in der Familie, die ihn trägt. Wir stammen von den Kreuzrittern ab, sind ein altes Adelsgeschlecht, und das soll erhalten bleiben. Deshalb will ich auf alle Fälle einen Sohn.

Michael, 18, Schüler

»Was Vater uns angetan hat, ist wie eine Atombombe.«

Mutter, 51, Kindergärtnerin
Vater, Alter unbekannt, Musiker
Zwei Brüder, Thomas, 30, Benjamin, 29

Am 1. November 2002 besuchte ich meinen ältesten Bruder in Hamburg und rauchte bei ihm. Weil das neu für ihn war, erzählte er es gleich meinem anderen älteren Bruder und der meiner Mutter. Kaum war ich wieder zu Hause, kam sie in mein Zimmer und fragte mich: »Hast du mir etwas zu sagen?«

Das war am 3. November 2002. Ein Tag, der zwischen meiner Mutter und mir alles umkrempelte, denn ich begann, mit ihr zu reden – über die Schule, das Leben, einfach über alles. Das war das erste Mal. Sie fragte mich, warum ich rauche. Diese Neuigkeit regte sie so sehr auf, weil sie früher selbst Kette geraucht hatte und ich manchmal mit einer Atemschutzmaske zu ihr ins Wohnzimmer kam, weil ich das so ätzend fand.

Zuerst schob ich die Raucherei ausweichend auf den Schulstress. Doch schließlich brach alles aus mir heraus. Dass ich überhaupt nicht mehr durchsehe. Dass sie sich gar nicht vorstellen könnte, wie es in mir aussieht. Ich sagte ihr: »Du kennst mich nicht als Person, als Sohn. Du kennst mich doch nur als einen, der allein in seinem Zimmer am PC sitzt oder Videos guckt. Du weißt nicht, wie ich denke und fühle. Das wissen nur meine besten Freunde.«

Ich erzählte ihr auch, dass ich an diesem 3. November einen Abgang machen wollte. Ich hatte mir schon überlegt, wie. Ob ich mich von einem Hochhaus stürzen oder mich besser erhängen oder mir die Pulsadern aufschneiden sollte.

Wir heulten beide, und sie erzählte mir, was damals passierte, als unser Vater ging.

Meine Eltern lernten sich 1971 auf einer Gartenparty kennen, auf der mein Vater, ein Bulgare, ein paar melancholische Lieder aus seiner Heimat vorspielte. Er war ihr erster Mann, ihre große Liebe, die sie nie verlieren wollte. Ein Jahr später haben sie geheiratet. 1972 kam Thomas, 1973 Benjamin, 1984 ich zur Welt. Wir sollen alle zusammen sehr glücklich gewesen sein, obwohl Mama 1986 eine schwere, unheilbare Muskelkrankheit bekam. Die Ärzte rieten ihr dringend, raus aus der Stadt ins Grüne zu ziehen, und mein Vater fand ein Häuschen mit Garten für uns und ackerte wie ein Berserker, um es schön zu machen. Alles schien perfekt, bis er im August 1988 das Angebot bekam, mit seinem Trio, in dem er seit Jahren spielte, drei Monate im Taunus zu gastieren. Er freute sich sehr darüber, denn als Musiker ist es wichtig, einem breiten Publikum bekannt zu werden. Trotzdem wollte er absagen, weil es Mama schlecht ging. Aber die beiden brauchten das Geld für das Haus. Also fuhr er eines Morgens früh um fünf in den Taunus – sein erstes Engagement seit langem. Mama stand mit mir auf dem Arm im Bademantel an der Gartenpforte und wir sagten ihm »Auf Wiedersehen«. Im Taunus betrog er dann meine Mutter mit einer anderen Frau. Mama sagt, er wollte sein altes Leben wie Müll in der Nordsee verklappen und gar nicht mehr nach Hause kommen. Erst als sie ihn darum bat, war er bereit, noch einmal mit ihr zu reden. Wir freuten uns sehr, als wir hörten, dass er nach Hause kommt, denn wir wussten von nichts.

Als er in die Garage fuhr, sah er das Plakat, das meine Brüder für ihn in die Einfahrt gehängt hatten: »Lieber Papi, wir haben dich lieb. Herzlich willkommen.« Wir hatten zu dritt die Garage für ihn aufgeräumt, gefegt und sein über alles geliebtes Werkzeug sortiert – die Schraubenzieher, Kantschlüssel, Sägen ordentlich nach Größe.

Er soll schon wie ein Fremder gewesen sein und wollte eigentlich nur eins – zu dieser Frau im Taunus zurück. Meine Eltern redeten an diesem Tag lange miteinander, und am nächsten Morgen rief er uns ins Wohnzimmer und verkündete: »Ich glaube nicht, dass ihr das schon verstehen könnt, aber ich habe mich in eine andere Frau verliebt und gehe zurück zu ihr.«

Wir saßen zuerst alle stumm auf dem Sofa, bis Benjamin sagte: »Du kannst ruhig gehen, Papi, wir schaffen das auch alleine.« Trotzdem blieb er noch, weil Weihnachten war und ich plötzlich sehr krank wurde – Verdacht auf Meningitis. Ich bekam strenge Bettruhe, und mein Vater saß stundenlang bei mir und sang mir Lieder vor. Am 2. Weihnachtsfeiertag verließ er uns für immer. Mama war völlig verzweifelt, denn sie liebte ihn sehr. Außerdem: Wovon sollten wir nun leben? Wir besaßen kein Geld und kein nichts, und Mama war schwerkrank. Mein Vater hatte ihr versprochen, Geld zu schicken, aber er schien wie vom Erdboden verschluckt.

Mama ließ nach ihm suchen, und drei Monate später schickte er uns endlich monatlich vierhundert Mark. Wenn sie mit ihm telefonierte, fragte sie ihn jedes Mal, ob ihm nicht wenigstens die Kinder fehlen, aber er sagte: »Ich lasse mich durch sie nicht erpressen.« Drei Jahre hoffte sie, dass er eines Tages zu uns zurückkommt, lebte in einer permanenten Erwartungshaltung, wollte immer zu Hause bleiben, damit sie da ist, wenn er kommt. Aber er kam nicht.

Nur einmal, 1991, zum Scheidungstermin. Benjamin ging mit Mama zum Gericht, aber Vater gab ihm nicht mal die Hand. Danach wollte er nichts mehr mit ihm zu tun haben. Erst als er 1997 selber Vater wurde, meldete er sich das erste Mal wieder bei seinem, denn er wollte einen Opa für sein Kind.

Ich schlief nach der Trennung bis zu meinem 12. Lebensjahr neben Mama im Bett. Ich litt unter Asthma, bekam Neurodermitis, kam mit der ganzen Scheiße nicht klar.

Zu meinem zehnten Geburtstag wollte mich mein Vater das erste Mal wieder sehen. Ich saß an diesem Tag im Schlafanzug vor dem Fernseher, und als Mama mich bat, mich endlich anzuziehen und meine Zähne zu putzen, sagte ich: »Nö.«

Ich saß immer noch im Schlafanzug vor dem Fernseher, als er an der Haustür klingelte. Nach der Begrüßung nahm ich das Gesicht meines Vaters in die Hand und sagte: »Papi, ich kann mich gar nicht mehr erinnern, dass du so aussiehst.«

Mama könnte ihn allein dafür, was er uns Kindern angetan hat, umbringen. Er schmiss die gemeinsamen Jahre mit ihr und uns einfach weg und zahlt ihr heute hundert Euro Unterhalt.

Das meiste weiß ich nur aus den Erzählungen meiner Mutter, denn ich war ja erst vier, als er ging. Meine Verachtung für ihn wird dadurch aber nicht geringer.

Dieser 3. November war für mich der Tag X, der mir eine völlig neue Welt eröffnete: Meine Mutter und ich reden jetzt viel miteinander, klären familiäre Probleme, und ich bin bei Festen dabei, auch wenn es mich langweilt. Meine Hemmungen sind weg. Tabu sind für mich nur Liebe, Sex, und »Rauchen«.

Ich kann jetzt mit meiner Mutter reden wie mit einer Mutter. Diese Rolle erkannte ich früher gar nicht in ihr. Ich kann mich erinnern, dass wir einmal gemeinsam zur Kur waren und mich jemand mit beiden Händen an die Wand drückte und dann in der Luft baumeln ließ. Das fand ich entwürdigend und erzählte es ihr. Aber sie reagierte darauf nicht mit der Fürsorge, die ich mir von ihr erhofft hatte.

Von der ersten bis zur sechsten Klasse hatte ich keine Freunde, kannte nur Kinder, mit denen man so auf dem Schulhof oder in der Straße spielt, in der man wohnt. In dieser Zeit war ich oft mit Älteren aus einer Motorrad-Clique unterwegs, mit denen ich mich gut verstand. Bei denen fühlte ich mich selbst wie siebenundzwanzig. Ich fand die Atmosphäre bei denen nett. Da hatte ich keine Downs. Alles war schön.

Ansonsten lebte ich in einer richtigen Traumwelt, nahm gar nicht wahr, was um mich herum passierte. Ich baute mir eine Modelleisenbahn, fast so groß wie mein Zimmer. Einmal lag ich an einem Sonntag in meinem Bett, hatte eine richtige Depri-Phase und überlegte mir, wie es wäre, nicht mehr zu leben. In der fünften Klasse dachte ich das erste Mal ans Sterben. Ich wachte in der Nacht auf und fing an zu weinen, weil ich die ganze Zeit das Radio angelassen hatte. Das warf ich mir vor. Ich holte deshalb eine Wasserpumpenzange aus der Garage, legte die unter mein Bett und wollte mich mit der irgendwie umbringen. Ich redete sogar mit Mama darüber, aber die sagte nur: »Unsinn.« Selbst als sie die Zange unter meinem

Bett entdeckte, glaubte sie mir nicht. Dann wollte ich mir die Pulsadern mit einem Butterfly-Messer aufschneiden. Ich hatte solche Depressionen, fand alles Scheiße.

Manchmal saß ich da und dachte: Was soll's. Entweder du überlegst es dir noch einmal, oder du tust es jetzt – kurz und knapp. Darüber redete ich nur mit meinem besten Freund, und der sagte jedes Mal: »Schwachsinn. Das Leben geht weiter.«

Ich war nie auffällig, rein äußerlich lief alles gut, und es gab nie Beschwerden über mich. Es gab also keinen Grund für Mama und mich, miteinander zu reden. Sie kam nicht auf mich zu und ich nicht auf sie. Zwischen meiner Mutter und mir gab es über Jahre stets den gleichen periodischen Ablauf. Ich kam aus der Schule, Mutter fragte, wie es war, und ich antwortete: »Hey, kannst du nicht mal was anderes fragen?« Dann nahm ich mir mein Essen, das sie für mich vorbereitet hatte, und ging in mein Zimmer. Mit ihr essen war langweilig. Ich wusste nicht, worüber ich mit ihr reden sollte, ob sie versteht, was mich bewegt, was ich denke. Ich hatte auch Angst, dass sie sauer wird, wenn ich etwas über mich erzähle und sie das nicht richtig einordnen kann. So saß ich an meinem PC, aß allein, lernte für die Schule und machte mir abends was zum Abendbrot. Wir sprachen dabei nur selten miteinander.

Obwohl es also keine Beschwerden gab, verhielt ich mich in der Schule anderen gegenüber oft aggressiv. Wenn mich jemand stresste, flippte ich aus. Einmal waren wir in der Vierten auf Klassenfahrt, und bei einer Wanderung kniete ich gerade auf weichem grünen Gras und genoss das. Bis mich einer ärgerte. Voller Wut stand ich auf, rannte dem Typen hinterher und boxte ihm in die Magengrube. Das tat ich immer, wenn bei mir der Nullpunkt erreicht war. In der sechsten Klasse habe ich mich mit einem Jungen gekabbelt und ihn schlimm getreten. Das war Scheiße. In mir war eine große Leere, ein Identitätsverlust. Heute frage ich mich: Was hast du in deiner Kindheit gemacht? In meiner jetzigen Clique kennt jeder jeden. So eine Gemeinschaft kannte ich früher nicht. Das habe ich erst jetzt. In meinen Depri-Phasen sage ich mir: »Du hast soviel verpasst.« Wenn es mir besser geht, relativiert sich das wieder, und ich denke: »Du hast nicht viel verpasst. Nicht wirklich.«

Mit vierzehn kam ich in eine Gesamtschule. Das neue Umfeld tat mir gut. Ich wollte plötzlich Freunde haben, mit denen ich über meine Probleme reden kann, und fand sie auch. Wir diskutierten alle Lebensfragen, die uns bewegten: Warum, Wieso, Weshalb. Für mich dürfte eigentlich kein Mensch auf dieser Welt sein. Die Menschen sind zu kompliziert. Wir haben den Tieren so viel voraus – wir können denken. Aber was machen wir daraus? Wir töten andere Menschen, errichten Diktaturen. Dabei haben Menschen Gefühle, empfinden Liebe und Glück. Ich glaube auch nicht an Religionen, obwohl mich Mama zum katholischen Glauben erzog.

In der neunten und zehnten Klasse haben wir über alles philosophiert – die Schule, die Liebe, den Sex und vor allem über den Sinn des Lebens. Meine eigene Definition lautete lange: null. Das Leben ist nicht lebenswert. Wofür lebt man? Warum geht man in die Schule? Warum soll ich überhaupt auf der Welt sein? Auch die deutsche Rechtschreibung hat zum Beispiel überhaupt keinen Sinn für mich. Die Buchseite wird mit »ei« geschrieben, und die Gitarrensaite mit »ai«. Das finde ich bescheuert.

Ich sehe alles negativ. Das Positive kommt bei mir nie rüber. Manchmal ist für mich der Samstag schön, wenn ich was mit meinen Freunden unternehme und wir zusammen »rauchen« oder »buffn«, wie wir sagen. Das ist ziemlich neu für mich, ich entdeckte es im Februar 2002 mit zwei Freunden. Die Zeit, die ich jetzt mit meinen Freunden erlebe, ist schön. Die hören mir zu und helfen mir. Wir planen für dieses Jahr einen gemeinsamen Urlaub. Seitdem ich »rauche«, bin ich etwas ruhiger geworden, die Gespräche dabei haben mich offener gemacht. Über meinen Vater sprach ich trotzdem nie. Nur mein bester Freund weiß alles über ihn.

Rauchen ist entspannend, aber nur am Wochenende. In der Woche ist das tabu – wegen der Schule. Meine Freunde und ich haben auch einen Konsens für uns geschaffen: Ab dem 1. Januar 2003 wollen wir nur noch zweimal im Monat rauchen. Der Tag danach ist allerdings schlimm. Die schönen Eindrücke sind weg.

Als ich im August 2002 in die elfte Klasse kam, interessierte sich gleich am ersten Tag ein Mädchen für mich. Ihre Art, die Zuneigung, die sie mich spüren ließ, war schön. Sie war mir auf Anhieb sympathisch, und ich schrieb mich in alle ihre Kurse ein. Jedes Wochenende dachte ich an sie und freute mich auf den Montag, an dem ich sie wiedersehe. Aber es ist nichts aus uns geworden.

Ich sehne mich sehr nach der Liebe zu einem Mädchen. Die Mutterliebe ist so eine Standardliebe, die man bekommt, ohne etwas dafür tun zu müssen. Liebe in dem Sinn, wie ich sie will, ist mehr. Das sind schöne Abende mit einem Mädchen, das man liebt. Das ist Sex. Das ist Allein-miteinander-Sein, eben eine richtige Beziehung.

Richtige Liebe empfinde ich für meine kleine Nichte Maria. Die ist fünf und ich sehe sie häufig am Wochenende, wenn ich zu meinem Bruder Benjamin fahre. Die gibt meinem Leben einen Sinn. Für Maria will ich immer da sein und ihre Fragen beantworten. Ich wünsche mir, dass sie mich gleich nach dem Warum fragt, wenn sie etwas nicht versteht. Sie soll später auch ihre Lehrer nach allem fragen und widersprechen, wenn sie mit etwas nicht einverstanden ist.

Trotzdem: alle positiven Eindrücke sind bei mir nur klein.

Meine Mutter beschwor mich an diesem 3. November, dem Tag X, regelrecht, nicht immer alles negativ zu sehen. Sie sagte: »Du bist mündlich der Beste. Deine Lehrer mögen dich. Viele mögen dich – in deiner Klasse, in der Schule, in der Drogerie, in der du jobbst.«

Ja, das stimmt. Ich arbeite während der Ferien in einer Drogerie, und die schätzen mich da alle wegen meiner freundlichen Art, wie ich mit den Kunden umgehe. Das freut mich natürlich. Ich mache das aber klein. Meine Freude ist klein. Ja, ich bin redegewandt, aber in den Klausuren schreibe ich zwei Sätze und gebe das Blatt dann ab. In Mathe war ich in der zehnten Klasse der Beste, jetzt schreibe ich nur noch Fünfen und Sechsen. Wenn ich meine Down-Phasen habe, beachte ich nichts, was schön ist, sehe nur das Schlechte. Ich zwinge mich dann regelrecht, auch das Gute zu sehen – meine Freunde beispielsweise. Oder dass mir der Job in der Drogerie nicht nur Anerkennung und Geld bringt, sondern auch die Einsicht, wie wichtig Schule ist. Wenn du 160 Leute am Tag an der Kasse bedienst und nichts mitkriegst von denen, weil alles so schnell gehen muss, weißt du: Das willst du später mal nicht machen, um dein Geld zu verdienen. Was meine Zukunft betrifft, schwanke ich trotzdem noch. Soll ich mein Abitur machen oder mir nach der elften Klasse doch lieber eine Lehrstelle suchen? Mal gucken.

Es gibt so viele Wege, die man gehen kann, aber ich sehe nur Sackgassen, Einbahnstraßen. Seitdem ich auf der Gesamtschule bin, gibt es Millionen Richtungen, die ich einschlagen könnte, aber ich kann mich für keine entscheiden.

In der achten Klasse war ich stark rechts orientiert, neofaschistisch, feindlich gegenüber allen Ausländern. Vielleicht war es so eine Art Selbsthass, weil mein Vater Ausländer ist. Ein Bekannter verstand mich, hörte mir zu. Der sagte: »Mach das, sei rechts, aber du wirst sehen, was du davon hast.« Jetzt verabscheue ich die Faschisten, die Ausländerhasser, bin stolz darauf, dass ich diesem Sog entronnen, nicht in diesem Schlamm gelandet bin.

Das verdanke ich vor allem einem Mädchen aus meiner ehemaligen Klasse. Wir waren in der Neunten auf Klassenfahrt, und wir hatten einen One-night-stand. Danach kuschelten wir und ich erlebte in mir eine Revolution, den Sturm auf die Bastille. Ich dachte: »Da liegt jetzt dieses Mädchen in deinem Arm und zu der kannst du doch nicht sagen, dass du rechts, ein Faschist bist.« Im Vorfeld gab es ein Fragespiel, das unsere Lehrerin am Vormittag mit uns veranstaltet hatte.

Aus meinen Antworten schloss sie, dass ich ein positiver, toleranter, offener Mensch bin. Dann kam das Gespräch auf die Ausländer, die in Deutschland leben, und ich tönte: »Ich bin stolz, ein Deutscher zu sein«. Da war sie richtig erschrocken und sagte: »Ich muss mal mit dir reden.« Die war wie eine Mutter zu mir, machte sich richtig Sorgen um mich. Sie zog sich mit mir zurück und wir führten ein langes Gespräch miteinander. Ich erzählte ihr von meinen rechten Ansichten, über meine Familie und meine Mutter. Sie hörte mir sehr aufmerksam zu, und das war wie eine Tour Gottes. Sie machte mir klar, wie ungebildet, wie unintellektuell rechtes Denken ist. Dieser Lehrerin verdanke ich eine Menge. Wenn ich könnte, würde ich ihr ein Denkmal setzen. In mir toben so widersprüchliche Gefühle. Wie ich erfahren habe, bin ich zur Hälfte ein Bulgare und inzwischen durchaus stolz, kein Deutscher zu sein. Aber ich bin froh darüber, ein Bürger der Europäischen Union zu sein.

Warum? Dafür gibt es viele Gründe, die ich alle mal aufgeschrieben habe:

- Ich habe ein Dach über dem Kopf,
  unser Heim ist nicht bescheiden.
- Wir müssen nicht nach draußen auf die Toilette.
- Unser Wasser kommt aus der Wasserleitung
  und nicht aus irgendeinem Brunnen.
- Wir haben Strom, der aus der Steckdose kommt, wir machen
  nur Kerzen an, wenn wir es romantisch haben wollen.
- In meinem Zimmer steht ein Computer mit Internetanschluss.
- Ich habe auch einen Fernseher mit Satellitenempfang
  und kann mir über 50 TV-Sender anschauen.
- Ein DVD-Player steht auch da und eine Dolby Surround Anlage.
- Wir leben in einem Rechtsstaat.
- Wir müssen nicht frieren.
- In meiner Hosentasche befindet sich mein Handy.
- Ich habe Geld auf meinem Konto bei der Bank,
  zu Hause und Geld in meinem Portemonnaie.
- Ich genieße Schulbildung, und wenn ich will,
  kann ich auch studieren.
- Mein Essen finde ich im Kühlschrank, sofern dieser voll ist.
  Wenn nicht, gehe ich in den Supermarkt und bekomme dort
  alles, was ich will beziehungsweise was ich zum Leben benötige.
- Wenn ich krank bin, gehe ich zum Arzt.
- Wenn ich eine Nachricht übermitteln will,
  dann rufe ich jemanden an oder schreibe ihm eine E-mail.
- Bei uns in der ersten Welt gibt es ALLES/VIELES im
  Überfluss – Gewürze, Süßigkeiten, Nahrung, Trinken, Technik,
  Sex, freie Meinung, freie Entfaltung, Reisemöglichkeiten.

Also, warum jammern wir dann, warum sind wir so trist drauf?

In Äthiopien braucht ein Kind einen ganzen Tag, um sich etwas zum Essen zu besorgen. Das würde gar nicht glauben, dass es Menschen gibt, denen es so gut geht wie uns. Sich jeden Tag satt essen zu können ist doch ein Geschenk, über das wir uns jeden Tag freuen sollten. Ich wurde mal gefragt, was ich mit 400 Milliarden Euro machen würde. Ganz einfach: Jeder Einwohner in meinem Kiez bekäme von mir eine Million, mit dem Rest würde ich nach Äthiopien fliegen, um dort zu helfen, wo es nichts anderes als Armut und Dreck gibt. In Deutschland allerdings bekäme kein einziger sozial Schwacher was von mir. Die haben doch so viele Möglichkeiten, was aus ihrem Leben zu machen, die könnten jederzeit einen Job finden.

Ich bin einen Meter negativ und habe einen Millimeter Traum. Es gibt eine Homepage im Internet, die heißt: »1000 Fragen«. Eine lautet: »Ist das Leben lebenswert?« Für mich sind es nur kleine Dinge, die mir das Leben lebenswert machen. Zum Beispiel meine Nichte. Dieser eine Millimeter Traum hält mich am Leben. Es geht mit mir hoch und runter, hoch und runter. Das hat sicher auch mit dem Verlust eines Vaters zu tun, der uns Kinder so gnadenlos verließ. Es gibt Väter, die kümmern sich um ihre Söhne und Töchter. Deshalb fand ich den Film »Misses Doubtfire« so toll, wo sich ein Vater als Kindermädchen ausgibt, um seine Kinder nicht zu verlieren.

Das hätte mein Vater gar nicht nötig gehabt, denn meine Mutter wäre glücklich gewesen, wenn er sich für uns interessiert hätte. Doch es gab nur wenige Treffen mit ihm. Einmal dieses legendäre zu meinem zehnten Geburtstag. Das war für mich, als würde sich eine Lücke schließen, aber er war kein Vater im wirklichen Sinne für mich. Er war da, aber Geborgenheit, Zusammenhalt konnte er mir nicht geben. Im Kofferraum seines Autos lagen ganz viele Gesellschaftsspiele für mich – »Mensch ärgere dich nicht«, »Halma« und so was.

Das nächste Mal sah ich ihn erst zu meiner Konfirmation in der Kirche wieder. Diesmal war seine neue Frau dabei, und ich wollte, dass sie mit zu mir nach Hause kommt. Dazu war sie aber nicht bereit. Mein Vater versprach mir an diesem Tag: »Irgendwann fliegen wir zusammen nach Amerika.« Das fand ich toll, denn Amerika ist mein Traumland. Am Abend hatte ich Streit mit meiner Mutter und sagte wütend zu ihr: »Papa ist viel netter als du, der nimmt mich sogar mit in die USA. Ich will lieber bei ihm leben.«

Mein älterer Bruder fand mich völlig bescheuert und sagte: »Jetzt ist er nett zu dir, aber wenn du bei ihm lebst, hast du die Brille auf.« Damit holte er mich auf den Boden der Tatsachen zurück. Und seine Freundin, die auch von ihrem Vater verlassen wurde, machte mir noch einmal klar, was ich bei meiner Mutter für ein schönes Leben habe. Heute weiß ich, dass mich mein Vater mit diesem angeblichen Versprechen nur kaufen wollte.

Inzwischen ist er für mich nur mein Erzeuger. Als ich ihn im Sommer 2001 um Geld für meine Fahrschule bat, kam eine klare Absage. Seitdem sehe ich ihn so: Er ist mein Erzeuger, mehr nicht. Bei diesem Telefonat sagte er mir: »Du rufst mich nie an, um zu fragen, wie es mir geht.« Das haute mich um. Er scherte sich jahrelang einen Dreck um mich, und nun soll ich IHN anrufen und ihn fragen, wie es ihm geht? Als ich ihm das sagte, lachte er und antwortete: »Ich kenne dich, weiß, wie rhetorisch begabt du bist.« Und ich wusste ganz genau, welches Spiel er mit mir spielte: Weil ich nicht nach seinem Befinden fragte, gab er mir kein Geld. Heute weiß ich, was ich machen muss, wenn ich ihn sehe: ihm den Stinkefinger zeigen. Das tut mir nicht mehr richtig weh. Ich musste vierzehn Jahre ohne meinen Vater leben, verdrängte das in den tiefsten Winkel meiner Magengrube und ging meinen Weg ohne ihn. Ich habe mir nie gewünscht, einen Vater zu haben, ich brauchte ihn nicht. Nie. Mein Vater ist mir egal. Ich will nichts mit einem zu tun haben, der uns soviel Leid angetan hat. Ich denke, dass er eine Menge verpasst hat, als er uns verließ. Für mich war es gut, denn wenn er dageblieben wäre, wäre ich nicht so wissbegierig, so streitbar geworden, wie ich es bin. Ich wäre bestimmt nicht so selbstständig, wenn ich einen Vater gehabt hätte.

Silvester 1999 musste meine Mutter ins Krankenhaus, und als ich sie so elend in ihrem Bett liegen sah, dachte ich: »Was ist das denn für eine Person?« Ich hatte so ein Gefühl, als würde ich sie gar nicht kennen. Sie war mir fremd. Sie blieb vier Wochen im Krankenhaus, und unser periodischer Ablauf war durcheinander. Es gab keinen »Guten Morgen« von ihr und keine Frage nach der Schule: »Wie war's? Hast du schon was gegessen?«

Mein Bruder Thomas wohnte damals noch bei uns, aber er war in seinem Zimmer und ich in meinem. Mama lag ziemlich entfernt im Krankenhaus, und ich besuchte sie nur am Wochenende oder wenn mich jemand mitnahm. Ihr war das nicht recht, weil sie nicht wollte, dass ich sehe, wie sie leidet. Sie dachte vielleicht, dass mich das durcheinander bringt.

Mit sechzehn wünschte ich mir, dass Mama wieder einen Mann an ihrer Seite hat, damit sie nicht so allein ist. Sie lernte tatsächlich jemanden kennen, aber es funkte nicht richtig zwischen den beiden. Jetzt hat sie einen neuen, und mit dem verstehe ich mich gut, auch mit seinen Kindern. Er ist nicht mein Vater, aber ich kann mit ihm gut reden, und wenn ich ihn brauche, hilft er mir.

Meinem Vater verzeihen? Niemals! Das, was er uns angetan hat, ist wie eine Atombombe. Er hat sich ein paar Jahre um uns gekümmert und dann unser Haus als Ruine dagelassen und uns mit 80 Mark Lehrgeld von Thomas sitzen gelassen. Ich will von ihm nicht hören, WARUM er das getan hat und danach auf der sozialen Schiene hofft, dass wir zu ihm sagen: »Ja, da hast du einen Fehler gemacht, aber nun ist alles wieder gut.« Ich will nicht lieb sein. In dieser Sache ist mein Herz kälter als das ganze Universum. Ein bisschen Hass ist auch dabei.

Was für ein Spruch: »Du rufst mich nie an!« Ich könnte wetten, das läuft darauf hinaus, dass ich sage: »Scheiße, Papa, das ist zwar alles passiert. Aber nun Schwamm drüber.« Ich bin zu selbstbewusst, um zu sagen: »Okay, ich vergebe dir.«

Benjamin ist der einzige von uns, der regelmäßigen Kontakt zu ihm hat. Der fährt manchmal zu ihm und zu dessen Eltern, unseren Großeltern, nach Bulgarien. Einmal fragte er mich, ob ich nicht mitfahren will. Warum sollte ich? Das brauche ich nicht. Ich will seine Familie nicht sehen. Ich war vor vielen Jahren schon einmal da, kann mich aber an niemanden erinnern.

Mein ältester Bruder Thomas steht in der Mitte. Er möchte ihn eigentlich treffen, hat aber Angst, unserer Mutter damit weh zu tun. Für mich war er immer da. Er übernahm viele Pflichten, die eigentlich mein Vater mir gegenüber gehabt hätte. Mama und er haben den engsten Kontakt, die tiefste Beziehung zueinander, aber darauf war ich nie eifersüchtig. Was meine Brüder über unseren Vater denken, weiß ich nicht, denn wir sprechen nie über ihn. Warum auch? Wieso sollte ich mit ihnen über eine Sache reden, die ich verabscheue? Wieso sollte ich das alles noch einmal aufleben lassen? Ich will von meinem Vater nur noch Geld.

Hannes, 20, Student für Verkehrswesen

»Mit meiner Mutter bin ich fertig.«

Mutter 44, Lehrerin
Vater 46, Diplomingenieur für Verkehrswesen
ein jüngerer Bruder, Tobias, 14 Jahre alt

Meine Eltern trennten sich 1992, da war ich zehn und mein Bruder Tobias vier. Die Version meiner Mutter hieß: »Dein Vater ist fremdgegangen und verlässt uns wegen dieser Frau.« Die Version meines Vaters lautete: »Ich habe eine andere Frau kennen gelernt, aber sie war nur der Anlass, nicht die Ursache der Trennung. Ich verstehe mich mit ihr viel besser als mit deiner Mutter. Mit der verstehe ich mich gar nicht mehr. Wir ziehen deshalb auseinander. Du und Tobias bleiben bei ihr, aber wir drei sehen uns regelmäßig.«

Meine Version ist folgende: Die Ursache für die Scheidung ist der Charakter meiner Eltern. Die beiden sind nicht miteinander kompatibel.

Meine Mutter hätte lernen müssen, ihre Probleme zu benennen, ihre wahren Gefühle zu zeigen. Mein Vater braucht eine Frau, mit der er reden kann, meine Mutter einen Mann, der tut, was sie sagt. Sie ist autoritär, kann sehr schlecht mit Widerspruch umgehen. Als sie sich ineinander verliebten, war sie mitten im Abitur, studierte danach Pädagogik. 1982, ich war bereits unterwegs, heirateten die beiden und träumten ganz sicher von einer kleinen, glücklichen Familie.

Als ich aus dem Gröbsten raus war, fing meine Mutter an, als Lehrerin zu arbeiten, und mein Vater sagt über diese Zeit: »Mit jeder Klasse, die sie durchs Schuljahr führte, verstärkte sich ihr autoritärer Zug. Irgendwann konnte sie nicht mehr zwischen ihrem Klassenzimmer und unserem Wohnzimmer unterscheiden.«

Nachdem Tobias geboren war, blieb sie zwei Jahre zu Hause und kümmerte sich um uns. Dann begann das gleiche Spiel von vorne. Sie wurde wieder autoritär. Papa arbeitete sehr viel, baute nach Feierabend eine riesige Altbauwohnung für uns aus und kam von Montag bis Freitag erst gegen 22 Uhr nach Hause. Es gab deshalb Spannungen, weil sie ihn verdächtigte, eine andere Frau zu haben. Er sagt, dass es so nicht war. Die hätte er erst später kennen gelernt.

Mit der ersten Frau nach Mama blieb er nicht lange zusammen. Nach einem Jahr war ihre Beziehung vorbei, weil sie zu ihrem Mann zurückging. 1996 fand er eine neue. Die hatte zwei Söhne. Die Frau war sympathisch, ihre Kinder unglaubliche Proleten. Ihre Oma, bei der sie nach der Schule meist waren, hatte ihnen alles erlaubt: Füße auf den Tisch, Fernsehen bis zum Umfallen, ihr Zimmer ein einziges Chaos. Das gefiel meinem Vater gar nicht. Er verstand sich sehr gut mit dieser Frau, aber nicht mit dem Duo Max und Moritz.

Nach der Trennung von ihr traf er eine Dritte, mit der er nun zusammen lebt. Sie ist sehr nett und ihre zwei erwachsenen Töchter sind es auch. Mit der einen versteht sich Tobias sehr gut. Ich gönne es meinem Vater, dass er endlich die Richtige für sich gefunden zu haben scheint, denn bis dahin war er ja nie richtig glücklich mit seinen Partnerinnen. Die beiden können gut miteinander reden.

Als mir mein Vater damals sagte, dass er uns verlässt, war meine spontane Reaktion: »Scheiße!« Ich war in einem Alter, wo man die ersten Dinge, die um einen herum passieren, mitbekommt und das Leben begreifen will.

Zum Beispiel, was Scheidung der Eltern heißt, was andere betroffene Kinder darüber denken, wie sie damit umgehen. Ich kannte solche Geschichten nur aus dem Fernsehen, wo sich Mann und Frau um die Kinder, das Porzellan, die Eigentumswohnung streiten und sich Gemeinheiten ins Gesicht schreien. Ich hatte große Angst, dass das bei uns auch so wird. Oder besser: Bis ich 15 war, glaubte ich – nein, das ist bei uns nicht so. Ich dachte, meine Eltern würden objektiv miteinander umgehen. Jetzt sehe ich das anders. Vater hat nie etwas über Mutter gesagt. Er wollte damit warten, bis ich erwachsen bin. Und bei ihr habe ich zuerst nicht bemerkt, wie sie mich gegen ihn beeinflusste. Sie tat es subtil.

Ansonsten sprach sie nur im Befehlston mit Tobias und mir. Sie ordnete viele Dinge an: »Mach deine Hausaufgaben!«, »Räum dein Zimmer auf!«, »Bring den Müll runter!«. Ein Leben im kategorischen Imperativ!!! Wenn ich sie bat, erst zum Volleyballtraining gehen zu dürfen, sagte sie: »Nein, du machst jetzt, was ich dir gesagt habe!«. Wie oft verpasste ich dadurch mein Training.

Wenn ich mir abends einen Film ansah, sagte sie Punkt 22 Uhr: »Du gehst jetzt ins Bett!«. Wenn ich erwiderte, der Film gehe nur noch zehn Minuten, kannte sie trotzdem keine Gnade: »Das ist egal, du gehst jetzt ins Bett«. Sie bestimmte mein Leben, und das auch noch, als ich schon sechzehn war. Wenn ich in die Disco ging, musste ich um Mitternacht zu Hause sein. Sie wollte die absolute Befehlsgewalt über mich und meinen Bruder. Wir sind dadurch zusehends aneinander geraten, denn ich wusste inzwischen selbst, was gut oder schlecht für mich ist. Sie wollte nicht akzeptieren, dass eine harmonische Mutter-Sohn-Beziehung so nicht funktionieren kann. Im Gegenteil: Sie wurde zunehmend grantiger. Wenn ich am Wochenende zum Sport ging, hetzte sie bei meinem Bruder gegen mich: Der spielt Volleyball und wir können die ganze Hausarbeit allein machen.

Kam ich nicht pünktlich nach Hause, bestrafte sie mich. Mal waren es zwei Wochen Fernsehverbot, mal durfte ich nicht an meinen PC oder musste früh schlafen gehen. Ich tastete mich dann an den Grenzen entlang, sah heimlich fern, las unter der Bettdecke und hörte mit meinen Kopfhörern Musik. Bei anderen Freunden gab es so rigide Strafmaßnahmen nicht. Wenn ich mit ihr darüber reden wollte, unterbrach sie mich barsch: »Wir sind nicht wie die anderen. Hier wird gemacht, was ich sage!«

Ihr Anspruch an mich war totalitär. Sie kam in mein Zimmer und sagte: »An meinem Geburtstag möchte ich gern mit euch essen gehen.« Weil ich an diesem Tag ein wichtiges Turnier hatte, fragte ich sie, ob wir das nicht aufs Wochenende verschieben könnten. Natürlich kam prompt ein NEIN. Irgendwann hatte ich es so satt, dass sie mir ständig beweisen wollte, dass SIE die Starke ist. Sie hatte doch in der Schule genügend Möglichkeiten, ihre Autorität auszutoben. Hätte sie die nicht wenigstens hin und wieder im Lehrerzimmer lassen können?

Auch meinen Vater triezte sie, wo sie konnte. Wie oft versuchte er, mit uns gemeinsam an die Ostsee oder zum Skifahren in die Berge zu fahren. Jedes Mal, wenn er mit ihr gemeinsam in ihre jeweiligen Terminkalender schauen wollte, sagte sie: »Meine Reisen mit den Kindern stehen schon fest. Die Termine kann ich dir gerne geben, und dann siehst du ja, ob du in den Ferien zusätzlich mit ihnen was unternehmen kannst.«

Durch seinen Job hatte er große Probleme, das zu organisieren. Wenn es ihm nicht gelang, hatte sie wieder eine Angriffsfläche: »Seht ihr, euer Vater hat nie Zeit für euch.« Das fand ich ungerecht und hinterhältig.

Der Blick auf meine Mutter veränderte sich zusehends. Manchen Bitten und Anordnungen kam ich nicht mehr nach. Ich war nicht bereit, für immer und ewig die Rolle des Mannes im Haus zu übernehmen, obwohl ich lange Zeit unsere Fahrräder reparierte, die Gardinen zum Waschen abnahm oder den Wochenendeinkauf erledigte.

Wenn sie mich fragte, ob ich zwischendurch mal die Wohnung saugen oder im Garten den Rasen mähen oder mit Tobias Mathe lernen könnte, habe ich unterschieden, was sie persönlich betraf. Wenn es um meinen Bruder ging, half ich, wo ich konnte. Wenn es um ihre persönlichen Interessen ging, verweigerte ich mich. Nur wenn sie ratlos war, interessierte sie meine Meinung, und die floss dann auch in ihre Entscheidungen mit ein. Bis ich siebzehn war, hatte für sie Gewicht, was ich sagte. Ich war der Partner-Ersatz. Das machte es ihr leichter, allein zu leben.

Sie ist so eine frustrierte Frau. Für ihr Alter sieht sie gut aus und hätte sicher die Chance gehabt, einen anderen zu finden. Nachdem mein Vater weg war, hatte sie zehn Jahre nicht einen Freund. Sie sagte: »Ich brauche keinen Mann, ich komme sehr gut allein zurecht.« Dabei hätten wir einen anderen Mann bestimmt akzeptiert. Nicht als Vaterersatz, aber als ihren Partner. Es war ihr eigener Wunsch, allein zu bleiben. Daran zu zerbrechen ist die Folge.

Und wenn gar nichts mehr ging, hatte sie ja ihren Vater. Sie ist sein absoluter Liebling. Wenn sie nach ihm schrie, war ihm nicht anzusehen, dass er ein anerkannter Dozent an der Uni war. Das verwöhnte Töchterchen rief, und Papa Dummdoof sprang, um jedes ihrer Probleme zu lösen. Als ich nicht mehr so funktionierte, wie sie wollte, lud er mich einmal zum Essen ein und versuchte, zwischen ihr und mir zu schlichten. Er sagte: »Ihr seid die Jüngeren, richtet euch nach der Älteren, der Erfahrenen, nach eurer Mutter.« Damals dachte ich, er wolle unsere Rest-Familie zusammenhalten. Heute weiß ich: Er wollte nur etwas für seine Tochter erreichen. Das Fazit war Unfrieden und Stress.

Als ich nach dem Abitur im September 2000 zum Bund in die Nähe von Jüterbog musste, war ich froh über den Abstand zu meiner Mutter, obwohl ich auch da pausenlos auf Kommandos hören sollte. An einem Samstag im Februar 2001, ich war gerade auf der Heimfahrt nach Dresden, hatte ich dann eine Begegnung der ganz besonderen Art. Im Zug stand ein Mädchen auf dem Gang – wahnsinnig hübsch, sehr zart, braungrüne Augen, blonde Haare. Wir sahen uns in die Augen, lächelten uns an und gingen anschließend in unser jeweiliges Abteil. Mehr war nicht. Auf dem Bahnsteig entdeckte ich sie noch einmal unter den Reisenden, die zum Ausgang drängelten. Dann verlor ich sie aus den Augen. Ich dachte: »Okay, das ist erledigt.« Auf der Rückfahrt am Sonntag begegneten wir uns wieder im Zug. Diesmal sprach ich sie an und wir tauschten unsere Handynummern aus. In meiner Kaserne übernahm ich sofort eine 24-Stunden-Wache, um einen Tag frei zu bekommen. Das war dort so Usus. Am Dienstag stand ich vor Katrins Tür.

Als ich meiner Mutter erzählte, dass ich ein Mädchen aus Berlin kennen gelernt hatte, sagte sie: »Pass auf, dass das nichts Festes wird. Der Weg von Dresden nach Berlin ist viel zu weit.« Das war mir egal. Ich war verliebt in Katrin und wollte sie nicht verlieren. Meine Mutter blieb bei ihrer ablehnenden Haltung: »Es gibt auch hübsche Mädchen in Dresden. Berlin ist schlecht – der weite Weg behindert dich.«

Davon ließ sie sich nicht abbringen. Und ich mich nicht von Katrin. Sie war damals sechzehn, ich achtzehn. Schon als sie mich das erste Mal in Dresden besuchte und in meinem Zimmer schlief, war Mutter gegen Katrin. Alles was sie fassen konnte, griff sie auf, um sie niederzumachen. Meine Mutter steht beispielsweise gern früh auf. So gegen halb acht. Auch am Sonntag. Katrin schläft lieber lange, kuschelt nach dem Aufwachen mit mir. Meine Mutter sah nicht unser Glück, sondern regte sich tierisch darüber auf, dass wir nicht mit ihr frühstückten. Sie blaffte uns an: »Soll ich jetzt jedes Wochenende stundenlang mit dem Frühstück auf euch warten? Wenn ihr so spät aufsteht, weiß ich auch gar nicht, wann wir endlich Mittag essen können.«

Einmal rief mich Katrin kurz nach Mitternacht an und meine Mutter empfand das als unerhörte Belästigung. Weil ich nach dem Weckerklingeln gerne noch ein bisschen döse, stelle ich ihn eine halbe Stunde früher, genieße den Halbschlaf und lasse ihn noch einmal piepen. Meine Mutter unterstellte mir, dass ich sie damit nur terrorisieren wolle.

Im November 2001 kaufte meine Mutter einen Laptop, den wir gemeinsam nutzen wollten. Deshalb legte ich von meinem Ersparten etwas dazu. Damit fand sie wieder eine Angriffsfläche. Sie wollte ihn immer, wenn ich daran saß. Katrin und ich hatten den Laptop einmal abends in meinem Zimmer, und da brauchte sie ihn plötzlich unbedingt, obwohl sie sonst nur tagsüber damit arbeitet. Ich verlangte das Geld von ihr zurück und kaufte mir einen eigenen Computer.

Katrin kam schließlich nicht mehr zu mir nach Dresden, weil da der Drache Mutter auf sie lauerte. Am 7. November 2001 schrieb sie ihr einen Brief, in dem alles steht, was uns bewegte. Als er bei uns ankam, feuerte ihn meine Mutter ungeöffnet mit dem Satz auf meinen Schreibtisch: »Briefe ohne Absender lese ich nicht.«

Ich bewahrte ihn auf und lese ihn jetzt auch das erste Mal:

Werte Frau T., ich schreibe Ihnen diesen Brief, da es mir in der Woche, in der ich zu Besuch war, nicht möglich war, mit Ihnen zu reden. In diesem Brief möchte ich Ihnen meine Gefühle und Gedanken darlegen, um eventuell die vorliegenden Probleme und Streitigkeiten aus dem Weg zu räumen. Im Voraus möchte ich Sie allerdings darum bitten, diesen Brief mit Ruhe und Bedacht zu lesen und sich auch über die Probleme und Tatsachen Gedanken zu machen. Als erstes möchte ich mich bei Ihnen für die »nächtlichen« Telefonanrufe entschuldigen. Dies hätte ich persönlich getan, aber, wie gesagt, ich sah leider keine Möglichkeit dazu. Zu meiner Verteidigung möchte ich aber anbringen, dass diese Anrufe nicht ohne Grund waren. Der erste Anruf erfolgte, weil es mir in dieser Nacht nicht gut ging. Da Hannes mir gesagt hatte, dass ich jederzeit anrufen könne, habe ich dies wahrgenommen. Ich hoffe, Sie verstehen dies. Der zweite Anruf, der gegen fünf Uhr morgens erfolgte, war wichtig, da ich bemerkt hatte, dass Hannes verschlafen hatte. Eigentlich wollte er mich wecken, und da ich zur besagten Zeit wach geworden war und niemand anrief, wollte ich ihn wecken, da mir bewusst war, dass es wichtig war. Ich hoffe, Sie verstehen auch das. Der dritte Anruf war zugegebener Maßen nicht ganz so wichtig, aber er war »durchdacht«. Es war 6 Uhr 15 genau. Ich hatte extra auf die Uhr gesehen, um sicher zu sein, dass alle wach sind. Dies war nämlich der Fall, als ich im Sommer zu Besuch war. Ich ging davon aus, dass dies auch so geblieben ist. In gewisser Weise verstehe ich Ihr Problem mit diesen Anrufen, doch es hätte der Anstand verlangt, nachzufragen warum. Außerdem hätte ich mir gewünscht, dass Sie mir auf höfliche Art und Weise sagen, was das Problem ist. Leider haben Sie das nicht getan. Sie hätten zum Beispiel sagen können, dass ich zwischen 22 Uhr und 6 Uhr 30 nicht anrufen soll. So hätten wir uns den ganzen Ärger über diese Telefonate sparen können. Ich denke, wenn dies sachlich geklärt worden wäre, wäre auch die letzte Woche anders verlaufen, darum möchte ich darüber nichts sagen.

Des Weiteren möchte ich Sie auf etwas viel Wichtigeres ansprechen und versuchen, Ihnen die Augen zu öffnen, sofern das möglich ist. Es geht um die Situation, die zur Zeit zwischen Ihnen und Hannes vorherrscht. Ich kann diese Situation nur sehr subjektiv betrachten, da nur Hannes seine Sicht der Dinge schildern konnte. Damit Sie auch wissen, wie Hannes, also auch ich, alles sieht, versuche ich es hiermit darzulegen.

Hannes erzählte mir, dass während der Woche, in der ich zu Besuch war, Tobias sehr durch Sie beeinflusst war und Ihre negative

Sicht teilte. Daraufhin hat Hannes mit ihm gesprochen und seine Sicht der Dinge dargelegt, was die Situation wieder beruhigte. Dies erfreute mich, da ich bemerkt habe, dass beide sich sehr lieb haben und unter geklärten Verhältnissen glücklicher wirkten. Leider musste ich heute am Telefon feststellen, dass Tobias wieder mehr gegen Hannes gerichtet war. Das tat nicht nur mir, sondern vor allem auch Hannes sehr leid. Doch durch wiederholte Aussprache konnte dieses Problem wohl wieder normalisiert werden. Worauf ich hinaus will, ist, dass es den Anschein macht, dass Sie beide gegeneinander »aufhetzen«. Das klingt sehr extrem, doch es entspricht den Tatsachen.

Ich war zwar nicht oft zu Besuch, aber ich habe deutlich bemerkt, dass beide nicht nur Brüder, sondern auch Freunde sind und dass sie sich sehr lieb haben. In gewisser Weise sind sie auch wie Vater und Sohn, warum, brauche ich Ihnen ja nicht zu erklären. Was ich sagen will, ist, dass die beiden zusammengehören, und sie sollten durch niemanden getrennt werden, ob mutwillig oder nicht.

Ich bitte Sie, an Ihre Söhne zu denken und schwere Situationen wie diese so zu lösen, dass ihre Beziehung und ihre Gefühle nicht darunter leiden müssen.

Auch mit Hannes Großeltern, Ihren Eltern, soll dieses Problem eingetreten sein. So sind wohl beide über Ihre Sicht informiert, wissen aber nichts über die Ansichten ihres Enkels. Lediglich der Opa hat sich mit Hannes über die Situation unterhalten und sich objektiv verhalten. Doch seine Oma hingegen scheint sich mehr Ihrer Meinung anzupassen. Das mag für Sie vielleicht positiv sein, ist für Hannes aber sehr schmerzlich, da er seine Großeltern auch sehr lieb hat. Vielleicht sollten Sie auch bei seinen Großeltern berücksichtigen, dass die Probleme zwischen Hannes und Ihnen so dargestellt werden, dass die Großeltern nicht auf die eine oder andere Seite gezogen werden.

Alles, was ich eigentlich sagen möchte, ist, dass die Familie durch einseitige Darstellung der Dinge gesprengt wird. So ziehen Sie anscheinend die Familie auf Ihre Seite und stellen sie gegen Hannes. Dies lässt ihn verzweifeln und sogar hassen. Und durch diesen Hass und die Verzweiflung wird er Ihnen irgendwann davonlaufen. Das ist sicher. Wissen Sie, ich musste erfahren, wie es ist, seine Mutter zu verlieren, und ich möchte verhindern, dass auch Hannes diese Erfahrung machen muss. Das hat er nicht verdient. Ich denke aber, dass es auch für eine Mutter schwer ist, ihr Kind zu verlieren, und ich möchte nicht, dass Ihnen das passiert. Darum bitte ich Sie von ganzem Herzen, zu akzeptieren, dass Ihr Sohn erwachsen ist und ein eigenes Leben mit eigenen Denkweisen führt, Sie aber trotzdem seine Mutter bleiben und alle Probleme in einem ruhigen Gespräch mit Hannes aus der Welt schaffen.

Ich wünsche Ihnen, dass Sie eine Familie sind und bleiben.

Katrin

P.S. Noch eine Sache möchte ich zu Ihrem Sohn sagen: Sie können stolz auf ihn sein!

Ich bin mir nicht sicher, was dieser Brief bei ihr bewirkt hätte, und ich weiß auch nicht, was in ihr vorging, als sie kurz vor Weihnachten 2001 zu mir sagte: »Ich will, dass du dir eine eigene Wohnung suchst. In meiner will ich dich nicht mehr haben.« Ich antwortete: »Okay, ich ziehe aus, aber den Termin lege ich fest.« Für mich war schon längst klar, dass ich zu Katrin nach Berlin ziehen würde – aber diese Aktion konnte ich nicht mitten im Semester über die Bühne ziehen, sondern erst in den Ferien Ende Februar 2002.

Wir gingen uns von nun ab aus dem Weg. Ich war viel bei meinem Vater, bei meinen anderen Großeltern. Tobias wirkte verstört, kam oft in mein Zimmer, wusste aber nicht, was er sagen sollte. Er hatte so schlechte Einflüsterungen von dieser Frau. Ich war fertig mit ihr.

Mein Vater war sehr besorgt um Tobias und mich, rief meine Mutter Anfang 2002 an und bat sie, sich zusammenzureißen und genau zu überlegen, was sie tut, wenn sie zwischen uns Brüder einen Keil treibt. Sie hörte ihm gar nicht zu, sondern sagte ihm nur, dass das ihre Angelegenheit sei und er sich da gefälligst raushalten solle. Da ist er ausgerastet, legte einfach auf und sie war erschrocken. Trotzdem hetzte sie Tobias weiter gegen mich auf.

Als ich an einem Freitag im Februar 2002 meine Sachen packte, um zu Katrin zu ziehen, nahm sie sich frei, weil ohne sie keine Fremden in die Wohnung kämen. Sie kannte alle meine Freunde, die mir halfen. Sie machte keinen Finger für mich krumm.

Einen Tag, nachdem ich mein Zimmer leer geräumt hatte, ließ sie es frisch malern, dann kamen Tobias' Möbel hinein. Meine Mutter und ich haben seitdem kein Wort mehr miteinander gesprochen. Mit einer Frau, die permanent hetzt, wollte ich nichts mehr zu tun haben. Sie schickte mir wenig später einen Brief, in dem sie behauptete, ich hätte Schulden bei ihr, weil ich meine Anteile an der letzten Telefonrechnung noch nicht bezahlt hätte. Das war ungerecht, denn sie bekam ja das Kindergeld für mich. Anfangs zahlte sie mir im Gegensatz zu meinem Vater zuwenig Unterhalt, obwohl der feststand. Ich schickte ihr die freundliche Aufforderung, sich endlich an die Tatsachen zu halten. Das tut sie seitdem.

Den Kontakt zu Tobias wollte ich auf keinen Fall verlieren. Ich rief ihn oft an, aber er war völlig auf Mutter geeicht, sehr von ihr beeinflusst. Für ihn war ich der Verbrecher, weil ich ihr den Rücken gekehrt hatte. Auf meine erste E-mail an ihn antwortete er: »Solange du deine Schulden nicht an Mama zurückzahlst, will ich mit dir nichts zu tun haben.«

Im Juli kam er ins Krankenhaus und war dort viel entspannter am Telefon, ein eigenständiger Mensch. Sobald er unter ihrer Fuchtel steht, verändert er sich. Noch verkraftet er das alles gut. Mein Vater versucht, vernünftig mit ihm zu reden, obwohl Mutter ihm das schwer macht, weiter gegen ihn hetzt. Auch gegen unsere Großeltern väterlicherseits mit der Begründung: »Wer so einen Sohn erzogen hat, taugt nichts.«

Nun muss mein Bruder volle Breitseite ertragen, was hinter mir liegt. Sie will, dass er macht, was sie ihm sagt. Er leidet darunter. Manchmal knallt er mit den Türen, aber sie sitzt am längeren Hebel. Die Frage ist: Wie lange lässt er sich von ihr unterbuttern und wann setzt bei ihm das eigene Denken ein? Ich glaube, er denkt, es geht ihm gut, denn das suggeriert sie ihm doch. Ich halte mich da aber völlig raus. Ich bin sehr traurig, dass ich meinen Bruder nicht mehr sehe. Er fehlt mir. Auch meine Großeltern. Aber ich habe auch Glücksmomente, dass ich das alles hinter mir habe und meine Mutter nicht mehr ertragen muss.

Ich habe trotzdem nicht das Gefühl, eine schlechte Kindheit erlebt zu haben. Ich hatte nie das Gefühl, in schlimmen Verhältnissen zu leben. Nur Papa wohnte eben nicht mehr bei uns. Aber wir besuchten ihn alle zwei bis drei Wochen in seinem neuen Zuhause, bauten mit ihm Ritterburgen aus LEGO, gingen wandern, ließen Drachen steigen oder bolzten auf dem Fußballplatz. 1999 fuhren wir mit ihm das erste Mal in den Urlaub und alles war voller Harmonie. Zwischen uns gab es nie ein böses Wort. »Kein Wunder«, sagte meine Mutter, »wo ihr euch so selten seht.«

Wir führten viele gute Gespräche miteinander und besuchten unsere Großeltern. Wenn ich ein Problem hatte, das ich gerne mit jemandem besprechen wollte, wartete ich, bis ich meinen Vater traf, um ihm meine Fragen zu stellen. Ich kann nicht sagen, dass ich ihn schlimm vermisst habe. Nur wenn ich dachte, dass meine Mutter etwas ganz Sinnloses tut, wünschte ich mir, dass er da wäre. Mein Vater hat meine Mutter nicht einmal infrage gestellt. Sie suggerierte uns immer, dass er zuallererst an sich und erst dann an uns denkt. Das habe ich früher geglaubt, aber jetzt weiß ich: Ein Anruf von mir, und er wäre da.

Einen positiven Effekt hat diese ganze Scheidungsgeschichte für mich, denn ich weiß zu hundert Prozent, was ich bei meinen Kindern einst nicht falsch machen will. Ich will ihr Leben nicht maßregeln. Natürlich muss ich ihnen Grenzen setzen, um sie vor sich selbst zu schützen, aber die will ich ihnen erklären. Ich will keinen blinden Gehorsam, sondern den eigenen Geist bei ihnen einschalten. Wenn mein Kind zum Volleyballtraining will, dann geht es da hin, das werde ich ihm nicht verbieten. Und wenn am Samstag Besuch kommt, muss es deswegen sein Zimmer nicht in seiner Trainingszeit sauber machen. Meine Kinder werden keine Scheidungskinder. Ich habe die Richtige gefunden. Was auch passiert, aus welchen Gründen auch immer, meine Kinder werden keine Illoyalität erfahren.

Hendrik, 21, Student für Geographie und Französisch

»Wir sind eine glückliche Patchwork-Familie.«

Mutter, 39, Assistentin in einem Steuerbüro
Vater, 40, Dispatcher
Geschwister: Mein Vater bekam nach der Trennung von meiner Mutter noch eine Tochter, meine Mutter hat mich von meinem Vater und eine Tochter von meinem Stiefvater, mit dem meine Mutter verheiratet ist. Mein Stiefvater hat eine Tochter aus der ersten Ehe, dessen Ex-Frau eine Tochter aus ihrer ersten Beziehung, deren Stiefvater er war und immer noch ist.

Meine Eltern waren sehr jung, meine Mutter gerade mal achtzehn, als ich zur Welt kam. Aus der frühen Kindheit habe ich nur eine Szene im Kopf: Meine Eltern stehen im Wohnzimmer und streiten sich. Es war kein böser Streit, aber ich spürte, dass es einer war. Als sie sich trennten, war ich drei. Dass mein Vater damals andere Frauen hatte, weiß ich nur aus den Erzählungen meiner Mutter. Einmal kam eine zu ihr und sagte: »Thomas ist jetzt mein Mann, lassen Sie ihn endlich gehen.« Da war sie am Boden. Offiziell wohnte er nach diesem grandiosen Auftritt seiner Geliebten noch bei uns, in Gedanken war er aber schon ganz woanders. Das erzählte mir meine Mutter erst alles, als ich zwölf war.

Die Erinnerungen an die Zeit, als ich mit meiner Mutter allein lebte, sind schön. Die Trennung vom Vater war zwar unschön, aber wir kamen ohne ihn gut zurecht, blieben in der alten, vertrauten Wohnung. Ich genoss, dass ich meine Mutter nun ganz allein für mich hatte, vermisste nichts. Der Kontakt zu meinen Großeltern väterlicherseits brach nie ab. Sie schoben die Schuld für die Trennung nicht meiner Mutter in die Schuhe, waren für uns da. Das ist bis heute so geblieben. Auch zu ihren Eltern haben wir ein gutes Verhältnis. Die Großeltern laden sich gegenseitig ein.

Als ich sechs war, lernte meine Mutter meinen Stiefvater kennen. Mein leiblicher Vater war einfach weg. Ich sah ihn erst 1991 wieder, als ich zehn war. Zufällig, auf dem Wochenendgrundstück meiner Großeltern, die mit mir grillen wollten. Er war mit einer anderen Frau da. Mir war gar nicht richtig bewusst, dass das mein Vater ist. Ich dachte nie tiefer darüber nach, dass ich keinen Vater habe, dass da was falsch ist in meinem Leben. In unserem Familienalbum gibt es Fotos, auf denen er mich auf dem Arm trägt und glücklich aussieht. Ich habe aber nie mit ihm über diese Zeit geredet, nur mit seinen Eltern. Sie verstehen nicht, was da passiert ist, glauben jedoch, dass ihm heute bewusst ist, einen Fehler gemacht zu haben.

Nach diesem Grillnachmittag verabredeten wir uns für das nächste Wochenende und trafen uns seitdem öfter, spielten zusammen Fußball oder gingen ins Stadion, um ein Spiel zu sehen. Manchmal übernachtete ich bei ihm. Damals lebte er allein.

Mutter akzeptierte das, alles war völlig harmonisch. Er zahlte regelmäßig seine Alimente. Mir gefiel das so, wie es war. Meine Mutter war zu diesem Zeitpunkt schon wieder drei Jahre verheiratet, und die beiden sind glücklich miteinander. Ich komme mit meinem Stiefvater sehr gut zurecht. Er ist 41 und besitzt ein kleines Geschäft. Ich hatte immer das Gefühl, dass er mich als Sohn akzeptiert. Auch mit seinen beiden Töchtern verstand ich mich gut. Am Wochenende waren sie manchmal bei uns, schliefen auch bei uns, und wir fuhren gemeinsam in den Urlaub.

Alles war schön, denn ich hatte eine wunderbare Mutter, wunderbare Großeltern und mochte meine beiden Väter. Zu meinem richtigen, leiblichen sage ich Thomas, zu meinem Stiefvater Papa. Ich habe ihn gern.

Thomas hatte mehrere Beziehungen. Als ich elf war, lebte er bei einer Frau mit zwei Kindern, behielt aber seine eigene Wohnung. Er nahm mich ein paarmal mit zu ihr, und ich kam mit ihr und den Kindern gut zurecht. Die verstanden sich auch sehr gut mit seinen Eltern und behielten den Kontakt, als sie schon wieder getrennt waren. Zwei Jahre später lernte er wieder eine andere Frau kennen, die er nach drei Monaten, im Juli 1994, heiratete. Das nahm seine Eltern sehr mit, schockte sie regelrecht: Ihr Sohn hatte schon so viele Beziehungen hinter sich, die nie hielten, und nun heiratete er gleich. Er hatte die Frau über eine Partnerbörse im Radio kennen gelernt, und das erfuhren sie nicht von ihm, sondern aus der Zeitung. Die beiden waren mit ihrer Liebe auf den ersten Blick ein echter Glücksfall für die Medien. Alle berichteten ganz groß darüber. Ich war dreizehn, als ich seine Neue kennen lernte. Die gefiel mir nicht für meinen Vater. Ich mochte sie nicht.

1995 bekam ich eine Halbschwester, Julia. Er hängt an ihr vom ersten Tage an. Als ich geboren war, musste sich meine Mutter allein um mich kümmern. Er stand in der Nacht nie auf, um mich zu beruhigen oder zu füttern. Bei Julia war alles ganz anders. Vielleicht wollte er da was aufarbeiten. Seine neue Frau hatte bereits einen Sohn, der ein bisschen problematisch war. Sie schrie ihn deshalb häufig an, sperrte ihn in sein Zimmer, wenn er nicht funktionierte – auch wenn ich da war. Der Junge überforderte sie. Ich kam nicht damit zurecht, wie sie mit ihm umging. Wenn ein Kind schwierig ist, braucht es doch noch mehr Zuwendung. Sie dagegen sperrte das Problem Kind weg. Ich konnte ihr Verhalten oft nicht nachvollziehen. Mein Vater tat, was er konnte, redete viel mit ihm, und dann wurde er ruhig. Als Julia dazukam, schrie die Frau nur noch. Wenn ihr irgendetwas nicht passte, wurde sie laut. Und ihr war schnell alles zuviel. Mein Vater ist ein ruhiger Typ, der eine Menge hinnehmen kann, ohne auszurasten. Er kümmerte sich hingebungsvoll um Julia, doch ich hatte nicht den Eindruck, dass er wirklich glücklich ist. Aber er liebte das Kind. Vielleicht hätten sich die beiden schon eher getrennt, wenn Julia nicht gewesen wäre.

So kam es erst im Jahre 2000 zum Bruch zwischen ihnen, und ich habe keine Ahnung, wer den Anstoß dazu gab. Sie wollten eigentlich zusammen in den Urlaub fahren, mein Vater fuhr aber mit Julia allein weg, und sie zog in dieser Zeit mit ihrem Sohn in eine andere Wohnung. Julia blieb bei ihm, und die beiden kommen sehr gut miteinander zurecht.

Ich begreife bis heute nicht, wie diese Frau ihre Tochter so einfach verlassen konnte, obwohl ich Julia viel lieber bei meinem Vater als bei ihr sehe. Aber merkwürdig ist das schon. Julia hat die Trennung von ihrer Mutter gut verkraftet, sieht sie nur sehr selten. Die Großeltern kümmern sich sehr liebevoll um sie, holten sie früher vom Kindergarten und jetzt von der Schule ab.

Zur Zeit hat mein Vater eine Bekanntschaft, aber diese Geschichte will er langsam angehen lassen. Er scheint gelernt zu haben. Ich bin froh, dass er so gut mit Julia klarkommt, denn ich bin ihr Pate und möchte, dass sie glücklich ist.

Ich fühle trotz all seiner Eskapaden keinerlei Groll gegen meinen Vater. Meine Familie waren immer meine Mutter und mein Stiefvater. Die beiden bekamen 1989 eine Tochter, meine Halbschwester Susanne. Sie ist dreizehn. Was Ordnung betrifft, hat sie eine völlig andere Auffassung als ich, und da wir bis 1994 ein gemeinsames Zimmer hatten, machte mich ihr Chaos regelmäßig wütend. Wenn wir aufräumen sollten, gab es Probleme, weil ich nicht einsah, dass ich alles alleine machen sollte. Ich finde sie teilweise auch ziemlich respektlos, vor allem gegenüber meinen Eltern. Das ist nicht okay. Sie macht, was sie will. Wenn sie eine Aufgabe bekommt, was nur ganz selten der Fall ist, verweigert sie sich und schlägt einen ganz bösen Ton an, sagt: »Das kotzt mich an!« Ich finde, meine Eltern sind da oft zu inkonsequent, und sie denkt, sie kann sich alles erlauben. Wenn Susanne beim Aufräumen rumzickt, sagt meine Mutter beispielsweise zu ihr: »Wenn du jetzt nicht deine Sachen in den Schrank hängst, bekommst du zu deinem Geburtstag kein Geschenk.« Diese Sprüche kennt Susanne natürlich und weiß ganz genau, dass sie nie leer ausgeht. Ob ich das mit meinen eigenen Kindern später einmal besser machen werde, weiß ich allerdings nicht. Das momentane Verhalten meiner Schwester hängt sicher mit ihrer Pubertät zusammen, denn tief drinnen ist sie eigentlich ein lieber Mensch.

Meine Mutter ist meine Vertrauensperson, schon allein deshalb, weil wir lange Zeit alleine gelebt haben. Auch meine Großväter haben mich sehr geprägt. Mein Opa mütterlicherseits war oft mit mir in seiner Werkstatt oder arbeitete mit mir im Garten. Mein Opa väterlicherseits brachte mir gute Manieren bei: »Sag den Leuten ›Guten Tag‹, wenn du ihnen auf der Straße begegnest, steh in der Straßenbahn auf, wenn ältere Leute einsteigen und kein Platz mehr frei ist.«

Ich habe zu beiden einen sehr guten Draht und brauchte deshalb vielleicht gar keine Vaterfigur. Das Verhältnis zu meinem Stiefvater ist auch stärker als zu meinem leiblichen Vater. Mit ihm rede ich viel, was den Alltag betrifft. Er ist ein geschickter Handwerker, weiß, wie man Umzüge am besten organisiert, ein Fahrrad repariert. Er ist immer für mich da.

Die älteste Tochter seiner ersten Frau, also seine Stieftochter Patricia, ist seit fünf Jahren meine Freundin. Ich war sechzehn und sie siebzehn, als wir uns ineinander verliebten. Wir sahen uns hin und wieder, aber im Oktober 1997 sind wir zusammen in den Schwarzwald gefahren – meine Mutter, mein Stiefvater, meine Halbschwester Susanne und seine beiden Töchter aus der ersten Ehe – die leibliche und die Stieftochter. Wir fuhren in einem kleinen Bus in den Schwarzwald, und ich wollte von Anfang an neben Patricia sitzen. Meine Eltern spürten gleich, dass da was läuft, und machten ihre Witze: »Wenn ihr beide so einträchtig hinten sitzt, sollten wir vielleicht ein paar Kontrolllampen einschalten.« Am 31. Oktober gingen wir allein ins Kino, und seitdem sind Patricia und ich ein Paar. Es überrollte uns einfach.

Seit September 2002 wohnt Patricia in Nürnberg, weil sie dort nach der Lehre eine Stelle fand, und wir sehen uns nur am Wochenende. Zwischen uns liegen 330 Kilometer, die unserer Liebe hoffentlich nicht schaden. Leider gibt es mein Studium mit den Hauptfächern Geographie und Französisch in Bayern nicht, sonst wäre ich mit ihr gegangen.

Alle akzeptieren unsere Beziehung, und falls wir uns mal trennen sollten, würde niemand einen von uns verstoßen. Es ist irgendwie witzig: Ich habe meine Liebste innerhalb der eigenen Familie gefunden.

Wir sind eine klassische Patchwork-Familie und dazu sehr glücklich. Aber ich glaube, das ist eher die Ausnahme. Die meisten Familien haben nach der Trennung Zoff miteinander. Ich finde es schön, dass bei uns trotz der Trennungen alles so gut läuft. Zu meinem Geburtstag Anfang November lud ich meinen Vater mit Julia zum Kaffee bei meinen Eltern ein, wir saßen alle am Tisch, tranken Kaffee, aßen Streuselkuchen und verstanden uns prächtig. Das gefällt mir.

Trotzdem will ich auf keinen Fall die Fehler meines Vaters machen, mich zu schnell binden und dadurch eventuell Leid über viele Menschen bringen. Ich weiß – das ist leichter gesagt als getan, aber ich will meiner Verantwortung anderen gegenüber gerecht werden.

Für ein Zusammenleben mit Frau und Kindern gibt es zur Familie keine Alternative. Wer will schon von Anfang an ein Kind alleine großziehen? Irgendwie gehören Mann und Frau zusammen und Kinder sind etwas Wunderbares. Ich denke oft darüber nach, wie es wäre, wenn meine Eltern noch zusammenlebten. Das wäre sicher auch schön. Anders. Ich hätte dann aber meinen Stiefvater nicht kennen gelernt. Es wären andere Bedingungen gewesen.

Patricia glaubte bis zu ihrem 15. Lebensjahr, dass mein Stiefvater ihr leiblicher Vater ist. Erst durch einen dummen Zufall erfuhr sie, dass er das nicht ist. Ihre Mutter hatte einen neuen Mann kennen gelernt, und dessen Sohn steckte es ihr. Das war hart für sie. Zu diesem Zeitpunkt waren wir noch nicht zusammen, aber sie erzählte mir von diesem Schock ihres Lebens: Man ist fast erwachsen und erfährt erst dann, dass der vermeintliche Vater nur ein Stiefvater ist.

Mir ist völlig unverständlich, warum ihr niemand die Wahrheit sagte. Jedes Kind hat ein Recht darauf, zu wissen, wer der leibliche Vater ist. Patricia wollte das von ihrer Mutter sofort erfahren und machte sich auf die Suche nach ihm. Inzwischen schreiben sich die beiden ab und zu eine E-mail, aber mehr ist nicht. Sie würde sich zwar wünschen, dass sie mit ihm so gut klarkommt wie ich mit meinem Vater, aber dafür ist es wohl zu spät. Er ist halt nur ihr Erzeuger. Ihr Verhältnis zu ihrem, besser: unserem Stiefvater ist unverändert innig.

Eltern haben manchmal richtig Schwein mit ihren Kindern. Die schleppen eine Menge weg, können lieben und verzeihen.

Paul, 24, Programmierer

»Perfekte Eltern sind leider sehr selten.«

Mutter, 60, medizinisch-technische Assistentin
Vater, 67, früher Ingenieur, jetzt Rentner
keine Geschwister

Wir waren eine ganz normale Familie, bis Mama einen anderen Mann kennen lernte und sich 1988 von meinem Vater trennen wollte. Damals war ich zehn.

Meine Eltern waren schon lange nicht mehr glücklich miteinander, stritten sich viel, obwohl es uns sehr gut ging. Sie hatten beide gute Jobs, wir besaßen eine große Wohnung, ein schönes Auto, unternahmen viele Reisen. Doch mein Vater war sehr autoritär, sehr selbstbewusst, und es war schwer, mit ihm ruhig und vernünftig zu reden. Er arbeitete von früh bis spät, gab zu Hause den Entertainer, und meine Mutter arbeitete halbtags, kaufte ein, putzte die Wohnung, wusch unsere Socken. Ihm fehlte Feingefühl, menschliche Größe. Lange Zeit lenkte sie ein, gab nach, aber irgendwann wollte sie nicht mehr. Der andere Mann war sicher nur der Auslöser, nicht der Grund, meinen Vater zu verlassen.

Als sie ihm sagte, dass sie sich scheiden lässt, war er fix und fertig und ich zuerst sauer auf meine Mutter. Ich fragte mich: Warum macht sie alles kaputt? Sie sah doch, dass Vater jeden Tag weinte, unbedingt mit ihr zusammenbleiben wollte. Das machte mich fertig. Ich stand ihm bei, redete mit ihr: »Papa will, dass wir weiter eine Familie sind. Er leidet, weil du ihn verlassen willst.«

Es gibt Familien, die dann zusammenbleiben, trotzdem Weihnachten miteinander feiern. Meine Mutter war dazu nicht bereit. »Warte mal ab«, sagte sie, »noch ein paar Wochen, und er wird aggressiv.« Sie hatte damit ins Schwarze getroffen. Er wurde tatsächlich sehr aufbrausend, barsch, richtig grob. Einmal kam sie erst um Mitternacht nach Hause, trug eine Tüte in der Hand, und er wollte wissen, was da drin ist. Als sie sagte, dass ihn das nichts angehe, drückte er sie an die Wand, riss die Tüte kaputt, und ihr neues Kleid fiel auf den Boden.

Ich war völlig hilflos, bat ihn, meine Mutter loszulassen, traute mich aber nicht, wirklich einzugreifen. Manchmal versuchte ich, sie zu beschützen, stellte mich vor sie, aber dann brüllte er mich an. Die Hand erhob er nie gegen mich. Einmal schlief meine Mutter abends schon in ihrem Bett und er legte sich neben sie, belästigte sie. Ich sah das alles und er behauptete: »Deine Mutter bildet sich das nur ein. Die muss in die Psychiatrie.«

Mutter forderte danach getrennte Zimmer und ließ in ihre Tür ein Schloss einbauen, damit sie hinter sich abschließen konnte. Eine Zeit lang schlief sie aus Angst vor ihm bei mir im Zimmer.

Als die Auseinandersetzungen zwischen ihnen eskalierten, zog Mutter für eine Weile in ein nahe gelegenes Internat. Nach der Arbeit kam sie in die Wohnung, machte mir Abendbrot, brachte mich ins Bett und ging dann in ihr schäbiges Quartier, um Kraft zu schöpfen. Trotzdem war es für mich zu anstrengend, den Kampf zwischen den beiden zu ertragen. Ich wohnte deshalb lange bei einem Freund.

Vater wollte, dass ich für ihn Partei ergreife, dass ich bei ihm bleibe, aber das kam für mich überhaupt nicht infrage. Ich wollte zu meiner Mutter, denn zu ihr besaß ich eine viel engere Beziehung, liebte sie mehr als ihn.

Mein Vater hatte eine ganz genaue Vorstellung davon, wie sein Sohn zu sein hat: der Beste in der Schule, gut in allem, was ich mache. Ich musste Klavier spielen lernen wie er, obwohl sein Vater ihn einst genauso dazu zwang wie er nun mich. Ich wollte Gitarre spielen, mein Vater setzte mich ans Klavier. Ich wollte Jazz spielen, und er kaufte mir Noten für klassische Stücke. Ich musste zwei Stunden am Tag üben, und draußen auf dem Hof tobten die Kinder.

Er litt als Kind genauso darunter wie ich, bereute später aber, nicht weiter geübt zu haben, als der Druck durch den Vater aufhörte. Und was macht er mit dieser Erfahrung? Projiziert sie auf mich!

Mutter wollte immer, dass ich genau das mache, wozu ich Lust habe. Auch die menschliche Nähe war zu ihr viel stärker. Mit ihr gab es Hautkontakt, Zärtlichkeit. Sie merkte, wenn es mir schlecht ging, und überlegte, wie sie mir helfen könnte. Einmal vergaß ich mein Kuscheltier zu Hause, als wir in den Urlaub fuhren, und war ganz traurig, als ich es beim Auspacken merkte. Vater verstand das überhaupt nicht. Meine Mutter zog sofort mit mir los, kaufte einen weichen Waschlappen aus Frotté, in den man die Hand stecken konnte, und nähte zwei Knöpfe darauf. Schon hatte ich wieder ein Kuscheltier. Keins vom Regal, sondern ein ganz besonderes. Sie besaß die Fähigkeit, mir ganz tief in die Seele zu schauen. Bei Familienfesten saß ich immer neben ihr.

Wenn Vater bei mir Punkte machen wollte, durfte ich länger aufbleiben. An mehr kann ich mich nicht erinnern.

Ich habe so vieles verdrängt. Während der Trennung und Scheidung konnte ich sowieso nichts verarbeiten. Zum Beispiel, dass mein Vater es nicht ertragen konnte, der Unterlegene zu sein.

Meine Mutter stellte ich nie infrage. Nur manchmal fand ich sie zu hart. Zum Beispiel, als Vater nach der offiziellen Trennung noch einmal in unsere Wohnung wollte. Mutter rief meinen Onkel an, und der kam mit seinem Freund und verhinderte das. Vater tobte vor der Wohnungstür, aber sie hielten ihn fest. Das war korrekt, denn er hatte in der Wohnung nichts mehr zu suchen, aber er tat mir in diesem Moment trotzdem leid.

Mein Vater provozierte diese Konflikte, weil er mit der Trennung nicht klarkam. Und Mutter hatte wahrscheinlich keine andere Wahl, als so den nötigen Abstand zu ihm zu bekommen, weil man einfach nicht mit ihm reden kann.

Diese ganze Trennungskiste zog sich über ein Jahr hin. Ich war damals dreizehn und litt sehr. Ich hatte das Gefühl, den Konflikt lösen zu müssen, was ich nicht konnte. Das war auch sehr nachhaltig, was meine eigene Entwicklung betraf. Konflikten bin ich nicht gewachsen, ich gehe ihnen bis heute noch lieber aus dem Weg.

Nachdem Vater ausgezogen war, begann der Kampf ums Sorgerecht. Er ging über Jahre, obwohl ich der Frau auf dem Jugendamt eindeutig sagte, zu wem ich gehöre – zu meiner Mutter. Vater akzeptierte das nicht, und es begann ein Hauen und Stechen um Besuchszeiten, gemeinsame Urlaube und und und.

Es gab auch andere Grabenkämpfe zwischen den beiden – um den Garten, das Auto, das Geschirr. Da vor allem um das Meißner Porzellan, das Vaters Mutter meiner Mutter einst geschenkt hatte. Das wollte er von ihr zurück, aber sie sah das gar nicht ein. Alles, was sie besaßen, wurde deshalb von einem unabhängigen Gutachter geschätzt, weil sich Geld besser teilen lässt. Das bekam ich ALLES mit.

Mutter behielt die Wohnung, Vater das Auto. Um den Garten gab es jahrelang Streit. Zunächst gehörte er Mutter, dann Vater, jetzt mir. Damit endlich Ruhe ist.

Erst als er seine neue Frau kennen lernte und zu ihr zog, entspannte sich ihr Verhältnis. Ich sah ihn weiter kritisch.

Meine Mutter und ich blieben in unserer alten Wohnung. Plötzlich hatten wir viel Platz, besaßen jeder zwei Zimmer und kamen gut miteinander zurecht. Sie ließ mir alle Freiheiten, die ich brauchte.

Ihr neuer Freund Johannes besaß ein Haus. In der Woche war sie bei mir und am Wochenende bei ihm. Mit meiner Mutter allein war alles okay, aber ihren Freund mochte ich gar nicht, obwohl er ihr viel bedeutete. Ich war eifersüchtig auf ihn.

Johannes war das Gegenteil von Vater: lax, schlampig angezogen und ständig in irgendwelche komischen Geschäfte verwickelt. Im Nachhinein macht ihn mir das sympathisch, aber damals bekam ich in seiner Gegenwart Pickel. Auch zu meinem Vater hatte ich ein schwieriges Verhältnis. Wir hatten keine Gemeinsamkeiten. Wenn er was sagte, behauptete ich das Gegenteil. Zweimal im Monat MUSSTE ich zu ihm. Meist trafen wir uns in seiner Wohnung, was mir entgegenkam, denn da war auch seine neue Frau. Die fand ich nett, sie war eine tolle Person. Wenn sie bei unseren Treffen dabei war, fiel es mir leichter, mit ihm zu reden.

Ich hätte mir von meinem Vater Einsicht in Fehler, in charakterliche Schwächen und eine Auseinandersetzung damit gewünscht. Das Sich-Eingestehen, dass man etwas falsch gemacht hat. Das wäre ein Anfang gewesen. Aber er dachte gar nicht daran, hat sich bis heute nicht für das entschuldigt, was er uns antat. So konnte ich ihm nicht verzeihen. Er ist mein Vater und er liebt mich, aber ich kann das nicht zurückgeben. Wenn ich die Väter von Freunden sehe oder die Profs an der Uni, dann bedaure ich das. Ich wünschte mir immer einen Vater an meiner Seite, dessen Meinung ich akzeptieren kann. Aber perfekte Eltern sind leider sehr selten.

Auch das Glück mit seiner neuen Frau hielt nicht lange. Sie wollte, dass ich mit meinem Vater rede, um ihnen dabei zu helfen, Konflikte zu lösen, die es zwischen ihnen gab. Dazu war ich bereit, weil ich sie sehr mochte, aber mein Vater machte die Schotten dicht. Für ihn war es wichtiger, den Schein zu wahren. Sie ließ sich später von ihm scheiden. Zuerst erzählte er mir gar nicht, dass er wieder allein lebt. Ich denke, er leidet darunter, und ich wünschte mir, dass er Freunde hätte. Wenn man ihn kennen lernt, wirkt er locker, offen, witzig, aber in Wirklichkeit ist er absolut konservativ.

Er versuchte permanent, mir seine Wertvorstellungen, seine Verhaltensregeln einzubläuen. Zum Beispiel, wie man sich am Telefon meldet. Nicht mit »Hallo«, sondern mit dem Familiennamen, alles andere sei zu lax. Ich sollte mich stets zurückhalten, die Erwachsenen ausreden lassen, nicht berlinern. Das machte mich schüchtern, ich war immer still. Von Natur aus? Durch die Gene? Oder durch die Erziehung?

Über meine Mutter kann ich nichts Schlechtes sagen. Sie akzeptierte mich so, wie ich bin. Sogar in meiner Sprüherphase, obwohl sie nicht gut fand, was ich da tat. Erst sprühte ich wie wild, dann nur noch per Auftrag. Das fand meine Mutter toll. Vater hätte das alles nicht wissen dürfen.

Er mosert auch jedes Mal, wenn ich bei unseren Treffen eine alte Hose anhabe, und fragt: »Soll ich dir nicht mal eine Bundfaltenhose und ein richtiges Hemd kaufen?« Nein, kann ich da nur sagen, denn das ziehe ich sowieso nicht an. Gerade habe ich mich bei »H&M« für 75 Euro total neu eingekleidet, und die Klamotten reichen für eine Weile. Auch wenn ein Freund von mir schlampig angezogen ist, meckert er: »Der sieht ja aus wie ein Penner.« Er regt sich auch über die Fahrradfahrer auf – wie ein Choleriker.

Mein Verhältnis zu ihm normalisiert sich nur langsam. Jedenfalls am Telefon. Die Treffen mit ihm finde ich immer noch eher belastend. Nicht, weil er seine Probleme jedes Mal bei mir ablädt. Damit kann ich leben. Nein, weil ich spüre, wie ungeheuer wichtig ich für ihn bin. Mir ist es unangenehm, dass ich für ihn so fast der Einzige bin, der ihm geblieben ist. Es fällt mir schwer, ihm die Liebe in dem Maße zurückzugeben, wie er sie mir entgegenbringt. Er ruft tausendmal bei mir an, spricht auf den AB: »Melde dich!« Zuerst hart, dann fast weinerlich: »Bitte melde dich doch mal.« Er fühlt sich sehr allein, aber das hat er selber zu verantworten.

Zur Zeit treffen wir uns zwei- bis dreimal im Monat, gehen ins Café oder in den Garten, reden über banale Alltagsdinge: was er sich demnächst kaufen will, welches Konzert er toll fand, über seine Krankheiten. Es ist anstrengend.

Er ist mein Vater, ein Restgefühl ist da. Einige meiner Freunde sagen, ich müsste mit ihm klären, endlich alles aussprechen, was mich bedrückt. Ich kann das nicht. Er will mir auch helfen, sagt: »Rede mit mir über deine Probleme.« Inzwischen akzeptiert er die Dinge, die mir wichtig sind. Er hat gelernt, eine Entwicklung durchgemacht. Aber die alten Geschichten sind nicht geklärt, und je mehr Zeit ins Land geht, desto schwerer wird es.

Manchmal sagt er beim Abschied zu mir: »Grüß deine Mutter.« Das ist vielleicht ein Zeichen dafür, dass er etwas bereut.

Zur Zeit lebe ich mit einem Freund in einer WG und komme mit dem Bafög und dem Geld von meinen Eltern ganz gut zurecht. Nur das mit den Jobs neben dem Studium klappt gar nicht. Das sieht zur Zeit sehr schlecht aus und liegt vor allem an mir selbst. Manchmal bin ich ein Macher, und dann lasse ich wieder alles schleifen. Manchmal bin ich begeistert von Ideen, und dann lasse ich sie wieder im Sand verlaufen.

Vater möchte, dass ich nach dem Studium in einer Agentur arbeite und Werbung mache, meine Begabung auslebe, aber Werbung kommt für mich überhaupt nicht in Frage. Da will ich lieber arbeitslos sein, auf der Straße leben.

Was die Jobs meiner Zukunft betrifft, bin ich noch auf der Suche. Vielleicht mache ich mal einen eigenen Grafikladen auf, um Geld zu verdienen. Schön wäre ein Haus am Meer oder auf dem Land. Da könnte ich ein bisschen zeichnen, malen und das verkaufen. Ein kleines Café oder ein kleines Restaurant mit ein bisschen was zu essen wäre auch nicht schlecht. Das würde ich gern mit Freunden auf die Beine stellen.

Ich träume nicht von großen Sachen, eher von einer Nische, in der ich mich wohl fühle. Natürlich braucht jeder Bestätigung, und wer berühmt ist, bekommt sie durch die Masse. Mir ist nur die Meinung derer wichtig, die mir nahe sind. Ich mag die Spielregeln der Karriere nicht, die Intrigen, die Winkelzüge, die dazugehören. Da kann man sich nicht selbst treu bleiben. Wichtig sind Freunde – etwa zehn im engeren Kreis.

Mein bester Freund ist eine Freundin, denn mit Mädchen komme ich sehr gut zurecht. Nur manchmal hänge ich lieber mit Kumpels ab.

Mit Frauen kann man aber besser über seine Gefühle sprechen: über den Vater, die Mutter, über ganz persönliche Geschichten. Gute Gespräche machen vieles einfacher. Freundschaft heißt für mich, über alles offen zu reden, füreinander da zu sein.

Im Sommer 2002 war ich mit einer Freundin in Barcelona. Wir wollten dort an einem gemeinsamen Projekt arbeiten. Unser Zusammenleben erwies sich als schwierig, denn wir stritten uns nach ein paar Wochen schon um Kleinigkeiten. Einmal wollte sie, dass ich ein Exposé für einen potentiellen Auftraggeber verfasse, aber ich wusste nicht, wie ich das angehen soll. Sie wurde wütend, weil sie sehr temperamentvoll ist, und ich stand auf und ging. Das sind Kindheitsmuster: Überfordert von der konkreten Situation, ziehe ich mich zurück. Erst am nächsten Tag konnte ich mit ihr darüber reden. Daran muss ich unbedingt arbeiten: Ich muss lernen, mich Konflikten zu stellen.

Irgendwann wünsche ich mir eine eigene Familie und Kinder. Mit denen will ich alles ganz anders machen als mein Vater mit mir. Ich will ihnen nichts aufdrücken, sondern ihnen nur zeigen, was mir wichtig ist. Ich will ihnen Wege aufzeigen, sie ihnen aber nicht vorschreiben. Ich will sie in alles Wesentliche innerhalb der Familie einbeziehen und nie sagen: »Das, worüber wir jetzt gerade reden, verstehst du sowieso nicht.«

Kinder verstehen mehr, als Erwachsene denken. Vor allem Eltern neigen dazu, sie zu unterschätzen.

Philipp, 25, Student

»Einmal in der Woche gab es einen Papatag.«

Mutter, 57, Ärztin
Vater, 50, Arzt
ein Patchwork-Bruder, Jonas, 26
ein Halbbruder, Max, 16

Ich kann mich nicht erinnern, wie es war, als mein Vater noch bei uns wohnte. Mir wurde erzählt, dass er bei meiner Geburt in einer anderen Stadt studierte, nur am Wochenende zu Hause war. Als er sein Studium beendet hatte, arbeitete er gleich sehr viel. Meine Mutter hatte sich das Zusammenleben aber anders vorgestellt. Er war ihr zu job-fixiert, kümmerte sich zu wenig um sie. Sie sagt, der Grund für die Scheidung sei der familiäre Stress durch ihn gewesen. Er erzählte mir später, dass er im Laufe ihres Zusammenseins eine ihm lange verborgene Seite an ihr entdeckte. Ihre hochromantische, studentische Liebe bekam einen hässlich-materiellen Einschlag. Eine Schlüsselszene beschrieb er mir so: Meine Mutter stand am Fenster ihrer kleinen Neubauwohnung, schaute über die vielen platten Bauten vor ihr und sagte ehrlicher als ihr wahrscheinlich lieb war: »Alle haben ein Auto und fahren am Wochenende auf ihr Grundstück. Wir haben das alles nicht.«

Als ich drei war, zog er aus. Ich soll an diesem Tag lange und bitterlich geweint haben. Danach – so die Erzählung meiner Mutter – lag meine Trauer über seinen Weggang verdeckt.

Mein Vater besuchte mich oft. Einmal in der Woche gab es einen »Papatag« – jeden Dienstag mit der Regelmäßigkeit eines Uhrwerks.

Mutter sagte mir, dass ich zufrieden sein soll, dass mein Vater zumindest einmal in der Woche Zeit für mich hätte. Die wenigsten nähmen ihre Vaterrolle nach der Scheidung oder Trennung so ernst.

Er brachte mir in diesen Stunden der Gemeinsamkeit, der Nähe, das Schachspielen bei, oder wir bauten zusammen einen Drachen. Jedes Jahr im Dezember kaufte er mir auf dem Weihnachtsmarkt kandierte Äpfel, geröstete Mandeln, Zuckerwatte, rammte mit mir im Auto-Scooter alle anderen von der Fahrbahn, oder wir gruselten uns im Puppentheater gemeinsam vor dem bösen Krokodil, das alle Kinder fressen will. Und: er nahm mir die Angst, vom Klettergerüst zu springen. Ich war ein Schisser, und deshalb begann er mit mir das Springen zuerst von der untersten Stufe aus zu üben. Dann von der zweiten, bis zur dritten und weiter bis zur obersten. Am nächsten Tag war ich der Held im Kindergarten.

Ich kann nicht sagen, dass ich unglücklich war, wenn er mich nach Hause brachte und dann ging. Es war eben so. In der ersten Zeit nach der Trennung waren wir am »Papatag« meist allein, später nahm er mich oft mit in sein neues Zuhause. Ich hatte wenig von meinem Vater, wenn ich dort war, denn ich musste ihn ja mit der anderen Frau und deren Sohn Jonas teilen, der ein Jahr älter war als ich. Fünf Jahre später kam noch ein Halbbruder, Max, dazu. Jonas wollte der Bestimmer sein, und manchmal heulte ich deswegen. Einmal sperrte er mich sogar in den Schuppen im Garten ein, um mir zu zeigen, wer der Stärkere ist.

Es gab mit ihm auch ständig Diskussionen darüber, ob der Typ in Jeans und Baumwollhemd nun mein Vater oder sein Vater ist. Wenn ich darauf bestand, dass er nur mein Vater ist, sagte er: »Dann nimm ihn doch mit, wenn es deiner ist.« Zuerst war ich eifersüchtig auf Jonas, aber dann stellte ich fest, dass er auch Streit mit meinem Vater hatte, dass dieser mein Vater gar nicht so heiß umkämpft war.

Mit der anderen Frau kam ich überhaupt nicht aus. Nach dem Essen sollten Jonas und ich hin und wieder in der Küche abwaschen, und das war ich von zu Hause nun gar nicht gewohnt. Das war nicht mein Alltag. Weil die Teller nicht so sauber waren, wie sie sein sollten, meckerte die Frau meines Vaters. Ich hatte eine Stinkwut auf sie und flüsterte Jonas zu: »Da muss man ja mit der

Lupe gucken, um hier irgendwo auf den Tellern noch Dreck zu sehen.« Das steckte er ihr, und sie meckerte noch mehr: »Das kann man ohne Lupe sehen.« Da war sie für mich eine Hexe. Ich konnte mit ihrer Direktheit nicht umgehen. Und mit dem Verrat von Jonas auch nicht.

Einmal saßen Jonas und ich am Tisch und machten unentwegt Geräusche wie ein Düsenflugzeug, ein Porsche oder ein Pferd. Das nervte sie. Als wir einfach weiter wieherten, dröhnten und quietschten, schrie sie: »Schluss jetzt!« und ich erschrak. Solche kurzen zackigen Ansagen kannte ich von meiner Mutter nicht.

Sie war die Frau, die mir meinen Vater weggenommen hatte, nun mit ihm zusammenlebte, und ich fragte mich pausenlos: Warum? Diese Frage konnte ich mir nicht beantworten noch sie jemandem stellen. Damit kam ich nicht klar, mit der Frau kam ich nicht klar.

Sie machte oft Scherze, über die alle lachten und ich wusste nie, was sie meint. Ihre Art von Humor war mir fremd. Sie nannte mich gut gelaunt »mein kleiner Scheißer«, und ich dachte: So was sagt man doch nicht.

Es gab hin und wieder gemeinsame Urlaube mit Vaters neuer Familie. Einmal waren wir in den Bergen, und er überreichte Jonas und mir am ersten Abend eine Schatzkarte, die er angeblich draußen im Wald gefunden hätte. So verwickelte er uns in eine spannende Schatzsuche, was – im Nachhinein betrachtet – genau zu den Aufgaben zählt, die keine Mutter erfüllen kann. Am nächsten Tag zogen wir gemeinsam los und fanden unter der hohlen Wurzel einer riesigen Eiche ein goldenes Kästchen, in dem ein paar Markstücke und zwei Taschenmesser für uns lagen. Das sind schöne Kindheitserinnerungen. Vor allem für mich, der ich vor einem Jahr selbst Vater geworden bin, sind sie besonders wertvoll, weil sie mir vor Augen führen, wie schön und wichtig es für ein Kind ist, einen Vater zu haben. Ich hätte gern mehr solcher »vatertypischen« Erinnerungen. Auf der anderen Seite fehlen mir auch die alltäglichen, weniger schönen Erlebnisse wie Streit und Härte durch und mit dem Vater.

Jahre später, Jonas und ich waren längst in der Pubertät, diskutierten wir am Frühstückstisch darüber, ob es nun gut oder schlecht ist, schwul zu sein. Die Diskussion spitzte sich zu, weil ich ständig das Gegenteil von dem behauptete, was Jonas' Mutter sagte. Sie war schließlich völlig erschöpft und weinte, weil ich sie so missverstand. Da sah ich das erste Mal, dass sie verletzlich ist. Sie nahm mich nach dieser feindseligen Debatte in den Arm und meinte: »Ich würde doch akzeptieren, wenn einer von euch schwul wäre, aber wenn ihr es nicht seid, bin ich darüber froh.« Nach diesem Gespräch begann ich, sie anders zu sehen.

Meine Mutter sah sich in all diesen Jahren als das Opfer. Mein Vater war der Täter, weil er uns verließ, und seine neue Frau die Täterin, weil sie ihn uns wegnahm. Mutter begab sich in die Opferrolle – hier die Gute, da der Böse – und hinterfragte nie, was sie selber falsch gemacht haben könnte. Nach der Trennung war sie darauf bedacht, dass ich genug Kohle von meinem Vater bekomme. Die so genannte »Düsseldorfer Tabelle« schien für sie das einzige Ventil zu sein, um all den unausgesprochenen Verletzungen und Enttäuschungen etwas Druck zu nehmen. Ein Fakt, auf den man sich berufen kann, obwohl es um so viel mehr geht!

Einen neuen Mann ließ sie nicht mehr in ihr Leben, und wenn sie jemanden kennen lernte, guckte sie sich ihn vor allem unter dem Aspekt an, ob er ein guter Vater für mich sein könnte. Diese Prüfung bestand keiner.

Eines Tages tauchte einer auf, der unglaublich stark war. Der holte nicht einen Eimer Kohlen aus dem Keller, sondern gleich einen Zentner – in Uromas Kohlenkasten. Als er bei uns im zweiten Stock ankam, blutete er an der Stirn, weil er sich an dem Kasten gestoßen hatte. Ich überlegte damals lange, ob das nun heldenhaft oder nur albern war. Einmal ging ich mit, aber weil ich erst sechs war, lagen in meinem Eimer nur sieben oder acht Kohlen, was mich sehr deprimierte. Meine Mutter bekam sofort Angst, dass mich seine Kraft einschüchtert, und sagte ihm Lebewohl. Ich hatte sie zwar gefragt, ob das nun mein neuer Papa wäre, aber die Antwort hatte sich bereits erübrigt. Für mich war das okay, denn viele ihrer Freundinnen lebten mit ihren Kindern allein, und ich sah: Die leben so wie wir. Das ist normal.

Bei uns war immer volles Haus. Mutter hatte viele Freunde, und fast jeden Tag war einer oder eine bei uns zu Besuch. Am runden Kneipentisch, der in der guten Stube vor dem Ofen stand, saßen oft Leute, die spontan mit einer Flasche Wein vorbeigekommen waren. Wie oft schlief ich selig ein, wenn ich das Lachen dieser Tafelrunden von Weitem hörte. Ich hatte nicht das Gefühl, dass es schwer ist, ohne Vater zu leben. Warum auch? Ich war von Anfang an auf Selbstständigkeit getrimmt.

Als ich in die Schule kam, musste sich meine Mutter um nichts kümmern – weder, ob ich meine Mappe ordentlich gepackt habe, noch um die Hausaufgaben. Mir flog alles zu, und ich verstand mich mit allen in der Klasse blendend. In meiner Beurteilung stand stets sinngemäß: »Philipp ist ein fröhlicher Schüler. Schulische Aufgaben erfasst er schnell und kann sie selbstständig lösen. Er kommt stets ausgeglichen zur Schule.« Der letzte Satz war natürlich ein großes Lob an meine allein erziehende, berufstätige Mutter, die sich trotz aller Belastungen viel Zeit für mich nahm. Weil sie als Ärztin nie allzu früh in die Praxis musste, nutzten wir den Morgen, um gemeinsam gemütlich zu frühstücken.

Außerdem gab es da Stefan, meinen besten Freund, mit dem ich viel zusammen war. Wir waren unzertrennlich. Ein richtig guter Freund ist das Beste, was einem passieren kann. Auch seine Eltern, Jens und Ina, mochte ich sehr. Obwohl Jens sein Stiefvater war, behandelte er Stefan wie seinen eigenen Sohn, und ich fand es schön, wie die Drei zusammenlebten. Das Größte war, bei Stefan übernachten zu dürfen. Ich erlebte dann am Morgen, wie herrlich Vater und Sohn gegen die aufbrausende Mutter Ina antraten. Es war jedes Mal das gleiche Spiel – »Männer gegen Frau« mit einer großzügigen Prise »Kind gegen Mama«. Doch bevor Ina richtig sauer wurde, zog sie Jens auf seinen Schoß, küsste sie auf die Wange, machte einen seiner wunderbaren Scherze und brachte sie so zum Lachen. Sie nahmen mich auf viele Ausflüge mit, die voller Abenteuer waren, nach denen ich mich sehnte. Einmal paddelten wir mit unserem Boot einem Ausflugsdampfer auf dessen Bugwellen hinterher und schrieen vor Begeisterung, als uns das Wasser ins Gesicht spritzte.Ich wünschte mir oft, so einen Vater wie Jens zu haben. Hatte ich aber nicht! Dennoch war ich ein glückliches Kind, weil es im Freundeskreis meiner Mutter Menschen wie Jens und Stefan gab.

Als ich aufs Gymnasium kam – mit Stefan –, lernten wir zwei andere Jungs kennen und hießen von da an nur »das Quartett«. Wir Vier waren richtig dicke Kumpel und hatten eine schöne Zeit miteinander. Wir malten uns den Alltag gegenseitig bunt und lebten nach dem Motto: einer für alle, alle für einen. Später wurden Mädchen wichtig. In der achten Klasse verliebte ich mich in Beate. Wir waren vierzehn, erlebten unsere erste große Liebe und dachten damals, dass wir ein ganzes Leben zusammenbleiben. Zuerst sah es tatsächlich so aus, denn unsere Liebe hielt auch, als ich mit siebzehn für ein Jahr in die USA ging. Erst als sie kurz nach meiner Wiederkehr für ein Jahr nach Neuseeland verschwand, lernte sie dort einen anderen kennen.

Ich war 1994/1995 für ein Jahr in Utah und lebte in Eureka, einem Dorf mit 700 Einwohnern. In der Schule kannten sich alle 107 Schüler mit Namen. Die Familie, bei der ich wohnte, war eine aus dem Bilderbuch: Papa, Mama und zwei Kinder, sieben und zehn Jahre alt, ein schönes Haus, mehrere Autos, ein großer Garten. Mein Gastvater, ein hohes Tier, hatte richtig zu tun, war mindestens drei Tage in der Woche auf Dienstreise, aber wenn er zu Hause war, war er zu Hause und dann ein lockerer, cooler Typ. Die ganze Familie freute sich auf ihn. Die Frau zickte nur rum, wenn er mit uns Dreien Ball spielte, dabei irgendetwas in Scherben ging und wir mit dreckigen Klamotten zurückkehrten. Innerlich liebte sie diese Szenen aber – das konnte man sehen.

Ich war nicht wie sein Kind, sondern so etwas wie ein Freund. Er erzählte mir viel von sich. Das waren sehr ernste Gespräche, zum Beispiel über das Verhältnis von gut und böse. Sein Modell der eigenen, inneren Moral sah so aus: Durch eine riesige Ebene zieht sich eine Grenze. Die eine Seite ist gut, die andere böse. Mein amerikanischer Gastvater war nun der Meinung, dass man diese Grenze desto öfter überschreitet, je älter man wird, je mehr Erfahrungen man sammelt, je mehr man ausprobiert. Weil diese Übertretungen »normal« werden, muss die Grenze angepasst werden. Deshalb

– so seine Meinung – wandert diese Grenzlinie langsam, aber beständig in Richtung böse. Ich als Idealist war absolut dagegen, so zu denken. Er gab mir auch einige seiner Geheimnisse preis. Es schien ihm beispielsweise unendlich gut zu tun, in mir jemanden gefunden zu haben, dem er gestehen konnte, dass er seine Frau auf Dienstreisen dann und wann hintergeht. Wir waren uns sehr nah und trotzdem unabhängig. Sein absolutes Vertrauen in mich gefiel mir. Vielleicht besaß er das, weil ich in ein paar Monaten sowieso wieder hinter dem großen Teich verschwinden würde. Oder weil ich nicht so in diese amerikanische Doppelmoral verstrickt war – den großen Traum von der heiligen Familie in einem Land, wo fast alle geschieden sind.

Eine Woche, bevor ich wieder abflog, nahm er sich Urlaub, um sich von mir richtig verabschieden zu können. Wir fuhren mit dem Fahrrad durch Utah, und seine Frau war richtig sauer, weil er in den letzten Jahren wahrscheinlich nicht einen einzigen Tag mit ihr allein war.

Wir hatten eine nonverbale Zuneigung. Das hat sich bei mir eingebrannt. So ein Verhältnis wollte ich in Deutschland zu meinem Vater aufbauen. Doch als ich zurückkam, hatte der wie immer zu tun.

Ich hatte einen unglaublichen Hunger auf Großstadt, auf Menschen, auf input. Ich lernte neue Leute kennen, las Hesse und wollte mir weiter die großen Sinnfragen des Lebens beantworten. Als Beate in Neuseeland war, redete ich viel mit Freunden darüber, was die Welt zusammenhält, fotografierte den Himmel, das Meer, Bäume und Menschen und stand stundenlang in der Dunkelkammer. Als Beate zurückkam, gab es da diesen anderen Freund. Sie war völlig orientierungslos, und wir hatten inzwischen absolut andere Interessen.

Nach der Trennung von Beate dachte ich viel über Beziehungen, Partnerschaft, Familie nach, denn ich hatte ja nie am eigenen Leibe erfahren, wie Mann und Frau, Vater und Mutter zusammenleben, wie es ist, wenn sie sich streiten und wieder versöhnen. Das Problemverhalten von Erwachsenen war mir ein Buch mit sieben Siegeln: Was kann Papa machen, dass Mama glücklich ist? Wie schaffen sie es, gegensätzliche Standpunkte unter einen Hut zu bekommen?

Das alles konnte ich mir zu Hause nicht abgucken. Auch nicht, wie sich die Liebe im Alltag wandelt und trotzdem bestehen bleibt. In meinem Umfeld gab es nur Scheidungskinder mit den gleichen Erfahrungen wie ich. Nur Frederik, ein Freund, hatte noch Vater und Mutter, die eine wunderschöne Ehe leben. Frederik war lange ohne eine feste Beziehung, hatte sich nie auf solche Kisten eingelassen wie ich permanent. Verlieben, Nähe, sich reinsteigern und wieder wegrennen. Ich war dazu schnell bereit, Frederik nicht. Der wollte eine Frau nur an sich heranlassen, wenn er definitiv wusste: Die will ich, um mit ihr zusammenzubleiben. Irgendwelche One-night-stands gibt es für ihn nicht. Das beeindruckte mich schwer. Er sagt selbst, dass er ein ganz und gar verträumter Idealist ist. Aber genau das hält ihn auf seine wunderbare Art inmitten der Entzauberung des Erwachsenwerdens am Leben. Eine Beziehung, eine richtige Familie ist ein machbarer Traum für ihn. Er will sich nicht in den tosenden Wellen des Lebens verlieren. Er fragt sich aber auch, ob er Angst vor Nähe hat, denn zwischen seinem achtzehnten und zwanzigsten Lebensjahr hatte er keine einzige Frau.

Ich dagegen hatte einmal große Schwierigkeiten mit einer Beziehung zu zwei Frauen – Jana und Franziska. Jana wollte nach einer Weile mehr Abstand zu mir, und anstatt ihr Zeit zu lassen oder sogar um sie zu kämpfen, ließ ich mich gleichzeitig auf Franziska ein, die sich in mich verliebt hatte. Ich stand zwischen den beiden, schlief mit beiden, weil ich das eine behalten wollte, aber auch neugierig auf das andere war. Als ich mich endlich von Jana trennte, mich für Franziska entschied, wollte sie mich nicht mehr. Unsere Liebe zerbrach daran, dass ich so unentschlossen war. So was geht nicht gut, das weiß ich jetzt.

Diese verqueren Beziehungskisten machten mich schlauer. Ich zog mir in diesen Zeiten gern ein Opferkostüm an und erklärte jedes Scheitern mit meiner gestörten Vater-Sohn-Beziehung. Diese Art Hobbypsychologie gab mir den Freischein, meine Neugierde und Abenteuerlust auf Kosten anderer zu stillen, ihre Gefühle zu verletzen. Mir wurde erst später bewusst, dass ich genau damit die moralischen Grenzlinien überschritt, und ich sehe heute noch das Grinsen meines Gastvaters in Utah vor mir, wenn er mich wieder mal in Grund und Boden argumentiert hatte. Um seine moralische Grenzführung muss man jeden Tag ein bisschen kämpfen – ob man nun mit oder ohne Vater aufgewachsen ist.

Meine Großeltern betonten immer, wie sehr sie sich lieben und welchen Wert ihre Ehe seit Jahrzehnten für sie besitzt. Sie beide als Hort der Geborgenheit. Ein Luftschloss, das mir damals gut tat, sich später aber wunderbar in Luft auflöste, weil sich herausstellte, dass Opa seit Jahren eine Geliebte hatte. Oma wollte mir immer die heile Welt servieren, was nicht geklappt hat, obwohl Opa nach ein paar Monaten wieder zu ihr zurückkam. Es war und ist gewiss mehr als nur der Schein einer heilen Ehe und Familie, die die beiden da wie eine Fahne hochhalten. Aber so geborgen und wohl ich mich an meinen wöchentlichen »Oma-und-Opa-Tagen« bei ihnen fühlte, desto intensiver schmerzte es mich, später herauszufinden, welchen Preis sie für diese »heile« Welt zahlten und zahlen.

Um so mehr wollte ich in diesen ruhelosen Zeiten wissen, was aus der Beziehung zu meinem Vater werden kann. Sollte die wachsen? Gab es etwas, das man ausbauen konnte? Sollte eine Freundschaft daraus werden? Sollten wir uns neu kennen lernen, wo ich nun selbst erwachsen war?

Im Sommer 1999 ergab sich eine gute Gelegenheit, das herauszufinden, wie ich dachte, denn mein Vater wollte, dass wir mit der ganzen Familie auf Mallorca Urlaub machen – Großeltern, Halbbruder, Patchwork-Bruder, Tante, Cousin und so weiter. Eigentlich hatte ich mit Freunden eine Reise geplant, aber weil er so traurig war, dass ich nicht mitkommen wollte, setzte ich mich mit in den Flieger. Wir Kinder – Stiefsohn, Halbbruder, Sohn – überließen ihm vierzehn Tage die Führungsrolle in unserem Rudel. Danach fragte ich mich allerdings, worüber wir uns eigentlich unterhalten haben, was er mir über sich erzählte. Mir fiel nichts ein. Nur, dass er sich Sorgen macht, wie er mich überhaupt erreichen, wie präsent er für mich sein kann. Das hatte ich noch nie von ihm gehört. Das war das Emotionalste, was er je zu mir gesagt hatte. Nach der Reise blieb unser Kontakt weiterhin sporadisch, und wenn wir uns sahen, war das Gespräch meist mit Vorwürfen seinerseits gespickt – über meinen Schlendrian, meine Unzuverlässigkeit, meine angebliche Ziellosigkeit. Ich, Philipp, der Hedonist. Ein Streit zwischen uns drehte sich um Fotos von unserem Urlaub mit der ganzen Familie, auf die er seit Monaten wartete. Je mehr er drängelte, desto unlustiger wurde ich, für ihn in die Dunkelkammer zu gehen. Wir waren in einer Sackgasse, und deshalb schrieb ich ihm am 30. Januar 2000 einen Brief:

Dem Trotze zum Trotz.

Du hast nun lange auf die Fotos warten müssen, und ich habe die »Abgabe« lange vor mir her geschoben. Ich weiß nicht, wie es dir geht, aber für mich hat die ganze Sache an Symbolcharakter zugenommen, weshalb ich die Fotos jetzt auch nicht einfach »abgeben« kann. Als Grund für diese immense Verzögerung steht vor allem Unlust. Zuerst war es die Unlust, diese Bilder zu vergrößern, und danach eine wesentlich größere Unlust, zu »funktionieren«. Trotz fasst vielleicht ganz treffend zusammen, was ich beim Gedanken an die unerledigte Aufgabe empfand. Dieser Trotz resultierte zumeist aus dem Umstand, dass es nicht möglich war, dich anzurufen, dich zu treffen oder ähnliches, ohne dabei (und hier liegt der Hase im Pfeffer) auf zunehmend unangenehme Art und Weise an die Fotos erinnert zu werden. Meiner Meinung nach pauschalisierst du, indem du die nicht fertiggestellten Fotos als Anlass beziehungsweise Aufhänger dafür nahmst, mir Unzuverlässigkeit, Unpünktlichkeit etc. vorzuwerfen.

An dieser Stelle verlassen wir die »Foto-Tragödie« und bewegen uns auf emotionales Glatteis. Glatteis daher, weil es mir zum einen schwer fällt, unmissverständlich über Gefühle zu sprechen, zum anderen, weil es da – glaube ich – nicht unerhebliche aufgestaute (?) Disharmonien zwischen uns beiden gibt.

Bevor ich versuchen will, diese näher zu beschreiben, sei noch eine kleine Prämisse eingeschoben: Alles, was ich hier aufschreibe, sind – auch wenn es so gefärbt sein mag – weniger Anschuldigungen oder Vorwürfe, sondern es soll dir lediglich dazu dienen, mich zu verstehen. Ich habe das Gefühl, dass, wenn wir jetzt nicht über die-

se Disharmonien sprechen, werden wir es wohl nie tun. Also nimm es nicht so schwer, sondern wisse, dass ich mir bestimmt nicht die Mühe dieses Briefes machen würde, wenn du mir nichts bedeuten würdest.

Zurück zum Glatteis: Kurze emotio-historische Überblicksdarstellung der zirka letzten zehn Jahre. Papa war der Held. Egal was Mama auch manchmal erzählen mochte, Papa war der Held. Sicher auch durch die rar gesäten Momente, die wir gemeinsam hatten. Durch all die Stürme, die Pubertät und Adoleszenz naturgemäß mit sich bringen, segelte recht unversehrt – wenn auch abseits vom eigentlichen Geschehen – der Mythos vom Helden-Papa. Wir haben uns in der Zeit nie wahrhaftig gestritten. Diesbezüglich war Amerika übrigens auch sehr interessant, da ich dort ein knappes Jahr lang mit einer Vater-Figur unter einem Dach lebte und dabei so einiges nachholen konnte, was zum Beispiel mit dem Umgang mit einem Fehler und der dazugehörenden »Reue« bzw. Rechtfertigung etc. zu tun hatte. Oder auch die Erfahrung, trotz eines äußerlichen »Vater-Sohn-Zusammenlebens« gleichberechtigt mit einem guten Freund umzugehen.

Als ich dann bei Muttern auszog und immer selbstständiger mein Leben lebte, blieb letztendlich immer noch das Papa=Held-Denken bestehen. Der Held ohne Fehl und Tadel ist aber in seiner Perfektion unmenschlich.

Das war also für mich in den letzten zwei bis drei Jahren anhand meines Freundeskreises die wohl wichtigste Lektion meines bisherigen Lebens: Menschen samt ihrer Fehler und Macken aufrichtig zu mögen. Seit wir durch Mallorca etc. ein wenig mehr miteinander zu tun hatten, bröckelte endlich dieses ungesunde »Held-Bild« vom Papa.

Was bleibt, sind wahrscheinlich zwei unterschiedliche Bilder, die jeder von uns beiden vom anderen und dessen Bild über einen selbst hat. Damit ist die Gegenwart erreicht. Und nun folgen die Konsequenzen, die auf der Negativ-Seite unserer Beziehung für die angesprochenen Disharmonien sorgen.

Ich will dir nicht die Scheidung und das damit verbundene Fehlen eines Papas für mich vorwerfen. Im Gegenteil: Ich denke, es war bes-

ser so, denn eine verkackte Ehe kann beim Kind mehr versauen als eine mehr oder weniger zufriedene allein erziehende Mutter.

Daher rührt allerdings mein dir unverständliches (oder vielleicht nur unangenehmes) Interesse an den Dingen, die damals nach der Scheidung so passiert sind. Ich will verstehen, um zu akzeptieren, was damals passiert ist. Versteh mich nicht falsch – das soll nicht heißen, dass du mir von allen deinen Fehlern der Vergangenheit erzählen musst, um die Distanz zwischen uns schwinden zu lassen. Alles in allem will ich dir nur signalisieren, dass ich gern bereit bin (beziehungsweise es schon tue) zu akzeptieren, dass du dein Leben lebst, was nun mal so lief, dass du nicht unmittelbar für mich da warst. Diese Phasen, in denen es für mich wichtig gewesen wäre (Pubertät), sind vorbei. Du bist deinen Weg gegangen und ich den meinigen. Und hier liegt meiner Meinung nach die Quelle für die Disharmonien bzw. die Distanz, die wir beide nicht wollen. In meinem Bild von dem, was du (wahrscheinlich) über mich denkst, fehlt die konsequente Akzeptanz dafür, dass ich meinen Weg selbstständig und unabhängig gehe. Diese Vorwürfe, die ich anfangs erwähnt habe (Unzuverlässigkeit. Unpünktlichkeit...) scheinen mir so, als wolltest du mich im Nachhinein noch erziehen. Sicherlich bin ich nicht der Pünktlichste, aber aus deinem Munde wiegen diese Vorwürfe anders. Bei dieser Art von Vorwürfen, die du mir am Telefon ins Ohr legtest, kurz bevor ich in die Türkei gefahren bin, statt dir beim Umzug zu helfen, hatte ich neben einem erschreckenden Gleichgültigkeitsgefühl die Vorstellung, dass diese negativen Eigenschaften dein Bild von mir ausmachen, gemischt mit Resignation frei nach dem Motto: Das kriegt man eh nicht mehr hin. Dagegen setze ich meinen Trotz. Ich will nicht funktionieren müssen, um Papa zufrieden zu stellen, und sobald ich es nicht tue, das Minuspunkte-Konto rattern zu hören.

Wie kann also eine solche verkorkste Betziehung in etwas harmonischere Bahnen gelenkt werden?

Mir würde es viel helfen, wenn ich wissen könnte, dass ich zum Beispiel ein »Warum meldest du dich so selten?« schlicht als sachliche Frage verstehen kann und nicht als Vorwurf. Außerdem ist mir jetzt schon, glaube ich, viel wohler, da, wenn du diesen Brief gele-

sen hast, ich das Wichtigste schon gesagt habe und wir somit – hoffentlich – eine viel günstigere Ebene haben, von der aus man solche Dinge viel einfacher besprechen kann.

Der Plan an sich hört sich doch gut (da simpel) an:

Ich akzeptiere dich (samt Versäumtem und Macken), und du akzeptierst mich (samt Unpünktlichkeit und Macken).

Auf diese Art und Weise kann man meiner Meinung nach die Distanz wahrhaftiger anpacken als durch ein phänotypisches Harmonisieren.

Dein »Menschenkind« Philipp.

Als wir uns trafen, nachdem er den Brief gelesen hatte, war ich enttäuscht. Ich wollte ganz offen mit ihm über alles reden, die wirklichen Gründe für die Scheidung erfahren und wie er damit klargekommen ist, seinen Sohn zu verlassen. Ich war bereit, ihm zu vergeben, dass er nicht für mich da war. Ich wollte einen Schlussstrich darunter ziehen, Schuldfragen zu den Akten legen und eine Freundschaft beginnen. Ich hatte eine Riesenerwartungshaltung, und er erzählte mir, was in seinem Job so abläuft.

Im Sommer fuhren wir gemeinsam mit den Großeltern, seiner Frau und meinem Halbbruder in die Schweiz, und ich war wieder voller Hoffnung, dass wir uns näherkommen, gute Gespräche miteinander führen. Und was passiert auf unserer ersten Klettertour in die Berge? Da wirft er mir hoch oben auf dem Gipfel vor, dass ich nicht strebsam bin, ein Lotterleben führe, nicht genug für mein Studium mache, obwohl ich in einem so wichtigen, produktiven Alter sei. Aber wie kann er das wissen? Er hat doch viel zu wenig Einblick in mein Leben.

In meiner Generation gibt es eine große Orientierungslosigkeit. Ich hatte nach meinem Zivildienst ein halbes Jahr Leerlauf, weil ich den Studienplatz, den ich wollte, nicht bekam. Das zog mich runter. Ich dachte in dieser Zeit viel darüber nach, ob ich dieses Studium – Musikethnologie und Religionswissenschaft – auch wirklich will. Ob ich dafür wirkliche Leidenschaft empfinde, nicht nur Interesse. Die Schule, der Zivildienst – das alles wurde mir von außen aufgedrückt. Danach interessiert sich keiner mehr dafür, was du machst, da bist du nur noch dir selbst überlassen. Dieses intensive Nachdenken darüber nutzte mir, weil ich begriff, dass man seine Zeit nicht sinnlos vertun darf. Darüber hätte ich gern mit ihm geredet. Stundenlang. Und er erzählt mir auf dem Berg, wie sich sein Freund während des Studiums selbst Schach beibrachte und und und. Ja und?

Seit ein paar Monaten lebe ich das erste Mal in meinem Leben mit einer Frau, Cleo, zusammen, denn wir haben seit einem Jahr eine gemeinsame Tochter, Greta, für die wir beide da sein wollen. Aber es ist paradox und schwierig, wie wir leben. Zwischen uns wird das nicht klappen. Wir sind kein Paar, haben auch keinen Sex mehr miteinander. Als wir uns kennen lernten, haben wir wochenlang nur gevögelt, lebten wie auf einer Wolke, hatten nichts mit dem Alltag zu tun. Aber jetzt sind wir mitten drin. Was uns verbindet, ist die Liebe zu unserem Kind. Dafür streiten wir uns und genießen gleichermaßen die schönen Momente unseres Zusammenlebens, die es durchaus gibt. Und all das ist mal wieder typisch für mich: Das alles ist nichts Halbes und nichts Ganzes. Ich hatte immer Schiss davor, mich auf so etwas einzulassen, hatte auch Schiss vor Cleo. Ohne Greta wäre ich nie mit ihr zusammengezogen. Cleo ist so wortgewandt, schlagfertig, frech. Für mich ist sie das Mysterium Frau. Da stehen wir in der Küche, fetzen uns, wer diesmal mit den Abwasch dran ist, obwohl es darum eigentlich gar nicht geht, sondern nur der Anlass ist, uns völlig unverhältnismäßige Gemeinheiten um die Ohren zu hauen, und fünf Minuten später fragt sie mich, was wir zum Abendbrot essen wollen und ob wir uns vielleicht ein Video ausleihen. Angeblich soll das Gerechtigkeit sein: Jeder muss das Gleiche leisten.

Mit ihren Stimmungsschwankungen, ihrer scharfen Ironie und ihrem gelegentlichen Zynismus komme ich auf Dauer nicht klar. Ich weiß oft nicht, was sie meint, was sie will und bin dann eingeschnappt, wenig locker. Früher habe ich mich bei Auseinandersetzungen zurückgezogen. Jetzt geht das nicht mehr, weil wir zusammenleben. Dadurch habe ich endlich ein bisschen streiten gelernt.

Wichtiger wäre für mich aber, FÜREINANDER zu sein, nicht diese ständigen Machtkämpfe um Freiräume, Positionen, das Auflisten, wer was wann getan hat.

Es ist uns beiden inzwischen völlig klar, dass wir uns in den nächsten Monaten räumlich wieder voneinander trennen. Ich wünsche mir für Greta, dass sie dann drei Tage in der Woche bei mir und drei Tage bei Cleo ist. Immer im Wechsel. Das würde ich auch wollen, wenn bei ihr ein anderer Mann dazukommt, oder bei mir eine andere Frau. Wie wir – vor allem Greta – damit zurechtkommen, weiß ich allerdings nicht. Und nicht, wie es ist, wenn ich eine Frau treffe, mit der ich auch ein Kind haben will. Wichtig ist nur, dass es unserer Tochter gut geht. Ich will mich von meinem Kind nicht so weit entfernen wie mein Vater von mir – jetzt nicht, und auch nicht, wenn es größer ist. Ich bin so verknallt in Greta. Es kann keine Anstrengung zuviel sein, das zu bewahren.

Allerdings verstehe ich jetzt meinen Vater besser, da ich in einer ähnlichen Situation bin wie er damals. Mal sehen, ob ich meine Erfahrungen so nutzen kann, dass Greta es anders empfindet. Das wird sicherlich nicht leicht!

Was alles anders gelaufen wäre, wenn ich einen Alltagsvater gehabt hätte, kann ich nicht sagen. Vielleicht würde mir der Entschluss, hier auszuziehen, schwerer fallen, wenn ich nicht selbst so groß geworden wäre und mich dabei wohl gefühlt hätte. Aber dieses »was-wäre-wenn« ist mir viel zu konjunktiv. Menschenkinder, »FÜREINANDER«, pro Greta und immer die verschiebbare Grenze bedenken!

Georg, 26, Medizinstudent

»Im ersten Leben trug meine Mutter einen Nerz, im zweiten einen Leinenmantel.«

Mutter, 54, Hochschuldozentin
Vater, 53, Hochschuldozent
zwei Schwestern, 32 und 33

Meine Kindheit war schön. Wir lebten in einem großen Haus, umgeben von einem riesigen Garten, in dem man auf Bäume klettern und Amsel, Drossel, Fink und Star beim Nestbauen beobachten konnte. Im Frühling roch es bis in mein Zimmer nach Flieder und Hyazinthen, im Sommer schlugen wir uns die Bäuche mit Kirschen und Erdbeeren voll und saßen mit den Gästen meiner Eltern, das waren vor allem Intellektuelle, Ärzte, Journalisten, auf der Terrasse und grillten mit denen Würstchen. Meine beiden Schwestern und ich waren sehr behütet, aber ich war das Nesthäkchen – nett, blond und von allen geliebt. So war es jedenfalls bis zur Scheidung im Jahre 1986. Damals war ich zehn.

Ich hatte als kleiner Junge eine starke Bindung zu meiner Mutter und zu meinen älteren Schwestern. Daran kann ich mich sehr gut erinnern. An ihre permanente Fürsorge: Nase putzen, Küsschen schenken, Plätzchen backen, bei den Hausaufgaben helfen, Gute-Nacht-Geschichten erzählen. Alles war kuschelig und warm. Meinen Vater sehe ich in dieser Zeit nur schemenhaft. Nur eine Episode mit ihm ist mir aus der Kindheit geblieben. Da nahm er mich, den gerade mal Fünfjährigen, eines Abends mit in sein Arbeitszimmer, schloss die Tür hinter uns beiden Männern zu und brachte mir bei, wie man Pfeife raucht. Sein Vater hatte das mit ihm genauso gemacht und solche Familientraditionen wollte er an mich weitergeben. Das fand ich gut.

Ansonsten arbeitete er rund um die Uhr. Er konnte es sich leisten, denn eines der weiblichen Wesen im Haus war immer für mich da, passte auf mich auf. Das war auch gut so, denn einmal hätte ich fast unser Haus abgebrannt. Ich hatte mit einem Freund aus der Nachbarschaft ein Geschwader Flugzeuge aus Papier gebaut, dann angezündet und vom obersten Treppenabsatz durch den Flur nach unten fliegen lassen. Meine Oma kam zum Glück gerade vom Einkaufen zurück und warf den brennenden Läufer in den Garten.

In der ersten Klasse war ich zuerst ein sehr schlechter Schüler, wurde später aber der Beste in der Klasse, der Liebling aller Lehrer. So war es bis 1985. Dann kam die Zäsur. Ich war damals neun Jahre alt und es kam heraus, dass mein Vater ein Verhältnis mit der besten Freundin meiner Mutter, nennen wir sie Eva, hatte.

Eva lebte im Sommer dieses Jahres drei Monate mit ihrem kleinen Sohn bei uns, weil sie versucht hatte, sich das Leben zu nehmen. Sie war sehr unglücklich mit ihrem Leben und mit ihrem Mann, der sie wegen einer anderen Frau verlassen wollte. Nach dem überstandenen Suizidversuch wusste sie nicht mehr ein noch aus und schlüpfte mit ihrem völlig verstörten Kind unter die Fittiche meiner Mutter, die die beiden sehr liebte. Wir mochten sie auch und hörten Eva am Abend zu, wenn sie uns die Geschichte von Wolfram von Eschenbachs höfischem Ritter Parzival vorlas, der durch sein edles Gemüt erst in die Artusrunde aufgenommen und schließlich König der Gralsburg wird. Sehr poetisch, das Ganze.

Was sich in diesen drei Monaten zwischen ihr und meinem Vater entwickelte, war für die beiden sicher auch sehr poetisch. Für meine Mutter, meine Schwestern und mich war es allerdings eine Tragödie. Ich weiß nicht, wer herausgefunden hat, dass die beiden ein Verhältnis hatten. Meine Mutter hat es mir nie erzählt. Irgendwann ist die Bombe jedenfalls in unserem trauten Heim, Glück allein, geplatzt. Die beste Freundin, die nun keine mehr war, zog sofort aus, in eine kleine Wohnung in einer anderen Stadt, und mein Vater folgte ihr stehenden Fußes. Er kam nur noch manchmal zu uns ins Haus, um sich ein paar Bücher, Schallplatten oder seine dicken Winterpullover zu holen. Beim ersten Mal fragte ich ihn: »Stimmt es, dass du was mit Muttis bester Freundin hast?« Er sagte: »Nein. Das ist nicht wahr«, und wurde nicht mal rot dabei. Damals glaubte ich ihm, weil ich mir nicht vorstellen konnte, dass er so etwas tut. Heute weiß ich, dass er einfach kein Rückgrat besaß, zu seinem Verrat zu stehen. Er hatte unsere Familie zerstört.

Nach dieser Trennung war das Haus fremd für mich. Es gab darin Zimmer, in denen ich nicht mehr sein wollte. Aber noch viel schmerzlicher war für mich, als wir das Haus verlassen mussten. Es gehörte meiner Großmutter, die zu uns Kindern lieb war, aber nicht zu ihrer Schwiegertochter. Sie wollte die alleinige Macht im Haus und kämpfte ständig gegen sie.

So kam zum Verlust der Familie, der Geborgenheit, ein großer materieller Verlust hinzu. Der Charme, das Flair des Hauses und des Gartens waren weg. Unsere Wohnung in einem öden Berliner Plattenbau hieß 02/2. Früher musste ich nie auf der Straße spielen. Abenteuer erlebte ich mit meinen Freunden im geschützten Bereich unseres Gartens voller Bäume und Blumen. Plötzlich musste ich mich mit verrotzten und verwahrlosten Hofkindern auseinandersetzen, mir einen Platz erkämpfen, mich durchsetzen.

Das fiel mir schwer. Dazu war ich zu zart. In der Schule gelang es mir besser. Gleich zu Beginn des neuen Schuljahres sollten wir einen Aufsatz über unseren ersten Tag nach den Ferien schreiben. Meiner war so witzig, dass unser Deutschlehrer ihn der Klasse vorlas. Damit war das Eis gebrochen.

Kurz nach der Trennung versuchte Mama noch nicht, unseren Vater verbal zu demontieren. Sie ließ auch allen Kontakt zu, den wir uns wünschten. Erst nach dem Umzug änderte sich ihr Verhältnis zu ihm. Sie sagte uns klipp und klar, dass sie es nicht gut finden würde, wenn wir unseren Vater sehen. Alle, die zu uns kamen, erzählten schreckliche Dinge über ihn. Zum Beispiel, dass er mit seiner neuen Frau und deren Sohn inzwischen in unser Haus eingezogen sei.

Zu meiner Mutter hatte ich vor der Trennung eine innige Beziehung ohne Worte. Nach der Trennung brauchten wir Worte. Sie war sehr einsam. Sie wurde härter. Sie wollte mich zum Mann erziehen. In der neuen Wohnung sollte ich Löcher in die Wände bohren, aber ich war eher ein femininer Typ, ich konnte das nicht. Sie forderte es trotzdem von mir, erwartete, dass ich mich grundlegend ändere. Sie bekam auch große Probleme mit meinen Schwestern. Alles, was sie sagten, war für sie ein Angriff. Es galt ihre Meinung. Punkt.

Wenn sie nicht spurten, war sie enttäuscht. Sie war von allen Menschen enttäuscht. Die Erinnerungen an eine düstere Kindheit kamen wieder in ihr hoch. Ihre Mutter war früh gestorben und ihr Vater ließ seine fünf Töchter und einen Sohn einfach im Stich, haute ab in den Westen. Die sechs Kinder kamen in ein Waisenhaus und schafften es durch ihre Intelligenz und durch ihren Traum von einem anderen Leben trotzdem, aus dieser Tristesse relativ unbeschadet herauszukommen. Es ist aus allen was geworden.

Als meine Mutter meinem Vater während des Studiums begegnete, liebte sie ihn sehr. Die beiden heirateten 1970. Sie liebte auch die Geborgenheit, die sie im Haus seiner Mutter fand, obwohl sich die beiden Frauen, wie schon gesagt, nicht verstanden. Mein Vater war für unsere Großmutter die Nummer eins in ihrem Leben. Sie hatte ihn gehätschelt und verwöhnt. Sein Vater, eine Kapazität auf dem Gebiet der Weltraumforschung, starb sehr früh. Ich weiß von meiner Mutter, dass er ein großer Prügler war. Vielleicht hatte mein Vater deshalb solche Angst vor den Konsequenzen seines Tuns – von Kindheit an.

Ein Teufelskreis. Mama hätte ihm sicher viel verziehen, aber seine Unehrlichkeit nicht. Sie reagiert allergisch auf Lügen. Seinen Verrat hat sie nicht verkraftet, daran ist sie zerbrochen. Ihre Feindbilder, die ständig wechselten, kehrten zurück. Sie brauchte immer einen Feind, nahm alles persönlich, gegen sich gerichtet, um ihre aufgestaute Wut, ihren Zorn herauszulassen. Sie war oft sauer auf mich, den Anlass erfuhr ich nie. Ich konnte zehnmal den Abwasch stehen lassen und nichts passierte. Aber beim elften Mal redete sie plötzlich eine Woche nicht mit mir. Sie saß dann schweigend im dunklen Wohnzimmer, nur eine Kerze brannte, und erwartete, dass ich mich bei ihr entschuldige. Doch alles in mir sträubte sich dagegen. Ich fand sie ungerecht. Schon deshalb, weil sie stets uns drei abstrafte. Wenn sie über Tage nicht mit uns sprach, litten wir sehr unter ihrer Härte.

Auch an unserem Vater ließ sie kein gutes Haar, aber ich wollte ihre schlechte Meinung über ihn nicht annehmen. Umgekehrt war es genauso: Wenn er sie madig machte, verteidigte ich sie. Ich war der Einzige, der hin und wieder mit ihm telefonierte. Dann klagte er über den mangelnden Kontakt zu seinen Töchtern, behauptete, er hätte sich darum bemüht und die Alimente pünktlich bezahlt. Er meldete sich anfangs nie, nur unsere Großmutter. Trotzdem hielt ich an ihm fest. Er wohnte noch in dem Haus, das ich liebte, repräsentierte die alte Welt, in der einmal alles in Ordnung war. Als ich noch kleiner war, besuchte ich ihn manchmal in seinem Haus. Er war eine Konstante. Es gab bei ihm eine Form von Zärtlichkeit, er ließ Nähe zu. Keinen Vater zu haben hätte mir Angst eingejagt.

Abends lag ich in meinem ehemaligen Zimmer im Bett und heulte in mein Kopfkissen. Ich habe diese Frau an seiner Seite gehasst. Sie war einst Mutters beste Freundin, die sie gehegt und gepflegt hatte, als es ihr schlecht ging, und dann fällt sie ihr so in den Rücken. Es kann viel passieren zwischen Menschen, aber so was?

Es war schwer, das alles zu verkraften. Sie, mein Vater und meine Großmutter, diese drei, glücklich vereint in diesem Haus, hatten meiner Mutter alles kaputt gemacht, alles niedergerissen, was ihr soviel bedeutete.

Genauso tragisch war, dass unsere Mutter ihr Lebensunglück auf mich und meine Schwestern übertrug. Sie führte ein Einzelkämpferdasein, und das auch noch gegen ihre Kinder. Besonders schlimm gegen ihre älteste Tochter, die permanent dagegen rebellierte. Es gab sehr böse Auseinandersetzungen zwischen ihnen.

Meine Mutter machte uns das Leben schwer. Sie fühlte sich missbraucht durch uns, litt darunter, uns nun allein großziehen zu müssen. Sie nahm uns alles übel, was wir taten. Irgendwas, ganz egal. Sie ertrug keinerlei Widerspruch. Wenn sie sauer war, übten wir Verständnis, weil wir wussten, dass sie Probleme hat. Aber eigentlich war das alles zu viel für uns. Sie hätte über ihre Gefühle reden müssen: Jetzt geht es mir gerade schlecht, ich komme nicht mit mir klar. Ich brauche Abstand, lasst mir Zeit. Das hätten wir kapiert. So mussten wir versuchen zu ergründen, was in unserer Mutter vorgeht, aber wir fanden es nie heraus.

Es gab nie ein Verzeihen. Wir fühlten uns schuldig, weil sie uns das Gefühl gab, es zu sein. Sie trug das Leid der Welt auf ihren Schultern und ließ uns das spüren.

Dabei war sie stolz auf uns, prahlte vor anderen, wie gut wir geraten seien. Wenn ich in der Schule Mist baute, war sie für mich da, verteidigte mich gegenüber Lehrern, wenn die sich über mich beschwerten oder ein Tadel drohte. Dann kam sie in die Schule, räumte das mit großer Eloquenz aus dem Weg. Nach den Gesprächen mit meiner Mutter waren die Lehrer immer ganz begeistert von ihr.

Meine beiden Schwestern haben mich sehr geprägt, ich habe ihnen viel zu verdanken. Sie gaben mir das Gefühl, dass ich etwas wert bin. Sie haben mich gefördert, angeregt, brachten mich zum Lesen, schrieben mit mir zusammen Gedichte. Meine große Schwester ist intellektuell ein Gigant, ein reicher Mensch. Meine kleinere Schwester steht mir emotional sehr nahe, sie ist sehr warmherzig. Heute bin ich froh, dass ich unter ihrer Obhut aufgewachsen bin und nicht unter der meines Vaters. Der ging sehr hart mit dem Sohn seiner neuen Frau um, obwohl der so zart und unselbstständig war. Mein Vater meinte zum Beispiel, dass ein Mann nur ein Mann ist, wenn er hundert Liegestütze schafft.

Die Beziehung zu meiner Mutter wurde zunehmend unpersönlicher. Ich war nicht mehr der liebe Junge, wollte mich emanzipieren. Ich trat in den marxistisch-leninistischen Jugendverband ein, machte ein bisschen in der Hausbesetzerszene mit, trank Bier, rauchte, war mit Freunden unterwegs und fühlte mich draußen wohler als zu Hause. Ich war auch froh, als endlich die gemeinsamen Urlaube aufhörten, die eigentlich nur furchtbar waren. Ich wollte lieber allein, ohne sie sein. Natürlich spürte ich ihre Einsamkeit. Natürlich wollte ich, dass es ihr gut geht, aber ich war zugleich in der Pubertät, wollte in der Opposition sein, Scheiße sein. Darüber reden konnten wir nie.

Ihr Herz war in tausend Stücke zerbrochen. Wie kann man da großherzig sein? Sie hatte eine große Mauer um sich gezogen, war unfähig, jemanden an sich heran zu lassen. Deshalb wollten wir so früh wie möglich weg von ihr. Meine Schwestern zogen aus, sobald sie achtzehn waren. Ich auch.

Wieviel Kraft in ihr steckte, bewies sie vor allem in ihrem Job. Darauf konzentrierte sie sich nach der Scheidung, hatte viel Erfolg und machte sich sogar selbstständig. Darauf ist sie sehr stolz. Einen neuen Mann fand sie nicht. Es war ihr keiner gut genug. Oder verheiratet. Mit einem hat sie trotzdem versucht, eine neue Beziehung aufzubauen, aber der wollte seine Frau nicht verlassen. Zuerst war ich froh, dass ich keinen neuen Mann oder Vater vorgesetzt bekam. Später wünschte ich mir, dass sie endlich einen findet, den sie lieben kann, damit der mich entlastet.

Mit einem Mann an ihrer Seite hätte sie ihre Probleme teilen können, alles wäre viel leichter gewesen. Doch den Bruch in ihrem Leben, die Zeit mit unserem Vater und danach, den hat sie nie verwunden. In ihrem ersten Leben trug sie einen Nerz und in ihrem zweiten einen Leinenmantel. Vor der Trennung von ihm war sie der tollste Mensch, den ich kannte. Sie war die Wärme, das Nest schlechthin. Da habe ich sie geliebt.

Danach war ihre Welt eingeteilt in Gut und Böse. Sie hatte soviel Leid ertragen müssen, dass sie gar nicht mehr schuldig sein konnte. Das Leid, so dachte sie, machte sie zum guten Menschen. Fehler kann sie bis heute nicht eingestehen. Ein Satz wie: »Tut mir leid«, kommt nie über ihre Lippen.

Ich dachte, dass sich unser Verhältnis entspannt, als ich Vater wurde. Sie liebt unsere Tochter Frederike, die gerade ein Jahr alt geworden ist, aber die Rolle der Großmutter muss sie erst lernen. Einmal weinte Frederike, als sie sie im Arm hielt. Sie beugte sich voller Zärtlichkeit über das Kind und fragte: »Was hat denn meine kleine Enkelin?« Als wir allerdings sagten, dass sie es nicht mag, wenn sie so gehalten wird, war sie empört. Meine Wahrheiten sind immer ein Angriff für sie. Sie kann nicht akzeptieren, dass wir mit unserer Tochter etwas anders machen wollen als sie.

Ich habe aber nun mal meine eigenen Ansichten zum Kind, und wenn ich ihre Ratschläge nicht annehme, fühlt sie sich nicht respektiert. Früher rief sie oft bei uns an, kam hin und wieder vorbei, bis wir einmal sagten, dass wir etwas mehr Ruhe brauchen. Das führte bei ihr sofort zur Abgrenzung, Abneigung, Antipathie. So was baut sie sehr schnell aus.

Mein Vater ist da viel berechenbarer. Er kommt uns regelmäßig besuchen oder ruft an, fragt, ob er uns helfen kann. Mit seiner neuen Frau ist er immer noch glücklich, lebt mit ihr inzwischen länger zusammen als mit unserer Mutter. Obwohl das vielleicht komisch klingt – das ist für mich ein Trost. Als er sich damals für sie entschied, war das keine Laune, sondern ein echtes Gefühl. Meine Schwestern, die durch das erfahrene Leid ewig brauchten, eigene Partnerschaften aufzubauen, sehen das anders, verzeihen ihm bis heute nicht. Das ist sicher schwer, aber durch den regelmäßigen Kontakt zu ihm weiß ich viel über meinen Vater, kenne seine Untiefen und habe mich ihm teilweise überlegen gefühlt, obwohl ich nach seiner Liebe hungerte. Warum? Ich weiß es nicht.

Ich bin ein treuer Mensch, will nie jemanden fallen lassen, auf keinen Fall dieselben Fehler machen wie er. Ich will mir auch über mich selbst immer im Klaren sein. Mein Vater hat noch nie zugegeben, dass er einen Fehler begangen hat, stellt sich nicht infrage. Aber er ist schuldig geworden, hat das Leben anderer Menschen stark verändert. Sein Tun hatte Konsequenzen, und das gesteht er sich nicht ein.

Ich möchte meine Fehler eingestehen. Ich will wissen, was das, was ich tue, für andere nach sich zieht. Wenn ich zu meinem Vater fahre, dann jedes Mal mit der Hoffnung, dass wir eines Tages darüber reden können. Das fesselt mich seit Jahren. Ich kann nicht aufhören, daran zu denken, mir das zu wünschen. Pausenlos.

Christoph, 26, Student

»Für mich steht fest: Ich will mal keine Patchworkfamilie.«

Mutter, 52, Anwältin
leiblicher Vater, 59, Wissenschaftler
Ziehvater, 50, Anwalt
ein Halbbruder, Florian, 16
ein Stiefbruder, Christoph, 25

Neulich war ich mit meiner Freundin Susan in S., einem kleinen netten Ort in der Nähe Berlins, um ihr das Haus meiner Kindheit zu zeigen. Es ist nicht mehr ganz so groß, sonnengelb und prächtig wie in meiner Erinnerung. Wenn man durch die zweiflügelige Haustür ins Innere kam, führte eine großzügige Treppe in die erste Etage, in der sich das Arbeitszimmer meines Vaters, das Schlafzimmer meiner Eltern und mein Kinderzimmer befanden. Wenn ich abends in meinem Bett lag, hörte ich ihn auf seiner Schreibmaschine tippen. Nur im Frühling war das Quaken der Frösche im Teich hinterm Haus lauter als das klackernde Geräusch der Maschine. Mama saß um diese Zeit meist noch unten im Kaminzimmer und sah ein bisschen fern. Ich denke, sie fühlte sich oft einsam an der Seite eines Mannes, der besessen war von seiner Arbeit. Er war ein Steppenwolf und sie ein Bullerofen, der nicht wusste, wohin mit all seiner Wärme.

Mama war immer die Konstante, ein fester Wert, ein Fixpunkt für mich. Absolut zuverlässig. So wie lange Zeit auch ihre Familie. Ihre ältere Schwester hatte einen Mann und drei Kinder und lebte mit meinen Großeltern in einem Haus. Ihr Bruder wohnte ein paar

Häuser weiter mit Frau und zwei Kindern zusammen. Es gab unentwegt irgendwelche Geburtstage, Einschulungen oder Hochzeitstage zu feiern. Die Männer schmissen den Grill an, holten die Bocciakugeln aus dem Schuppen und köpften nach jedem Sieg eine weitere Flasche Bier.

Mein Onkel war ein starker Kerl. Wenn im Winter Schnee lag, fuhr er mit uns in den Wald, band unseren Schlitten an die Anhängerkupplung, und die weiße Pracht stiebte uns Kindern ins Gesicht. Wenn meine Mama unterwegs war oder länger arbeiten musste, gab es immer einen in der Sippschaft, der sich um mich kümmerte. Mein Vater mochte diesen Trubel nicht. Wie gesagt: Er war ein Steppenwolf. Als Mama einunddreißig war, trennte sie sich von ihm.

Ich kann mich noch ganz deutlich an den Tag erinnern, als wir zu Hause auszogen. Meine Mutter hatte in Berlin eine Einzimmerwohnung für uns gefunden. Die war zwar möbliert, aber sie musste noch ein Bett für uns besorgen, meine Teddys in Regale räumen. Deshalb brachte sie mich für ein paar Tage bei ihrer Schwester unter, die fast wie eine Zweitmutter für mich war. An diesem Abend saß Mama lange an meinem Bett, das gleich neben dem meiner Tante stand, sagte mir, dass sie und Papa sich nicht mehr lieb haben, und streichelte mir dabei über meine verschwitzten blonden Locken. Wir heulten beide Rotz und Wasser.

Der viel größere Schock kam für mich aber erst, als sie mich drei Tage später abholte und mit mir in unser neues Zuhause fuhr. Das war wie eine Landung auf einem anderen Stern. Wir hatten, so ähnlich wie Hans im Glück, unser Superhaus in eine doofe Karnickelbuchte umgetauscht. Wir mussten über einen Bauplatz zur Haustür laufen, weil überall noch Kräne standen. Es war so schrecklich, dass ich sie an der Hand nahm und sagte: »Stimmt´s Mama, jetzt sind wir ganz arm.«

Weil kein Bett in das Zimmer passte, schliefen wir beide auf einer Schaumgummimatratze hinter dem Kleiderschrank. Das mochte ich, denn ich hatte schon immer viel lieber bei ihr im Bett geschlafen und musste nun nicht mehr befürchten, dass sie mich mitten in der Nacht zurück in mein eigenes trägt. Der Kindergarten gleich nebenan gefiel mir. Mein Betreuer war ein junger Mann und auch die anderen Erzieher waren sehr nett und liebevoll. Leider zwangen sie uns früh am Morgen, warme Milch zu trinken. Eigentlich mochte ich Milch, nur nicht die Pelle darauf. Die fand ich eklig. Zum Glück saß beim Frühstück einer neben mir, der Pelle liebte. Wenn keiner hinsah, hab ich ihm meine in seine Tasse geschaufelt und der schlabberte die dann mit Genuss.

Meine Mutter hatte mir einen ferngesteuerten Porsche geschenkt, damit ich mit den Kindern draußen vor der Tür schnell in Kontakt komme. Ihre Rechnung ging auf. Alle bewunderten und beneideten mich wegen der Karre und wollten meine Freunde sein. Außerdem bekam ich zwei Hamster. Jeden Tag nach dem Kindergarten zog ich los, um Löwenzahn für sie zu suchen, und lernte so die Gegend kennen, in der ich nun lebte.

Zwei, drei Wochen später stand ein Mann vor unserer Tür, den sie offensichtlich sehr mochte. Er hieß Sascha, war entschieden jünger als mein Vater und sehr kinderlieb. Ich begriff schnell, dass der nun wohl zu uns gehörte. Wenn er allerdings seinen Arm um sie legte, nahm ich ihn wieder weg und sagte: »Meine Mama.« Ansonsten fand ich ihn okay.

An den Wochenenden fuhren wir zu meiner Tante und den Großeltern nach S., weil meine Mutter dort mit ihrem neuen Mann eine kleine Wohnung ausbaute. Sie schufteten ein halbes Jahr, um die richtig schön zu machen. Meine Mutter und Sascha nahmen sich trotzdem viel Zeit für mich. Die beiden waren sehr verliebt, das sah ich, und wenn es ihr gut ging, ging es mir auch gut. Sie hatte eine Entscheidung getroffen und ich war sicher, dass es eine richtige war – auch für mich. Deshalb war ich ihm gegenüber sehr offen, gab ihm eine Chance, auch mich zu erobern.

Wäre mein biologischer Vater eine feste Größe für mich gewesen – Fußball spielen, Ritterburgen bauen, angeln gehen – dann hätte mich die Scheidung sicher schlimm getroffen. Mein Vater saß aber von morgens bis abends, oder besser nachts, in seinem geschnitzten Stuhl im Arbeitszimmer am Schreibtisch, schrieb, rauchte Pfeife, und wenn ich zu ihm ging, konnte ich gleich wieder auf meinem Hacken umdrehen: Ich störte immer. Er wollte seine Ruhe, und Ruhe ist für ein Kind tödlich.

Als wir ein halbes Jahr später zurück zogen nach S., wohnte mein Vater noch in unserem einst gemeinsamen schönen Haus und ich spazierte fast jeden Tag mit dem Kindergarten daran vorbei. Ich sah ihn oft an seinem Schreibtisch sitzen, ging aber nie hinein, weil ich ja wusste, dass er sowieso keine Zeit für mich hat. Er forderte mich nie auf, einfach nur mal so vorbeizukommen. Er nahm mich auch nie mit in den Urlaub. Erst als er sich einen Bauerhof kaufte und mit seiner neuen Frau weg zog, besuchte ich ihn in den großen Ferien.

Am Anfang lebten Mama und Sascha noch in getrennten Wohnungen. Beide absolute Provisorien. Unsere Platte war zwar schrecklich, aber neu. Er wohnte in einer unglaublichen Bruchbude auf dem Hinterhof. Als meine Mutter ihn das erste Mal mit mir besuchen wollte, weigerte ich mich, durch den Hauseingang zu gehen. Ich riss mich von ihrer Hand los, heulte wie ein Schlosshund und sagte: »Da geh ich nicht rein. Das fällt ja gleich alles zusammen.«

In S. zogen wir dann zu dritt in die ausgebaute Anderthalb-Zimmer-Wohnung. Weil Mama aus ziemlichem Wohlstand in eine sehr bescheidene Lebensweise fiel, reagierte sie manchmal sehr empfindlich auf materielle Verluste. Einmal beizte Sascha einen alten Schrank, damit er nachtschwarz glänzt. Leider räumte er vorher nicht Mamas schöne Gläser heraus und beim Polieren fiel eins auf den Boden. Meine Mutter reagierte völlig hysterisch. Er ließ sie toben, ging mit mir in den Wald und brachte mir das Klettern bis ganz nach oben in den höchsten Wipfel bei.

Er war überhaupt sehr unternehmungslustig. Wir fuhren mit den Rädern auf den Bauernhof oder an einen See, gingen ins Kasperle-Theater oder am Tag der offenen Tür in die Oper. Manchmal tat mir das Herz weh, weil es die alten Verbindungen zum Vater nicht mehr gab, aber es war ja was Neues da.

Nach drei Jahren Enge fanden wir endlich eine größere Mansardenwohnung für uns. Ein paar Wochen nach meinem zehnten Geburtstag, wir saßen gerade im Garten und genossen die Herbstsonne, sagte meine Mutter, dass sie ein Geschenk für mich hätte. Da war ich natürlich sehr gespannt. Als ich fragte, was es denn sei, sagte sie: »Du bekommst ein Brüderchen.«

»O Scheiße«, dachte ich, »ein Bruder ist doch kein Geschenk.« Laut sagte ich das aber nicht. Nur: »Schade, dass ich nicht dabei war, als er entstand.« Nach ein paar Tagen sah ich das Ganze schon etwas lockerer, fand die Aussicht auf einen Bruder sogar nett. Ich könnte mich um ihn kümmern, ihn beschützen, ihm was beibringen. Florian und ich kamen dann auch blendend miteinander zurecht. Ich war der Große und hatte keine Probleme damit, wenn er mehr Zuwendung bekam als ich. Der brauchte eben viel mehr Betreuung, weil er noch so klein war.

Sascha hatte auch einen Sohn. Der heißt so wie ich: Christoph. Als wir zur Welt kamen, kannten sich Mama und Sascha nur flüchtig. Der andere Christoph war mein Kumpel – ein offener, cooler Typ. Er kam häufig zu uns, die Familienverhältnisse wollte ich aber nach meinem Verständnis klären. Als er das erste Mal in meinem Zimmer schlief, sagte ich zu ihm: »Ich bin der Sohn von Mama und deinem Papa und du bist der Cousin.«

Ansonsten war die Welt in Ordnung. Mit Sascha hatte ich nur Probleme, wenn er tatsächlich den Vater raushängen ließ. Wenn ich nicht abgewaschen hatte, beschimpfte er mich als Egoisten. Ich hatte null Bock, das zu machen, und null Bock, mir das von ihm sagen zu lassen. Wenn ich zu Mama lief, um mich zu beschweren, sagte sie: »Ich kann nicht euer Puffer sein. Ihr müsst es schaffen, das unter euch zu klären.« Ich sah das trotzdem nicht ein – als kleiner Stift den Abwasch machen. In solchen Momenten war ich voller Trotz, haute ab nach draußen. In dem Ton wollte ich nicht mit mir reden lassen. Hätte mich Sascha nur einmal geschlagen, wäre es für immer und ewig aus gewesen zwischen uns. Manchmal hat er mich gestupst oder gerempelt, aber das konnte ich einordnen.

Ein Jahr nach der Geburt von Florian wollten die beiden heiraten. Ganz allein, ohne die Familie, ohne Freunde. Das fand ich so bescheuert, dass ich am Abend vor der Hochzeit heimlich meinen Rucksack packte und ihnen einen Zettel auf den Schreibtisch legte: »Ich bin für immer weg. Euer Arschloch.« Ich fühlte mich ausgeschlossen, auf dem Abstellgleis.

Sie suchten die halbe Nacht nach mir und fanden mich schließlich mit einem Kumpel, der schon längst weg wollte von seinem ständig besoffenen Vater, unter einer Futterkrippe im Wald. Wir schlossen uns in die Arme und es fiel kein einziges böses Wort.

Und: Ich hatte gewonnen. Sie nahmen mich mit aufs Standesamt und ich langweilte mich zu Tode. Nach dem »Ja«-Wort sagte ich ab sofort »Papa« zu Sascha. Es war meine Entscheidung. Ich wollte ihm damit signalisieren: Du bist akzeptiert. Den Nachnamen meines richtigen Vaters wollte ich aber behalten. Da kam ich her, da wollte ich bleiben, nie den Draht zu ihm verlieren.

In meiner neuen Familie fühlte ich mich wohl. Mama und Sascha waren glücklich und gaben mir Geborgenheit. Wir waren ständig unterwegs oder die Freunde meiner Eltern – lauter Intellektuelle – besuchten uns. Mama kochte und buk leidenschaftlich gern, und wenn sie aufgetafelt hatte, gab es wunderbare Gespräche über alle Fragen, die die Menschheit betreffen. Bei uns herrschte eine Atmosphäre, die ganz anders war als bei den Eltern meiner Freunde aus der Schule. Das genoss ich sehr. Das war wichtig für mich, regte mich an.

Weil ich ein guter Schüler war, ging ich ab der dritten Klasse in eine Sprachschule. Nach den Schularbeiten spielte ich gerne Fußball, aber noch lieber im Kindertheater, wo ich zweimal in der Woche Proben hatte. Die Kinder dort kamen allesamt aus schlauen Elternhäusern und liebten Kunst und Theater so wie ich. Deshalb machte es mir nichts aus, von 88 Mädchen umzingelt zu sein. Es gab nur zwei Jungs in der Truppe. Es war eine tolle Zeit, und ich behandelte die Mädchen immer mit Achtung und Respekt. Als ich in der ersten Klasse ständig wegen meiner langen blonden Haare von den Jungs gehänselt wurde – »iii, du siehst ja aus wie ein Mädchen« –, sagte ich: »Na und. Ich finde Mädchen toll. Meine Mutter ist auch eins.«

Auch meine Freundin Maria war eine starke Persönlichkeit. Die hatte schon eine Menge Trennungen durchgemacht. Wenn wir Kummer hatten, konnten wir uns alles erzählen. Sie petzte auch nie, wenn ich ihr ein Geheimnis verriet.

Zum Beispiel, dass ich meine Schularbeiten oft erst morgens in der Straßenbahn machte, weil ich abends nach dem Theater keine Lust mehr dazu hatte. Wenn das meine Eltern erfahren hätten ...

Einmal waren sie völlig entsetzt, weil ich einen Verweis mit nach Hause brachte und trotzdem keine Reue zeigte. Auf unserem Schulhof hatte es eine gigantische Schneeballschlacht gegeben, aber nur ich bekam einen Verweis. Das sah ich gar nicht ein. Mein Gerechtigkeitsgefühl war verletzt. Schule war sowieso anstrengend, weil man zu DDR-Zeiten vieles nicht sagen durfte, alles Private zu Hause lassen musste. Pauken war okay, alles andere eklig. Karriere ging nur, wenn man so gelabert hat wie die und seinen dämlichen Pionierknoten ordentlich gebunden hatte. Das kam für mich nie infrage. Wenn die Pionierorganisation oder die FDJ irgendwas organisierte, ging ich nur dann hin, wenn es Kuchen und Tee gab oder die Schule ausfiel.

Mit der Pubertät gab es zwischen mir und meinem Vater dann doch ziemlich viele Streitereien. Er meckerte ständig mit mir, weil er meinte, dass ich im Haushalt zu wenig helfe – nie abwasche, den Müll nicht runter bringe. So was wollte ich mir von ihm nicht mehr sagen lassen. Er selbst lag vor dem Fernseher, fütterte sein Ego, musste unbedingt seine Nachrichten sehen und behandelte mich wie ein Kind. Ich sagte ihm: »Wenn du unbedingt willst, dass Mama nicht so überlastet ist, übernimm du doch das Ruder im Haushalt. Wir rudern dann mit.«

Mama litt darunter. Deshalb kam er eines Tages zu mir ins Zimmer und sagte: »Lass uns reden.«

Und ich: »Aber nur, wenn ich ehrlich sein kann.«

»Was sonst«, sagte er, »alles andere bringt nichts.«

Also legte ich los: »Ich finde dich zum Kotzen.« Klar sah ich, wie meine Eltern ackern, in ihrem Job powern mussten. Da gab es massig Stress. Für mich aber auch. Das Abi war keine gemütliche Landpartie. Außerdem hatte ich jeden Nachmittag Florian an der Backe, half ihm bei den Schularbeiten, ging mit ihm einkaufen, brachte ihn oft sogar ins Bett. Wir liebten uns sehr, aber trotzdem war ich mit ihm manchmal überfordert. Wenn ich ihn bat, sein Spielzeug wegzuräumen, antwortete er: »Du bist nicht Mama oder Papa, du hast mir gar nichts zu sagen.« Trotzdem nannte er mich oft Papa, weil ich ja viel mehr für ihn da war als der. Ich meckerte häufig mit ihm, wenn ich nicht weiter wusste.

Und da akzeptierte mein Vater nicht, dass ich hin und wieder meinen Freiraum brauchte? Ich war gerade aus den USA zurück, hatte dort bei meinen Gasteltern ein Jahr lang alles alleine gerafft, bewiesen, wie selbstständig ich bin. Für Vater-Allüren war es deshalb definitiv zu spät. Aber Sascha kapierte es nicht. Dieses ständige Gelaber über den Abwasch machte mich kirre. Einmal wollte ich meinen besten Freund im Krankenhaus besuchen, und er dachte wirklich, er könne mir das verbieten, weil ich ein bisschen erkältet war und ins Bett gehen sollte. Das fand ich heftig.

Trotzdem akzeptierte ich ihn als Leitfigur und freute mich, wenn er was für die Familie organisierte. Ich wusste, das wird cool. Auch wenn ich Mist gebaut hatte, waren er und Mama für mich da, standen für mich gerade. Einmal sogar vor Gericht, weil ich mich beim Sprayen erwischen ließ. Da spürte ich ganz deutlich, wie sehr sie mich liebten.

Alle Reisen, die Sascha für uns plante, waren der Oberhammer. 1997 flogen wir zu viert nach Seattle, besuchten dort meine Gasteltern und fuhren dann mit einem Mietwagen die Route Nr. One entlang bis nach San Francisco. In Mendocino blieben wir vier Tage und saßen jede Nacht gemeinsam im »Hot tub« vor unserem Haus und zählten Sternschnuppen.

Kurz vor dieser Tour waren meine Eltern aus der kochenden Großstadt in einen ziemlich stillen grünen Winkel gezogen. Es war der vierte Umzug innerhalb von zehn Jahren. Für mich war klar: Da kriegen mich keine zehn Pferde hin. Ich blieb in der City, lebte in meiner ersten WG und kam in die 13. Klasse. Die beiden vertrauten mir und ich legte ein gutes Abi hin. Trotz all der Partys und der Mucke bestand ich es mit einem Durchschnitt von 2,1. Mit mehr Pauken hätte ich es noch besser geschafft. Wenn ich krank war, schrieb ich mir meine Entschuldigungen selbst, weil ich nicht jedes Mal zu meinen Eltern fahren wollte. Ich war volljährig und nutzte meine Freiheiten – aber nie auf Kosten der Schule. Nebenbei machte ich meinen Führerschein. Meine Mitschüler bekamen tellergroße Augen, weil ich so selbstständig war.

Das Verhältnis zu meinen Eltern blieb gut. Sie ließen mich mein Ding machen, und wenn ich sie brauchte, stand mir die Tür zu ihnen jederzeit offen. Wenn ich bei ihnen aufkreuzte, fraß ich ihnen jedes Mal den Kühlschrank leer. Was ich vermisste, war, dass sie sich nie bei mir blicken ließen. Nicht mal einfach so auf einen Kaffee vorbeikamen oder zum Reden. Die Eltern von meinem ersten Mitbewohner reisten einmal im Monat extra aus Köln an, um ihn mit Tiefkühlpizza, Würsten, Schinken, Cornflakes, H-Milch, Cola, Chips, Snickers und Obst zuzuschütten und mit ihm ins Steakhaus zu gehen. Meine blieben weg. Mama brachte mir nie was zu essen vorbei: eine ihrer leckeren Suppen, Obstkuchen oder einen Kartoffelsalat mit Würstchen. Natürlich musste ich lernen, mit meiner Kohle umzugehen, zu kochen, den Alltag zu strukturieren. Aber ab und zu wäre es gut gewesen, sie hätten sich um mich gekümmert. Ich hatte soviel Freiheit, dass ich mich manchmal nach Fürsorge sehnte. Sie besaßen ein Auto, nicht ich. Wieso kamen die nicht zu mir? Der Weg zu ihnen ins Grüne war ein ätzender Scheißweg mit lauter Hackfressen in der U-Bahn. Das wollte ich mir nun nicht oft antun. Bei knapper Kohle ist das eine tolle Geste der Eltern zu fragen: »Brauchst du was?« Das tut richtig gut. Auch so ein Anruf: »Wir setzen uns jetzt ins Auto und kommen zu dir.« Das fehlte mir. Die Ansage: »Wir machen uns Sorgen um dich. Wir kommen jetzt mal, um zu sehen, ob es dir gut geht.« Dann ist alles paletti.

Im Herbst 2000 waren die beiden mit Florian auf der Expo, und ich war völlig baff, dass sie mich nicht mal gefragt hatten, ob ich mitkommen will. Die Expo war etwas Besonderes, nicht so was wie Pilze sammeln gehen oder grillen bei Freunden. Allein hätte ich mir das nie leisten können. Als ich meine Mutter dort über Handy erreichte, fiel sie aus allen Wolken, als ich ihr sagte, wie gerne ich mitgekommen wäre. Eine halbe Stunde später rief sie mich an, sagte, dass sie mir eine Fahrkarte spendieren, und ich fuhr hinterher.

Für sie war ich eben erwachsen, und wenn von selber keine Angebote kommen, kann man nichts machen. Aber es fehlte mir. Mama war sehr viel unterwegs, arbeitete von 1995 bis 1996 in München, und Vater war mit Florian allein zu Haus. Auch er ging davon aus, dass ich ohne sie gut klar komme.

Wenn ich einmal Vater bin, will ich vom ersten Schrei an da sein für mein Kind. Mein biologischer Vater war ein voll mit sich beschäftigter Mann. Bei ihm war ich nur in den Sommerferien. Der andere war mehrgeteilt – zwischen seinen Söhnen aus erster und zweiter Ehe und mir, seinem Stiefsohn, seinem Job, seinen Eltern. Bei beiden rangierte ich erst an zweiter oder dritter Stelle. Es gab immer erst anderes zu klären. Probleme über Probleme an allen Fronten. Ich war nie unglücklich deshalb, aber der Idealzustand wäre für mich ein anderer gewesen. Ich hätte viel mehr an Input vertragen, mehr Zuwendung, mehr Aktionen, mehr Geschichten, mehr Wissenstransfer – nicht so verteilt auf viele. Ich konnte das einordnen, weil ich auch so gut versorgt war. Ich hatte viele Freunde, und das glich die Zurücksetzung aus. Außerdem war da meine Mama. Ich habe von ihr massenhaft Liebe und Anerkennung bekommen. Meine Bezugsperson war immer sie. Mama war und ist das einzig Wahre.

Wenn ich mal einen Sohn bekommen sollte, will ich ihm genauso viel Liebe schenken. Ich will ihm zeigen, wie man Fußball spielt, Auto fährt, sich rasiert. Bei einer Tochter stell ich mir alles ein bisschen schwieriger vor. Kann ein Vater ihr beibringen, wie man Zöpfe flicht? Ein Sohn wäre für mich eine große Herausforderung. Dem würde ich Durchsetzungsvermögen beibringen. Für ihn würde ich gern ein Kumpel sein, weniger ein strenger Vater. Eher ein Mentor, ein Vorbild, bei dem er begreift, wo es lang geht. Und wenn ich mal streng und herrisch sein muss, möchte ich, dass er versteht, warum.

Mit fällt es schwer, wichtige Entscheidungen zu fällen. Meine Väter haben mir das nicht vorgemacht. Die hätten mehr aus dem Nähkästchen plaudern müssen, wie sie ihr Leben in den Griff bekommen. Vater und Sohn intim – das wär's gewesen. Ich hatte aber Glück, dass ich keinen despotischen Zweitvater aufgehalst bekam. Das hätte ja auch passieren können.

Das wichtigste Alter für ein Kind ist zwischen zehn und zwölf. Da will es wissen: Was ist gut, was ist schlecht? Was ist im Umgang mit Leuten wichtig? Was ist überhaupt wichtig im Leben? Ist es das Geld, ist es die Freundschaft? Luxus kostet Nerven, kostet Kraft, und so viele Menschen leben in bitterer Armut. Die Essenz des Lebens kann es nicht sein, einen Porsche zu fahren und ein Haus mit Pool zu besitzen.

Reicht es nicht, ein Dach über dem Kopf, einen vollen Kühlschrank zu haben, jeden Tag unter der heißen Dusche stehen zu können? Alle sind so pervertiert, dass sie gar nicht mehr mitbekommen, was wirklich wichtig ist. Ich will später nicht zehn bis zwölf Stunden in einem Büro sitzen. Ich will morgens mein Kind zur Schule fahren und abends zu Hause sein, um mit ihm zu spielen und es danach ins Bett zu bringen. Ich will auch nicht, dass meine Frau ständig auf mich wartet. Abgekämpft nach Hause und keinen Bock auf nichts – das will ich nicht. Die Familie ist das Wichtigste. Die soll mir Kraft geben. Ich will nicht drei Jahre nach dem Studium einen 7er BMW fahren, um das Gefühl zu haben, richtig cool zu sein. Für mich ist ein Auto nur ein Mittel, um von A nach B zu kommen. Mehr nicht. Darüber habe ich als Kind sehr viel nachgedacht und auch mit meinen Eltern lange darüber geredet. Denen war es völlig egal, ob der Nachbar eine fettere Karre fuhr als wir. Wichtig war und ist, dass die Leute nett sind und nicht den dicken Max raushängen lassen. Da waren mir meine Mutter und mein Vater immer Vorbild.

Mit Mutter, Vater, Florian und mir lief alles bestens, aber toll wäre EINE Familie gewesen – mit dem richtigen Vater, dem richtigen Bruder, den richtigen Großeltern. Für meine angeheirateten Großeltern war ich immer das fünfte Rad am Wagen. Da gab es die leiblichen Enkel und mich. Ich gehörte für sie nicht wirklich zur Familie. Wenn sie in den Sommerferien mit den Enkeln auf den Bauernhof fuhren, nahmen sie die leiblichen zwei Wochen mit. Ich durfte für drei Tage nachkommen. Das war besonders in der Pubertät hart, weil man da ja schon alles peilt. Das verzeihe ich ihnen bis heute nicht. Inzwischen habe ich nicht ein Prozent Lust darauf, mich mit ihnen zu treffen und eine projizierte Bindung auszuleben.

Der Vorteil so einer Kränkung ist, dass man schon früh kapiert, dass nicht alles so läuft, wie man es sich wünscht. Man lernt, sich durchzusetzen und mit Menschen Beziehungen aufzubauen, die nicht die eigentliche Familie sind.

Eines steht trotzdem für mich fest: Ich will keine Patchworkfamilie.

Donna, 28, Bildhauerin

»Die Trennung von deiner Mutter hat wirklich nichts mit dir zu tun.«

Mutter, 57, Hotelfachfrau
Vater, 66, Fotograf
keine Geschwister

Meine frühe Kindheit war toll. Wir lebten in der Nähe vom Bodensee auf dem Land, direkt am Waldesrand. Gleich nebenan wohnte meine beste Freundin Meike, und wir spielten jeden Tag zusammen im Garten mit unseren Spielsachen oder Vater, Mutter, Kind. Sie war zwei Jahre älter als ich, und meine Eltern nahmen Meike oft mit, wenn wir am Wochenende Ausflüge machten. Leider zog sie weg, als ich fünf war. Sie fehlte mir sehr, weil ich so eine nahe Freundin erst wieder in der Schule fand. Wir sahen uns aber häufig am Wochenende. Mit vierzehn verlor sie dann das Interesse an mir. Das fand ich schade, weil meine Eltern weiterhin gerne Ausflüge machten und ich – ohne Meike – lieber zu Hause geblieben oder zu Freunden gegangen wäre. Mama und Papa wollten aber immer, dass ich mit ihnen was unternehme. Das hatte seine Gründe. Erstens wollten sie mich nicht allein lassen, zweitens brauchten sie mich als Pufferzone.

Meine Eltern waren nie zärtlich miteinander. Ich kann mich nur an ein einziges Mal erinnern, wo sie sich in meiner Gegenwart küssten. Sofort drängte ich mich dazwischen und sagte: »Ich möchte auch einen Kuss.« Da nahmen sie mich auf den Arm und drückten mich. Mein Vater küsste mich nie so mal zwischendurch, es gab auch keine innigen Umarmungen. Er schenkte mir nur einen »Gute-Nacht-Kuss«, und das war's. Nach dem Essen saß ich gern auf seinem Schoß. Mama wollte viel mehr mit mir kuscheln, aber das mochte ich nicht.

Unsere berühmten Sonntagsspaziergänge zu dritt am Bodensee waren jedenfalls das Letzte. Mein Vater lief ein paar Meter vor mir, weil sie wieder mal verkracht waren, Mama lief ein paar Meter hinter mir und ich mittendrin in dieser frostigen Atmosphäre. Ich hasste diese Spaziergänge.

Mein Vater hatte zu dieser Zeit längst ein Verhältnis mit einer anderen Frau. Renate. Mit der war er schon liiert, als ich noch im Buggy saß. Einmal ging er mit uns in ein kleines Eiscafé und stellte sie mir als seine Freundin vor. Ich wusste damals natürlich nicht, was das alles bedeutet.

Die Frau ähnelt sehr meiner Mutter. In der zweiten Klasse erzählten mir Kinder aus meiner Schule grinsend: »Wir haben gestern gedacht, deine Eltern sind in der Schwimmhalle. Dein Vater hat deine Mutter pausenlos ins Wasser geschmissen und die beiden lachten laut dabei. Erst als wir sie grüßten und die Frau nicht antwortete, haben wir gemerkt, dass es nicht deine Mutter ist.« Die wussten offensichtlich Bescheid.

Ich erzählte die Geschichte sofort meiner Mutter und sie regte sich sehr darüber auf, dass ich nun von seinem Verhältnis weiß. Ich wusste es doch aber schon vorher, dass sich Papa mit dieser Frau trifft. Dass es auch für Mama längst kein Geheimnis mehr war, begriff ich erst in diesem Moment.

Am Abend beschimpfte sie meinen Vater, wie rücksichtslos er seine Interessen auslebt.

Papa pendelte zu diesem Zeitpunkt wegen seines Jobs zwischen dem Bodensee und München, und einmal rief diese Frau doch am Montagmorgen tatsächlich bei uns an und fragte mich, ob mein Vater schon abgefahren sei. Das fand ich empörend, war aber unsicher, ob ich es Mama erzählen soll. Es hätte ja sein können, dass sie das alles wieder sehr aufregt. Ich sagte es dann aber doch und sie geriet völlig aus dem Häuschen. Wir führten lange Gespräche über diese Frau und zogen über sie her: Wie sie sich an Vater ranmacht, obwohl sie weiß, dass er eine Familie hat.

Mama floh häufig mit mir zu ihrer Mutter, wenn sie sich mit Papa in der Wolle hatte. Dann schnappte sie mich wie selbstverständlich, packte mich ins Auto und ab zu Oma. Später verbrachten wir fast jeden Sonntag bei ihr.

Meine beste Freundin in der Schule hatte bereits erlebt, wie sich ihre Eltern trennten, weil sich der Vater in eine andere verliebt hatte. Dieser gemeinsame Kummer schweißte uns richtig zusammen.

Als mein Vater in München arbeitete, hatten Mama und ich plötzlich mehr Freiheit. Wir aßen schon mittags warm, Mama musste abends nicht mehr kochen und konnte sich mit ihren Freundinnen verabreden. Im Gegensatz zu Papa führten wir ein beschauliches Leben. Wenn der am Wochenende kam, war er kaputt durch den Stress im Job, wollte eigentlich nur noch seine Ruhe. Doch die beiden stritten sich pausenlos. Trotzdem dachte Mama darüber nach, ob es nicht besser wäre, zu ihm nach München zu ziehen. Sie sah ihre Aufgabe darin, unsere Familie zusammenzuhalten und tat alles, um uns ein schönes Zuhause zu geben.

Ein Jahr pendelte er zwischen dem Bodensee und München, dann schmiss er den Job und kam zurück zu uns. Er war ein Jahr arbeitslos, konnte nicht mehr so schnell Fuß fassen. Meist schwieg er. Das Klima zu Hause war frustrierend.

Genauso frustrierend war, dass seine Freundin nun hin und wieder an unserem Haus vorbeilief. Sie wohnte auf einmal ganz bei uns in der Nähe, nur drei Straßen weiter. Ich fand ihre genaue Adresse heraus und habe mir mit meiner besten Freundin ihr trautes Heim von außen angeguckt. An ihrem Namensschild sah ich, dass sie verheiratet war.

Auch das erzählte ich meiner Mutter und sie nahm es hin. Weil wir in einem kleinen Dorf wohnten, trafen wir sie manchmal beim Einkaufen, und ich hatte stets Angst davor, mit ihr reden zu müssen. Oft sprachen die Nachbarn meine Mutter an: »Wir haben Ihren Mann neulich mit einer Frau gesehen. Erst dachten wir, dass Sie es sind.« Ich vermute, dass die Frau bewusst in unsere Nähe zog.

Mein Vater ging dann jeden Samstag zum Bartschneiden, anschließend ins Schwimmbad und fragte mich nie, ob ich mitkommen will. Auch nicht, wenn er am Sonntag noch einmal zum Schwimmen ging. Einmal fuhr ihm Mama mit mir hinterher und fing die beiden dort ab. Die Frauen schrien sich an. Meine Mutter: »Ich will mit Ihnen reden!«, und Vaters Geliebte: »Lassen Sie uns doch einen Kaffee miteinander trinken.« Mein Vater schnappte mich, fuhr mit mir wortlos nach Hause und ließ die beiden streitend zurück. Mir war das Verhalten meines Vaters peinlich. Dieser Frau ganz offensichtlich nicht, denn nun drehte er jeden Abend nach dem Essen noch eine Runde mit dem Fahrrad.

Einmal verfolgten wir ihn wieder, nachdem er um die Ecke gebogen war, und Mama holte die beiden auf einem verwunschenen Feldweg endlich ein. Sie raste dermaßen, dass ich nicht hinterherkam. Deshalb fuhr ich zurück nach Hause und schloss mich dort in mein Zimmer ein. Nach einer Weile hörte ich die drei im Wohnzimmer streiten. Für ein Kind ist so was die Hölle. Ich hatte panische Angst, dass etwas Schreckliches passiert.

Papa telefonierte auch oft heimlich mit seiner Geliebten. Er schlich dafür zwar nach oben in sein Arbeitszimmer, wo noch ein Telefonapparat stand, aber ich bekam das trotzdem mit. Einmal war ich so wütend, dass ich das Kabel aus der Wand zog. Da kam er herunter und sagte, dass er mir ein paar Fotos aus dem letzten Urlaub zeigen wolle. Ich setzte mich aufs Sofa, guckte sie mir an und er steckte das Kabel wieder in die Buchse und ging erneut telefonieren. Mir war klar, dass er mich so nur austricksen wollte, aber mit den Fotos hatte er mich um den Finger gewickelt.

Mama hielt das aus, weil sie hoffte, dass er sich eines Tages für uns, seine Familie, entscheidet und diese andere Frau verlässt. Aber er stand noch lange zwischen ihnen.

Einmal klingelte am Nikolaustag ein Bote an unserer Haustür und übergab Mama zwei Flugtickets für eine Reise nach Venedig – für Mister und Misses F. Meine Mutter wusste von gar nichts. Sie nahm sie aber entgegen und überreichte sie am Frühstückstisch meinem Vater. Natürlich stritten sie sich wieder und – beließen alles beim Alten. Vater flog mit seiner Freundin nach Venedig und kaufte dort – wie praktisch – gleich Weihnachtsgeschenke für uns ein. Zum Beispiel die berühmten Millefiori-Perlen, aus denen ich für Mama und mich zwei schöne Ketten bastelte. Die haben wir heute noch.

Trotz dieser Demütigung bemühte sich Mama, das Weihnachtsfest für uns so schön wie möglich zu gestalten. Ich schmückte mit Papa den Baum, sie kümmerte sich um das Fondue. Vor dem Essen gingen wir wie jedes Jahr gemeinsam in die Kirche. Ich war damals zwölf Jahre alt. An diesem Heiligabend, dem hochgepriesenen Fest der Familie, herrschte eine eisige Stimmung zwischen uns. Wir hörten klassische Musik, packten unsere Geschenke aus und aßen Fondue.

Eine Zeit lang töpferte Mama, um sich abzulenken. Sie saß in unserer großen Küche und töpferte und töpferte Teller, Schüsseln, Vasen. Als im Haus nirgendwo mehr Platz dafür war, wollte sie die für ein Dorffest spenden. Beim Einpacken dieser fragilen Ware gerieten sich die beiden aber so in die Haare, dass Papa das meiste davon auf dem Fliesenboden zerdepperte.

Sie reizte ihn aber auch häufig bis aufs Äußerste. Einmal bereitete sie Meerrettich mit Sojasauce zu, während er kochte. Zwischendurch hielt sie ihm den Teller mit dem Meerrettich unter die Nase und fragte: »Willst du nicht mal kosten?« Und obwohl er klar und deutlich nein sagte, hielt sie ihm den Teller immer und immer wieder unter die Nase, bis er ihr den ins Gesicht schmiss. Ich hörte es erst scheppern, kurz darauf stand sie bei mir im Zimmer. Als ich sie sah, dachte ich zuerst, ihr Hals sei voller Blut – wegen der Sojasauce. Mama war so unter Schock, dass wir zu ihrer Freundin flohen. Ich wollte unbedingt raus aus dem Haus. Nach einer Stunde kamen wir zurück, setzten uns zu dritt an den Tisch und aßen gemeinsam. Die Luft zwischen den beiden war wieder mal rein – bis zum nächsten Ausbruch. Nichts von all dem wurde je diskutiert. Für Außenstehende ist das sicher nicht nachvollziehbar. Für mich eigentlich auch nicht. Es war schrecklich.

Als Einzelkind erträgt man das viel schwerer als mit einem Bruder oder einer Schwester, mit denen man den Kummer teilen kann. Man ist mit dieser Situation so alleine. Die beiden stritten sich auch immer zu Zeiten, wo ich mich nicht mehr mit jemandem treffen konnte, um zu reden.

Weil sie voller Misstrauen gegenüber meinem Vater war, begann Mama später auch permanent zu kontrollieren, was ich so mache.

Mit sechzehn las ich gerne den »Stern« und plötzlich versteckte sie den vor mir. Das regte mich so auf, dass ich im Badezimmer einen Wasserhahn aus der Wand riss. Als sich mein Vater am Abend die Zähne putzte, merkte er es. Die beiden brüllten sich an und auf einmal war ich nicht mehr ihre Tochter, sondern nur noch die des anderen. In dieser Nacht bin ich abgehauen und übernachtete bei einer Freundin. Als ich am nächsten Tag nach Hause kam, war alles wie immer.

Ich zog mich mehr und mehr zurück, las viel, spielte Klavier, lebte mein eigenes Leben. Nur mit meiner besten Freundin redete ich ständig über meine Situation zu Hause. Zum Beispiel, wie komisch ich es fand, dass meine Eltern noch ein gemeinsames Schlafzimmer hatten.

Abends und am Wochenende ging ich meist weg. An einem Samstag kochte Mama für uns, aber ich war verabredet. Als ich es ihr sagte, verkündete auch mein Vater, dass er ein Date hat: »Ich gehe mit Renate ins Kino.«

Mama saß dann im Wohnzimmer und klagte, dass wir sie doch nicht so allein zurücklassen könnten. Ich hatte aber keine Lust, für sie Verantwortung zu übernehmen. Was da mit den beiden geschah, konnte nicht mein Problem sein, sondern nur das meiner Eltern.

Als ich in dieser Nacht nach Hause kam und mein Fahrrad in die Garage stellte, war das Auto meines Vaters weg. Ich wusste sofort, dass er uns nun für immer verlassen hatte. Alles war so zugespitzt, dass es ja eigentlich klar war, dass es irgendwann kracht. Mama hatte ihm schon einmal die Sachen vor die Tür gestellt, aber damals war er noch unfähig, eine endgültige Entscheidung zu treffen, zu wem er gehört. Er hatte darauf gewartet, dass ihm das jemand abnimmt. Vielleicht hatte das Mama an diesem Abend getan, aber sie redete nicht mit mir darüber. Ob sie zwischendurch selbst mal einen Freund hatte, weiß ich auch nicht. Ich jedenfalls riet meiner Mutter immer, sich von Papa zu trennen. Nun war es passiert.

Nach der Trennung sah ich meinen Vater regelmäßig, und so unter vier Augen lernte ich ihn eigentlich erst richtig kennen. Bei unserem ersten Treffen fragte ich ihn, wie er mich in dieser Situation, wo Mama durch die Konflikte so unausstehlich geworden war, mit ihr alleine lassen konnte. Er gab mir keine Antwort darauf, jedenfalls keine, an die ich mich erinnern kann. Aber ihn plagten wohl Schuldgefühle, denn er überließ ihr alles, auch das Haus.

Meine Mutter war nach Papas Weggang ein Nervenbündel, völlig fertig. Sie ging wegen jeder Kleinigkeit an die Decke. Ich musste die Lücke füllen, die mein Vater hinterlassen hatte, war ihre einzige Bezugsperson. Weil sie den Kampf um meinen Vater, gegen die andere Frau, verloren hatte, litt ihr Selbstwertgefühl sehr. Sie brauchte zwei Jahre, um sich davon zu erholen.

Wenn ich einen Freund hatte, war sie eifersüchtig. Wenn ich über Nacht wegblieb, konnte sie nicht schlafen. Wenn ich am nächsten Morgen nach Hause kam, fiel sie vor mir auf den Boden und sagte: »Ich hatte solche Angst um dich, ich konnte kein Auge zumachen.«

Ich fand es fürchterlich, dass sie sich nicht zusammenriss. Wenn ich dann in meinem Zimmer saß und lernte, legte sie sich auf mein Sofa und machte Mittagsschlaf. Ihre Begründung: »Ich bin völlig erschöpft durch deine Rücksichtslosigkeit, mir nicht zu sagen, wo du bist.«

Zum Glück ging sie wieder im Hotel arbeiten und das machte ihr Spaß, obwohl ihr der Einstieg in den Beruf zuerst schwer fiel.

Der Kontakt zu meinem Vater blieb gut, obwohl er inzwischen mit seiner Freundin zusammenlebte. Ich wäre auch mal mit den beiden essen gegangen, aber ich wusste, wie weh Mama das tun würde. Deshalb wagte ich es erst, als ich 24 war. Es fiel mir schwer, ihr gegenüberzutreten, weil ich soviel Hass auf sie in mir hatte. Vater spürte meine Abneigung und sagte zu mir: »Die Trennung von deiner Mutter hat wirklich nichts mit dir zu tun.« Was für eine abstruse Logik.

Aber Renate war und ist die neue Lebensgefährtin meines Vaters und irgendwie musste ich das akzeptieren. Ich traf die beiden mal in der Straßenbahn. Sie wirkten sehr verliebt und ihre Hand lag auf Papas Knie. Das kannte ich von meinen Eltern gar nicht. Er ist glücklich mit ihr. Als ich ihn fragte, warum er sich nicht schon früher für sie entschieden hätte, kam als Argument: »Ich wollte bei deiner Mutter bleiben, bis du achtzehn bist.«

Ich wünsche mir für mein eigenes Leben, dass mir so etwas nie passiert. Mein Vater meint, dass jeder Mann neben der Frau am Herd noch ein heimliches Abenteuer hat. Auf so eine Partnerschaft lege ich keinen Wert. Ich will mit meinem Partner reden können. Über alles. Das wird mir sicher schwer fallen. Wenn zwischen meinem Freund und mir eine komische Stimmung ist, dann merke ich das zwar, kann meine Gefühle aber nicht in Worte fassen. Das muss ich lernen. Auch, auf den anderen zuzugehen.

Ich habe meinem Vater inzwischen verziehen. Er versteht sich mit dieser Frau viel besser als mit Mama. Renate ist eigentlich eine liebe Person. Ich habe versucht, mich in sie hinein zu versetzen: Ihr Mann war Alkoholiker, sie konnten zusammen keine Kinder bekommen und deshalb hoffte sie, dass sich mein Vater irgendwann für sie entscheidet. Ihre Hoffnung erfüllte sich, aber jetzt ist er Rentner, sie erst fünfzig und muss das Geld für sie beide verdienen. Sie musste auf ihn warten, bis er ein alter Mann geworden ist.

Neulich trafen wir uns auf einen Kaffee. Eigentlich wollte ich sie fragen, wie es IHR damals ergangen ist. Aber dann zog ich es vor, die Stunde mit ihr für einen angenehmen Smalltalk zu nutzen. Ich streute nur zwei ganz direkte Fragen ein, die sie mir auch beantwortete: Die beiden sind glücklich miteinander, sie werden für immer zusammenbleiben.

Gut.

Niklas, 28, Architekt

»Das eigene Elternhaus zu demontieren ist krass.«

Mutter, 59, Medizinerin
Vater, 61, Mediziner
eine Schwester, Sophie, 30, Lehrerin

Im Sommer 1995 waren wir mit der Familie bei Freunden in Frankreich, um ihre Hochzeit gemeinsam zu feiern. Auf der Rückfahrt sagte uns Vater, dass er noch ins Krankenhaus zu einer wichtigen Visite müsse. Mutter erstarrte und eröffnete uns zu Hause, dass er eine andere Frau hat. Sie sagte es uns in diesem Moment, weil sie es so ungeheuerlich fand, dass er uns mit dieser angeblichen Visite belog. Er besaß schon längst eine Position, wo er Visiten und Nachtschichten selbst bestimmen konnte. Das wusste ich aus eigener Erfahrung. Ich kann mich daran erinnern, wie er einmal telefonisch gebeten wurde, die Nachtschicht für einen Kollegen zu übernehmen. Er lehnte das mit der Begründung ab: »Das geht nicht. Mein Sohn ist krank, und da muss ich für ihn da sein.« Das konnte er sich leisten. Vater hatte seit 1993 dieses Verhältnis mit der anderen Frau. Seit 1994 wusste es Mutter. Er erzählte es ihr, weil er gerne beide Frauen, also eine Dreierbeziehung, haben wollte. Als sie es uns in diesem Sommer 1995 sagte, war meine erste Reaktion: »Hey, die will ich kennen lernen. Die muss ja was ganz Besonderes sein, wenn er mit der ein Verhältnis hat.« Für mich saß er damals noch auf dem Thron. Alles was er tat, interessierte mich.

Gleich nachdem ich das gesagt hatte, schämte ich mich dafür, denn meine Mutter war sehr deprimiert über mein Verhalten.

Vater war ihr erster Mann und sie seine erste Frau. Die beiden waren zwanzig, als sie sich kennen lernten. Für Mutter ist Vater der Mann ihres Lebens. Sie lebten 27 Jahre zusammen und sind inzwischen seit über 30 Jahren verheiratet. Ich sah ihr Leid, dann kam bei mir der Schock. Ich fühlte mich betrogen um all die Werte, die er mir beigebracht hatte. Als ich anfing erwachsen zu werden, wollte er eine Freundschaft zwischen uns. Als ich von der anderen Frau erfuhr, war das vorbei. Wir waren wieder Vater und Sohn. Mein Vater hat den Anspruch, sich mit mir genauso gut zu verstehen wie sein Vater mit ihm. Mich hob er in den Himmel, meine Schwester butterte er unter, worunter sie sehr litt. Ich habe meinen Anteil an ihrem Kummer. Manchmal provozierte ich sie solange, bis sie heulte, und dann putzte er sie jedes Mal runter. Dafür sollte ich mich bei ihr entschuldigen. Ich nutzte diese Bevorzugung jahrelang aus.

Meine Kindheit in Freiburg war schön. Behütet. Nur in der Pubertät empfand ich meinen Vater als einengend, weil es für alles und alle genaue Vorschriften gab. Er selbst wollte sie nicht als autoritäre Verbote von mir verstanden wissen, sondern wünschte sich, dass ich sie einsehe und verstehe. So musste ich stets um Mitternacht zu Hause sein, weil er sonst nicht zur Ruhe käme. Das könne er sich bei seinem harten Job nicht leisten, deshalb müsse ich darauf Rücksicht nehmen. Wir seien als Familie eine Gruppe, müssten zu einander stehen, um das Leben mit all seinen Anforderungen meistern zu können. Verlässlichkeit war das oberste Gebot unserer Gemeinschaft. Und genau dieses Gebot, diesen gemeinsamen Wert, brach ausgerechnet er.

Er sprach mit mir nie über den Betrug. Er wusste, dass es uns Mutter gesagt hatte, aber er nahm nie dazu Stellung. Er wohnte noch bei uns und sagte kein Wort. Ich schrieb ihm deshalb einen Brief, indem ich ihm schilderte, wie betrogen ich mich fühlte. Wie er uns zur Verlässlichkeit erzog und dann so handelte. Dass er das alles über den Haufen geworfen hat. Hier ist der Brief:

»Als mir vor nunmehr fast drei Wochen meine Mutter – Deine Frau – die Geschichte Eurer Krise erzählte, durchzogen mich diffuse Gefühle jeglicher Art:

Von der Erleichterung über die Erlösung aus der quälenden Ungewissheit über totale, panische Verwirrung – Von anregender Aufregung über das Neue, Wahnsinnige der Situation

Über abstoßende Verneinung – Vom Versuch des Verstehens

Über tiefe Trauer, Finsternis, Verlorenheit –

Du siehst, mein Herz, meine Seele hatte sich in diesen Minuten in ein riesiges Brachfeld verwandelt –

In meinem kindlich? / kindischen? Glauben an Dich? habe ich die folgenden Tage immer ungeduldiger auf eine Stellungnahme, eine hinweisende, bekennende Geste gewartet – Bis jetzt umsonst.

Jeden Tag wird meine Trauer größer. Ist es nicht die Pflicht eines Freundes, nach so einem Vorfall Stellung zu beziehen? Auch wenn es nicht leicht ist? Hast Du nicht Ehrlichkeit meine ganze Jugend über als unendlich wichtig betont?

Muss ich nicht jeglichen Glauben verlieren, wenn ich sehen muss, wie die so wichtig, so edel geglaubten Ideale von Ehrlichkeit, Freundschaft und Moral in einer solchen Situation so kühl und so vollkommen übergangen werden?

Muss ich da nicht das Vertrauen, den Glauben an den Freund zumindest in Frage stellen?

Lange habe ich gezögert, diesen Brief abzuschicken – lange habe ich gewartet; – trotzdem musste ich es tun, vielleicht aus eben diesen von Dir so lange propagierten Idealen.

Viele Fragen entstehen in mir, auf die ich Antworten suche. Antworten von Dir. Wie soll ich mit Dir – meinem Vater und Freund – ein ernsthaftes Gespräch führen könne, wenn soviel Unausgesprochenes für mich unklar zwischen uns steht?

Wie gesagt: Ich hätte mir gewünscht, keinen derartigen Hilferuf ausstoßen zu müssen – es erschien mir als Pflicht des »Freundes.«

Niklas

Vater sagte mir zwar, dass er den Brief gelesen und mir auch geantwortet hätte, aber seine Zeilen lägen seither in der Schublade.

Im Herbst 1995, nur ein paar Wochen nach diesem familiären Desaster, ging ich wie geplant nach Berlin und studierte dort Architektur.

Als mein Vater 1997 in eine eigene Wohnung zog, nahm er nichts mit. Kein Buch, keine CD, nichts. Unser Nest, oder besser: die Hülle, blieb bestehen. Das stellte er als Fürsorge für uns dar. Zur gleichen Zeit trennte sich eine langjährige Freundin von mir und ich hatte nun gar kein Rückzugsgebiet mehr. Die Freundin war weg, der Vater war weg, meine Schwester studierte bereits in einer anderen Stadt. Meine Mutter blieb allein in dieser Hülle zurück.

Der Kontakt zwischen ihr und mir blieb eng. Ich hielt zu meiner Mutter, erzählte ihr fast alles, was mich bewegte. Und sie erzählte mir alles, was sie quälte. Ich übernahm die Rolle des Vaters im Haus, wenn ich sie besuchte. Es gab ständig etwas zu reparieren.

Ich war aber froh, schon vor dem Weggang meines Vaters ausgezogen zu sein, denn vielleicht hätte ich meine Mutter nicht verlassen, wenn sie schon damals allein gewesen wäre. Ich machte 1997 auch meinen Motorradführerschein, obwohl Vater absolut dagegen war. Er wollte es mir ausreden, aber er war längst entthront. Meine Schwester war anfangs auf seiner Seite, hatte zu ihm nun ein besseres Verhältnis als ich. Das hat sich inzwischen geändert.

Nach dem Studium lebte ich 2002 noch einmal für ein halbes Jahr bei meiner Mutter und begann, mein Elternhaus aufzulösen. Das ging uns an die Nieren, war zuviel für uns beide. Das eigene Elternhaus zu demontieren ist krass. Es steht jetzt leer, und Mutter lebt in einer kleinen Wohnung. Sie will das Haus loswerden, sich nicht mit irgendwelchen Mietern herumschlagen. Ich dagegen wehre mich, es zu verkaufen. Damit hätte ich ein emotionales Problem. Aber wohnen möchte ich nicht darin. Meine Schwester auch nicht. Nur mein Vater fragte mich einmal, was ich davon hielte, wenn er da mit seiner neuen Frau einziehen würde. Ich sagte: »Du bist ein Idiot. Das kann doch gar nicht funktionieren.« Er ließ es dann auch. Aber nicht mir zuliebe, sondern wegen der emotionalen Altlasten.

Zu seiner neuen Frau habe ich gar kein Verhältnis. Ich erwarte auch, dass er nicht erwartet, dass ich sie akzeptiere. Wenn Vater und ich uns treffen, komme ich gerne zu ihm, aber nur unter der Bedingung, dass wir eine gewisse Zeit nur für uns haben. Die neue Frau von ihm ist 36, damit sechs Jähre älter als meine Schwester, und die beiden haben einen einjährigen Sohn. Der Kleine ist offensichtlich ein Männerfreund. Er kommt gern zu mir, tatscht mich an und versucht, auf meinen Schoß zu klettern. Ich finde ihn als Kind süß, aber er ist kein Halbbruder für mich, denn ich brauche einen Menschen, mit dem ich reden kann. Einerseits lehne ich das Kind als Kind dieser Frau ab, andererseits fühle ich mich zu ihm hingezogen. Er ist unschuldig an all dem. Aber diese Frau und dieses Kind sind losgelöst von meinem Vater.

In einem Streit beschimpfte ich meinen Vater einmal böse und verletzte seine Gefühle damit. Aber anstatt sich verbal zu wehren oder zu rechtfertigen, erklärte er mir, warum er so still hält: Wenn der alte Löwe (er) den jungen Löwen (mich) im Streit tötet und frisst, ist das pervers, weil der junge Löwe in der Natur für den Fortbestand des Rudels sorgt.

Ich habe das Bild weiter gesponnen: Es ist normal in der Natur, dass der junge Löwe irgendwann den alten Löwen frisst. Wir Menschen-Kinder dagegen haben die Möglichkeit, unsere Eltern auch dann weiter zu lieben, wenn wir von ihnen schon längst unabhängig sind, und sie im Alter gegebenenfalls zu pflegen. Das ist aber ein menschliches Geschenk. Ich als Menschen-Kind entscheide, ob ich das tue, nicht die Eltern. Was ich sagen will, ist Folgendes: Es liegt an meinem Vater, mich zu akzeptieren und mich damit als Sohn emotional zu bewahren. Ich kann zunehmend ohne ihn leben. Wenn er mich und meine Bedingungen nicht annimmt, verliert er den Sohn, der sich aus Liebe noch um seinen Vater kümmert, auch wenn der schon alt und senil ist.

Eine meiner Bedingungen ist zum Beispiel, dass er akzeptieren muss, dass ich diese Frau nicht akzeptiere. Mein Verhältnis zu ihr ist rein virtuell. Ich benutze nie ihren Vornamen. Wenn ich mit meinem Vater über sie spreche, nenne ich sie bei ihrem Nachnamen. Die beiden sind nicht verheiratet. Ich brauche diesen emotionalen Abstand zu ihr. Vater sagt zwar: »Deine Mutter ist die Frau meines Lebens«, aber das nutzt ihr gar nichts.

Als mich mein Vater im April 2000 in Berlin besuchte, sagte ich ihm: »Das Schlimmste, was du mir antun kannst, ist, wenn du mit dieser Frau noch ein Kind in die Welt setzt.« Bei diesem Gespräch wusste er schon, dass er noch einmal Vater wird, sagte dazu aber kein Wort. Nach zwei Stunden ging er und hatte auf der Fahrt nach Hause einen Unfall.

Er schrieb wenig später meiner Mutter in einem Brief, dass er ihr etwas sagen muss, was sie und die Kinder betrifft. Wir vermuteten, dass er entweder krank sei oder ihm gekündigt wurde oder diese Frau schwanger ist. Als wir es erfuhren, sagte meine Mutter: »Das Kind betrifft mich nicht, aber für euch ist es ein biologischer Konkurrent.«

Vater sucht ständig den Kontakt zu unserer Mutter, aber danach geht es ihr jedes Mal schlecht. Sie erlebt ihn immer noch als ihren Mann, lernt auch keinen anderen kennen. Es ist weiterhin eine große Nähe zwischen den beiden. Er erzählt ihr alle seine Sorgen: Von seiner Angst, dass ihn diese Frau vielleicht irgendwann verlässt, und worüber sie sich streiten. Das tut ihr weh, aber sie schmeißt ihn nicht raus. Und die Neue ist extrem eifersüchtig, wenn er sich mit Mutter trifft. Das gefällt mir nun wieder, und deshalb bestärke ich sie: »Wenn du ihr eins auswischen willst, verabrede dich so oft wie möglich mit ihm.«

Vater besaß bis zuletzt einen Schlüssel zu unserem Haus. In der neuen Wohnung hängte er Mutter zwar die Lampen an die Decke, aber beim Umzug half er nur wenig. Ich wies ihn deshalb zurecht: »Kannst du nicht wenigstens einmal einen Termin absagen?« Und er antwortete: »Genau deshalb habe ich euch verlassen – wegen dieser Kommunikationsprobleme.«

Die hat aber eindeutig er.

1997 hatte seine Neue ihre Jacke in Vaters Auto hängen lassen, als die beiden von einer gemeinsamen Reise zurückkamen. Das tat sie mit Absicht, da bin ich mir sicher. Sie wollte uns damit ein Signal setzen: »Ich bin da, er hat eine andere Frau.« Als er und ich am nächsten Tag mit seinem Auto unterwegs waren, hörte er nebenbei seine Mailbox ab, wo sie tatsächlich nach ihrer Jacke fragte.

Als ich noch klein war und Vater stets sehr früh in die Klinik fuhr, ging ich ihm eine Zeit lang in meinem Schlafanzug hinterher in die Garage, umfasste ihn und sagte: »Auf Wiedersehen, Papa, und komm heute Abend wieder.« Später erzählte er mir, dass er sich in dieser Zeit tatsächlich gefragt hätte: »Ist das mein Leben?« Er wäre damals gern ausgestiegen, hätte am liebsten seine Familie und seinen Job verlassen, um für neue Erfahrungen offen zu sein, der Routine zu entgehen. Er wollte weg, aber in der Theorie träumte er von so etwas wie einer Zeitreise beziehungsweise einem zeitbezogenen Aussteigen ohne die emotionalen Spuren in der Realität. Es war ihm natürlich klar, dass so etwas nicht funktioniert und deshalb blieb er.

Bis er sich eines Tages doch von uns löste. Bei allem Schmerz – die Trennung war gut für mich. Vater war sehr dominant, saß mit uns am Abendbrottisch und monologisierte. Erst nach der Loslösung von ihm lernte ich, selbst zu denken. Und: Meine Mutter hätte nie wieder angefangen zu arbeiten ...

Familie kann gut sein, aber nur, wenn man den anderen leben lässt. Ich war mit der Familie im Hintergrund deutlich beschränkter in meiner Weltsicht, lebte wie in einem Kokon. Hoffentlich schadet mir diese Erfahrung nicht, denn ich habe nun die Sorge, dass ich mich eines Tages zu leichtfertig von einer Frau oder einer eigenen Familie trennen könnte und damit Schuld auf mich lade. Oder mir das alles schön lüge.

Ich habe meinem Vater noch nicht verziehen. Die Andere hat jetzt ein besseres Leben mit ihm, als wir es hatten. Vor kurzem saß ich mit meinem Vater in der Sauna und fragte mich bei seinem Anblick: Was findet diese Frau, die kaum älter ist als ich, an diesem alten, verschrumpelten Mann? In vier Jahren geht er in Pension, da ist sie noch nicht mal vierzig. Und dann?

Elisabeth, 30, Hutmacherin

»Es gab nie einen Familienrat, um unsere Probleme zu besprechen.«

Mutter, 55, Lehrerin
Vater, Archivar, starb im Sommer 1989
Ein Bruder, Frank, 33

Wenn ich an den Vater meiner Kindheit denke, entstehen auch schöne Bilder in meinem Kopf. Er liebte die Natur, interessierte sich für alles, was auf Wiesen und Feldern blühte und gedieh, sammelte mit uns Beeren und Pilze im Wald und kletterte gern auf Berge. Im Urlaub übernachtete er mit uns am liebsten im Zelt, dann hörten wir dem Rauschen der Blätter zu oder guckten in die Sterne. Er war immer so fasziniert von allem, dass er mich regelrecht mitriss.

Mir gefiel auch, dass wir so frei durch unsere große Wohnung toben konnten. Wir kurvten mit unserem Roller durch alle Zimmer und spielten mit Freunden aus der Nachbarschaft unter Tischen und Bänken Versteck.

Das sind die schönen Bilder meiner Kindheit, die die hässlichen aber nicht verdrängen können. Mein Vater war schwerster Alkoholiker und zerstörte dadurch unsere Familie. Meine Mutter ließ sich 1980, zwölf Jahre nach ihrer Hochzeit, von ihm scheiden, weil sie das Leben mit ihm nicht mehr aushielt.

Ich kann mich noch sehr gut an einen Ausflug mit ihm in den Wald erinnern. Es war wahrscheinlich das letzte Mal, dass mein Bruder und ich mit unserem Vater gemeinsam unterwegs waren. Wir sammelten Beeren, aber plötzlich war er verschwunden. Frank und ich erschraken sehr, dachten, dass wir nun wie Hänsel und Gretel enden, denn allein hätten wir den Weg nach Hause nicht gefunden. Aber nach einer halben Stunde tauchte unser Vater wieder auf – sturzbetrunken. Er hatte die ganze Zeit nur hinter einem Baum gestanden und sich mit Wodka zugekippt.

Seine Alkoholattacken machten mir Angst. Vor allem, wenn die sich gegen meinen Bruder richteten. Mein Vater akzeptierte ihn nicht, weil er eine Tochter, keinen Sohn wollte. Er schlug Frank oft und bewusst. Nicht spontan, während eines Streits oder weil eine Situation eskalierte. Nein, er zelebrierte diese Schläge richtig. Wenn er ihn bestrafen wollte, rief er nach ihm: »Frank, komm in die Küche!« Dann musste mein Bruder seine Hosen herunterlassen, mein Vater holte den Teppichklopfer aus der Kammer und schlug zu. Das war der reinste Horror, denn mein Bruder war mir neben meinen Eltern der nächste, liebste Mensch. Und ich musste dabei zusehen!

Die angebliche Liebe meines Vater zu mir bestand darin, dass er mich nicht schlug. Meine Mutter begründete das später mit den Worten: »Er wollte dich, aber nicht deinen Bruder.« Das schockierte mich. Ich stand zwar stets im Mittelpunkt, aber ich kann nicht sagen, dass ich mich wie eine Prinzessin fühlte. Meine Mutter erzählte mir, dass mein Bruder einmal ein kleines Stöckchen in meinen Kinderwagen warf. Wahrscheinlich war er eifersüchtig, weil sich die beiden mehr um mich als um ihn kümmerten. Mein Vater bekam danach einen Tobsuchtsanfall.

Die Gründe meines Vaters für Aggressionen gegen meinen Bruder waren simpel: Es genügte ein falsches Wort, oder dass er etwas fallen ließ, und schon wurde er handgreiflich. Vielleicht ließ er damit all seinen Frust an meinem Bruder aus, der zwischen ihm und meiner Mutter herrschte.

Einmal schlug er auch sie und schloss uns davor in unser Zimmer ein. Als Vater noch bei uns lebte, versuchte sie meinen Bruder zu schützen. Nachdem er weg war, hackte sie auf Frank herum, sagte: »Du läufst wie dein Vater, du bist wie dein Vater.« Sie machte ihn schlecht, kränkte ihn – vielleicht noch tiefer als mein Vater!

Mutter konnte ihre eigene, sehr schlimme Kindheit und das schwierige Verhältnis zu ihrer Mutter nie verwinden. Ihren Vater kannte sie nicht. Sie war und ist schwach, immer auf der Suche nach einem Menschen, an den sie sich anlehnen kann. Ich als die Jüngste, das Mädchen, musste ihr Schicksal mit tragen. Sie sagte mir oft, wie viel sie vor uns verheimlicht, damit wir von all ihrem Leid nichts spüren, und im gleichen Atemzug: »Meine Kindheit war viel schlimmer als eure.« Sie verlangte von uns Trost und Verständnis für sie und ihre Situation.

1978 hielt meine Mutter die Aggressionen meines Vaters nicht mehr aus, wollte die Scheidung. Da machte er sofort eine Kehrtwende, schrieb ihr Briefe, in denen er sie in den Himmel hob, lobte, was für eine tolle Frau sie sei. Ja, das konnte er auch. Gleichzeitig hetzte er uns gegen sie auf: »Eure Mutter will sich scheiden lassen. Tut was, denn ich will euch nicht verlieren.«

Er war lieb zu uns, weil er uns brauchte, und wir rannten zu ihr und flehten: »Bleib bei ihm, denn er will nicht, dass unsere Familie auseinanderbricht.«

Und so verlor sie die gerade aufkeimende Kraft und ließ sich wieder auf ihn ein. Er ging in den Entzug, um ihr zu beweisen, dass er es ernst meint, aber kurz danach begann alles von vorne.

Ein schlimmes Erlebnis aus dem Jahre 1979 ist in mir haften geblieben. Ich kam aus dem Ferienlager, und meine Mutter holte mich allein vom Bahnhof ab. Auf dem Weg nach Hause erzählte sie mir, dass Vater meine Sparbüchse – ein kleiner Fliegenpilz aus bunter Plastik mit einem Türchen – zerstört hatte. Ich liebte diesen Fliegenpilz über alles, und er hatte ihn kaputtgemacht, weil er das Geld darin für seinen Alkohol brauchte. Meine Mutter sagte es mir, um mich auf diesen Verlust vorzubereiten. Damals dachte ich jedenfalls so. Vielleicht tat sie es aber auch, um ihm die Scham zu ersparen, wenn ich vor ihm in Tränen ausbreche. Ich war unendlich traurig, machte aber kein Theater deswegen und versuchte, das wegzustecken – ganz allein für mich.

Wenn Vater kein Geld mehr hatte für seinen Alkohol, verkaufte er mir und meinem Bruder regelmäßig ein paar Briefmarken aus seiner Sammlung, damit er wieder flüssig ist. Mir bot er welche mit Tieren darauf an, weil er wusste, das ich die niedlich finde. In dieser Zeit hauste er bereits mit seinen Platten und seinem Klavier in unserem Wohnzimmer und führte ein separates Leben. Ich hatte Verständnis. Für alles. Auch dafür, dass er nicht zu meiner Einschulung kam, weil er zu betrunken war. Das alles wurde verdeckt, verschwiegen, nicht thematisiert. Es gab nie einen Familienrat, um unsere Probleme zu besprechen. Ich sagte auch zu niemandem, dass mein Vater Alkoholiker ist und wie sehr ich darunter leide. Nach außen schien alles wunderbar.

Aber es war für uns alle klar, dass es eines Tages mit unserer Familie zu Ende geht. Wie bei jemand, der Krebs hat, den man zwei Jahre pflegt und weiß, dass er sterben wird.

1980 ließen sich unsere Eltern scheiden, und wir Kinder fanden uns wie schon so oft damit ab. Mein Vater zog bereits vor dem offiziellen Gerichtstermin aus.

Danach renovierten wir die Wohnung, teilten die Zimmer neu auf und lebten lange Zeit allein. Für meine Mutter war die Trennung von ihm zuerst eine Befreiung. Für uns partiell auch.

Es stellte sich aber schnell heraus, dass unsere Mutter überhaupt nicht belastbar war, ihr Leben nicht in den Griff bekam. Sie verlangte von uns, dass wir uns wie Erwachsene benehmen, erwachsen denken. Im Prinzip sollten wir ihre Probleme lösen. Durch ihre schlimme Kindheit und das schwierige Verhältnis zu ihrer Mutter war sie regelrecht traumatisiert. Die hackte auch ständig auf ihr herum: Sie hätte ihr ja gleich gesagt, dass das mit diesem Mann nicht gut geht.

Ein paar Wochen nach der Scheidung besuchte uns Oma und machte unsere Mutter aufs Allerschlimmste runter. Sie gab sich stark, führte ihr ihren neuen Freund vor mit dem Tenor: Guck mal, was ich hier für ein Prachtstück an meiner Seite habe. Das ist mein neuer Liebhaber.

Unsere Mutter saß heulend in der Küche und jammerte. Wir hörten in unserem Zimmer mit an, was unsere Großmutter, diese alte Schraube, ihr so alles zu sagen hatte. Mutter musste einstecken ohne Ende, sich wüste Beschimpfungen anhören – wie nutzlos sie sei, dass sie nichts, aber auch gar nicht auf die Reihe bringt. Oma ließ ihr eigenes verkorkstes Leben gnadenlos an unserer Mutter, ihrer Tochter aus. Als es uns reichte, versuchte mein Bruder, die Sicherungen herauszuschrauben. Er wollte, dass überall in der Wohnung das Licht ausgeht, wir im Dunkeln sitzen und endlich Ruhe ist. Es gelang ihm nicht. Irgendwann schliefen wir ein, erschöpft von dieser gnadenlosen Anklage. Am nächsten Morgen klopfte Oma an unsere Tür und sagte: »Wenn eure Mutter bis zum Nachmittag nicht aufwacht, holt einen Nachbarn.«

Danach verschwand sie mit ihrem Liebhaber. Unsere Mutter lag mit einer Überdosis Schlaftabletten im Wohnzimmer, von der wir natürlich nichts wussten. Wir standen vor der Couch, sahen ihr bleiches Gesicht, fühlten uns völlig hilflos, heulten und schüttelten unsere Mutter durch – voller Angst, dass sie nicht mehr aufwacht.

Damals ertrug ich das, aber vor anderthalb Jahren brauchte ich eine Therapie, um diese Erlebnisse, diesen Schmerz zu verarbeiten. Ich kann nicht begreifen, wie eine Mutter das ihren Kindern antun kann – selbst wenn ihr das Leben sinnlos erscheint. Wie kann man es darauf anlegen, dass einen die Kinder so vorfinden? Wenn man keinen anderen Ausweg sieht, muss man sie wenigstens weggeben, bevor man sich etwas antut.

Wir holten unseren Nachbarn, der gab ihr ein paar Ohrfeigen, und sie kam langsam wieder zu sich. Er rief einen Krankenwagen und schickte uns zur Schule. Ich schämte mich für die Verhältnisse, die bei uns herrschten. Ich fand unsere Familie asozial. Nicht im Sinne von schmutzig oder verlottert, sondern: nicht sozial.

Ein Arzt aus dem Krankenhaus rief drei Stunden später in der Schule an, wir wurden aus dem Unterricht geholt und die Lehrer überlegten gemeinsam, wo wir übernachten könnten. Die wussten, was los ist, und ich wollte in den Erdboden versinken. Hätte ich doch wenigstens sagen können: »Meine Mutter hat sich ein Bein gebrochen.« Das wäre tausendmal besser gewesen als bekennen zu müssen: Sie wollte sich umbringen. Ich habe nie verstanden, warum sie das tat.

Nach dem Krankenhaus ging Mutter sofort in eine Therapie. Zunächst kamen wir in ein Kinderheim. Die restlichen Sommerferien verbrachten wir in einem Ferienlager und bei Bekannten. WIR bekamen keine Therapie. Warum wurden wir nicht gefragt, wie es uns geht? Alle versuchten, uns abzulenken, aber niemand nahm uns in den Arm und fragte, wie es UNS geht. Nach der Therapie ging es unserer Mutter besser, aber die Kraft zu sagen: So, jetzt seid ihr dran, jetzt kümmere ich mich um euch, die hatte sie nicht wirklich. Sie bemühte sich nicht darum, in unsere Seelen hineinzuschauen. Auch die Eltern meines Vaters, also meine Großeltern, konnten sich nicht um uns kümmern, denn sie waren schon lange tot. Und bei der Mutter meiner Mutter hätte ich gern darauf verzichtet, ihr zu begegnen. Wir waren nie eine richtige Familie. Frank und mir blieb also nichts anderes übrig, als das alles zu verdrängen und uns mit den Problemen unserer Mutter herumzuschlagen.

Ich hatte niemanden, an den ich mich anlehnen, dem ich vertrauen konnte. Der Stein auf der Seele wuchs und wuchs auf Felsengröße. Mutter traf sich manchmal mit unserem Vater, um über den Unterhalt und die Alimente zu reden. Ein Jahr nach der Scheidung kam er Weihnachten vorbei, um mit uns Buletten zu essen – aus einer sentimentalen Phase heraus. Als ich Mutter bat, den Kontakt zwischen ihm und uns wiederherzustellen, sagte sie: »Euer Vater will das nicht.«

Erst 1988, ich war damals in der neunten Klasse, nahm mich meine Mutter zu einem Treffen mit, und ich war sehr aufgeregt. Als er uns verließ, war er 35, und ich hatte ein genaues Bild von ihm im Kopf: mein Vater, der große stattliche interessante Mann. Als ich ihn dann sah, war er klein, und das fand ich komisch. Ich kam mir ihm gegenüber irgendwie erhaben vor. Er sah aus wie Karl Marx, nur in dünn.

Als er mich in den Arm nahm, zerdrückte er mich fast, und ich verstand die Welt nicht mehr. Wieso hatte er meinen langgehegten Wunsch nach Begegnung nicht erfüllt? War meine Mutter daran schuld? Hatte sie gelogen, als sie behauptete, er wolle uns nicht sehen?

Als ich ihm von mir erzählte, starrte er mich die ganze Zeit an. Während des Treffens beschloss ich, mich wieder mit ihm zu verabreden. Er ging auf meinen Wunsch sofort ein und schlug vor, dass wir das nächste Mal zusammen Eis essen gehen. Das fand ich noch komischer, denn ich war sechzehn! Da will man mit seinem Vater kein Eis essen.

Ihm fiel aber nichts Besseres ein, und wir liefen mit ein paar Kugeln Schokoladeneis in unserem Kiez herum. Seine Wohnung wollte er mir nicht zeigen. Er wusste, wie er lebt, dass er nicht die Kraft hatte, sich aus diesen miesen Verhältnisse herauszuziehen. Aber er besaß genug Scham, mich damit nicht zu konfrontieren.

Wir setzten uns nach einem langen Spaziergang auf eine Bank, aber es kam kein Gespräch zustande. Er besaß keinen Fernseher, kein Radio, las keine Zeitung und wusste überhaupt nicht, was in dieser Welt los ist. Er war ein alter, verhutzelter Mann. Ich langweilte mich mit ihm.

Beim nächsten Treffen im Oktober, es war sehr kühl und regnerisch, ging er mit mir in den Tierpark. Als er für jeden Dienstag einen »Papatag« mit mir ausmachen wollte, fühlte ich mich bedrängt. Ich wusste nicht, wie diese regelmäßigen Treffen aussehen sollten, denn ich hatte völlig andere Interessen als er und wollte auch nichts mit ihm aufarbeiten. Trotzdem versprach ich, ihn anzurufen.

Nachdem wir die Prüfungen der zehnten Klasse bestanden hatten, machten wir unsere Abschlussfahrt nach Petersburg. Es war meine erste Auslandsreise, und ich schrieb meinem Vater eine Postkarte, weil er so fasziniert war von anderen Ländern.

Diese Postkarte fand man neben ihm auf der Couch, auf der er im Sommer 1989 an einer Lungenentzündung starb. Ein Arbeitskollege fand ihn dort. Mein Vater war drei Tage nicht im Büro erschienen, und er wollte schauen, wo er blieb, ob irgendetwas passiert sei. In seinem Job packte mein Vater wohl alles und trank dort nicht. Der Mann informierte meine Mutter, die alles Weitere regelte. Mich quälten schreckliche Schuldgefühle, als ich von seinem Tod erfuhr: Hätte ich ihm vielleicht doch helfen können oder sogar müssen, obwohl ich noch ein Kind war?

Als ich das erste Mal seine Wohnung betrat, war sie schon relativ aufgeräumt. Trotzdem machte alles einen chaotischen, zerrütteten Eindruck. Überall verstreut vergammelten alte Hühnerknochen. Nur auf dem Sofa lag sauber und gepflegt zwischen all dem Müll meine Karte aus Petersburg, als hätte ich sie gerade erst abgeschickt. Ich habe es nicht selbst gesehen, aber meine Mutter erzählte es mir, und ich glaube, es wäre besser gewesen, sie hätte es nicht getan. Ich wollte es nicht wissen. Dieses Bild im Kopf werde ich wohl nie wieder los.

Weil mein Vater schon tot war, als man ihn fand, wissen wir noch nicht einmal den genauen Tag, an dem er starb. Nur: Mitte Juli 1989. Ich verstehe nicht, warum die Gerichtsmedizin so etwas nicht herausfinden kann.

Die Beerdigung fand kurz nach meinem siebzehnten Geburtstag statt. Mein Bruder suchte nach einem Grabredner, schrieb ihm Vaters Lebensdaten auf, und es stellte sich heraus, dass der Mann mit ihm studiert hatte. Er hielt eine sehr emotionale Rede, aber von den vielen Leuten, die sie hörten, war ich die Einzige, die weinte, ihre Trauer offen zeigte.

Mutter hatte die Beerdigung zwar organisiert, aber ich wusste, dass ab sofort ich die Gießkanne in der Hand habe und zu Vaters Grab gehen werde. Dadurch war ich ständig mit seinem Tod und meinen Gewissensqualen darüber konfrontiert: Warum ist das alles so gekommen? Wie hätte ich meinen Vater vor dem Untergang bewahren können? Hätte ich ihn als unmündig erklären lassen sollen, damit er therapiert wird und raus kommt aus dieser ganzen Scheiße?

Anfangs war ich jede Woche an seinem Grab, brachte ihm frische Blumen, polierte seinen Grabstein, zupfte Unkraut. Manchmal war es mir lästig, aber dann dachte ich: Vielleicht sitzt er ja da oben und beobachtet mich. Oder: Würde er mein Grab pflegen, wenn ich gestorben wäre? Jetzt habe ich Pflanzen gefunden, die auch ein paar heiße Sommertage ohne Wasser durchhalten. Meine Mutter und mein Bruder gehen nur auf den Friedhof, wenn ich sie darum bitte.

Kurz nach Vaters Tod lernte ich einen Mann kennen, in den ich mich sehr verliebte. 1997 heirateten wir und bekamen 1998 einen Sohn, Leon. Unsere kleine Familie tat mir gut und es schien so, als hätte ich meine Trauer im Griff. Doch dann rückte Weihnachten 2000 näher, und es ging mir richtig schlecht. Mein Mann war, wie so oft, unterwegs, mein kleiner zweieinhalbjähriger Sohn, mit dem ich noch zu Hause war, fordernd und anstrengend, aber ich dachte trotzdem, dass ich alles packe.

Das Fest bereitete ich so vor wie immer: Ich kaufte Kaninchenkeulen, fror sie ein, bestellte eine Gans, begann mit dem großen Weihnachtsputz. Mittendrin bekam ich plötzlich rasende Kopfschmerzen, regelrechte Panikattacken, befürchtete, dass ich abklappe und mein Kind mit seiner ohnmächtigen Mutter allein zu Hause ist.

Ich brauchte dringend Hilfe und klingelte bei unseren Nachbarn Sabine und Wolfgang, einem befreundeten Ehepaar. Ich hoffte, dass mir Wolfgang, ein Neurologe, helfen kann. Sabine öffnete mir die Tür und sah sofort, was los war. Ihr Mann brachte mich ins Krankenhaus, und sie kümmerte sich um meinen Sohn.

Mir war die ganze Zeit, als würde sich eine ganz dicke Schraube in meinen Kopf bohren, und ich fürchtete, dass die Ärzte einen Tumor in meinem Schädel entdecken. Die Untersuchungen ergaben aber eindeutig, dass ich keinen habe. Dann dachte ich: »Vielleicht hast du BSE?« Diese Krankheit war damals ständig im Gespräch, und ich hatte Angst, dass dieses BSE mein Gehirn aufweicht und ich mich nicht mehr um mein Kind kümmern kann.

Meine Panik war umsonst. Körperlich war ich gesund, und die Ärzte entließen mich kurz vor Weihnachten nach Hause. Dort quälte mich alles, ich empfand das bevorstehende Fest nur als Pflichtveranstaltung, riss mich aber zusammen und hielt die Kopfschmerzen aus. Ich hatte diesen Anspruch an mich, wie Hera Linds »Superweib« zu funktionieren, ging sogar auf die Terrasse, um den riesigen, völlig vereisten Tannenbaum ins Wohnzimmer zu schleppen. Leon half mir dabei, so gut er konnte, aber ich war völlig überfordert und legte mich auf die Couch, um ein bisschen auszuruhen. Er spürte, dass es mir schlecht ging, stellte einen Stuhl vor den Kühlschrank, um mir eine Flasche Wasser herauszuholen.

Als mich mein Mann am 24. Dezember wieder in die Arme schloss, ging es mir langsam besser, und nach Silvester waren meine Kopfschmerzen verschwunden. Ich war völlig baff, denn ich konnte nicht glauben, dass ich wirklich gesund bin.

Bis Ende Januar 2001 blieb ich schmerzfrei, dann bekam ich einen Rückfall und lernte in der Physiotherapie, wie ich Verspannungen in meinem Nacken und Rücken lösen kann. Ich machte brav alle Übungen, um besser funktionieren zu können. Alles schien mit mir einigermaßen okay zu sein, bis mich zu Hause von jetzt auf gleich ein imaginärer Schlag niederstreckte. Mein Mann rief die Feuerwehr, und die brachte mich in die Neurologie der Charité. Die Untersuchungen dort ergaben, dass mit mir etwas nicht stimmt. Ich blieb vierzehn Tage unter Beobachtung von Spezialisten, die mich gründlich durchcheckten.

Diese zwei Wochen waren schlimm für mich, weil ich von Tod und Krankheit genug hatte. In meinem Zimmer lag eine Frau mit viel Menschenkenntnis. Die sagte zu mir: »Wenn deine Mutter kommt, bist du vorher ganz durcheinander, rennst wie ein Tiger durchs Zimmer. Die scheint eine sehr liebe Frau zu sein. Was ist nur mit dir los?«

Tja, was war mit mir los? Ich machte mir wieder mal Sorgen um meine Mutter. Sie hatte eine schwer krebskranke Freundin über Wochen und Monate gepflegt, für sie Hühnersuppe gekocht, ihre Hand gehalten, wenn die Schmerzen sie überrollten. Für ihre Freundin war sie stark, half ihr, wo sie konnte. Als sie starb, fiel meine Mutter in ein tiefes Loch, und ich wusste, was das für ein Rückschlag für sie ist, was sie denkt: »Das habe ich alles nicht verdient, und jetzt ist auch noch meine Tochter krank.« Es war für mich der reinste Horror, sie wieder so schwach zu sehen. Ich brauchte jemanden, der mich hochzieht. Mein Mann vermochte das nicht. Ich wusste ja selbst nicht, was mit mir los ist, wie sollten es die anderen erkennen?

Es war kein Tumor, aber was dann? Die Ärzte in der Charité überwiesen mich ins nächste Krankenhaus, wo ich eine psychosomatische Behandlung bekam und in einer Gruppentherapie alles über meine Kindheit erzählen sollte. Dazu hatte ich keine Lust, aber der behandelnde Arzt meinte nach ein paar Gesprächen, dass ich eine beginnende Angststörung hätte.

Da ließ ich mich auf die Therapie ein, lernte in der Klinik, über mich zu reden. Ich genoss die Ruhe, den geregelten Tagesablauf, aß wieder, trieb Sport, machte autogenes Training, nutzte die Zeit ohne Mann und Kind ganz für mich allein und fühlte mich wohl. Es ging bergauf mit mir. Als ich wieder nach Hause kam, las ich, was in den Unterlagen für meinen Hausarzt stand: »Mittelfristige Heilungschancen.« Da war ich beruhigt.

Die Beziehung zu meiner Mutter ist nach wie vor schwierig. Mein Leben ist ein einziges jonglierendes Rücksichtnehmen. Zum Glück bin ich nach der intensiven Betreuung im Krankenhaus in einer Therapie beim Couchdoktor, und die hilft mir, das zu bewältigen. Ich arbeite endlich meine Vergangenheit auf und habe inzwischen gelernt, auch mal NEIN zu sagen und nicht ständig darüber nachzudenken, was sein könnte, wenn ich NEIN sage.

NEIN heißt für mich, dass mein Mann, Leon und ich auch mal ein Wochenende für uns allein sind, ohne irgendeinen anderen aus der Familie mit am Tisch zu haben. Meine Mutter liebt meinen Sohn abgöttisch, will ihn ständig sehen und ist richtig eifersüchtig, wenn er mal bei den anderen Großeltern ist. Mich plagt dann ein schlechtes Gewissen.

Das will ich nun nach und nach abbauen. Ich will nicht mehr alle Verantwortung, Schuld und Trauer auf mich laden, sondern auch mal mit der Faust auf den Tisch hauen können. Für mich wäre es das Größte, wenn meine Mutter endlich aufhören würde zu leiden, sondern im Gegenteil – glücklich wäre. Sie soll nicht die Chance verstreichen lassen, jemanden kennen zu lernen. Ich will das ehrliche Gefühl haben, dass sie ihr eigenes Leben lebt und das ihre nicht von unserem abhängig macht. Ich will diesen Druck nicht mehr spüren. Ich kann nicht die Verantwortung für ihr Glück übernehmen, ihr die Suche danach nicht abnehmen. Doch das hat sie nicht gelernt. Sie klammert. Zum Glück geht sie jetzt schon manchmal allein in eine Ausstellung und fühlt sich in ihrer neuen Wohnung wohl.

Aber wieso muss ich mich stets nach den Bedürfnissen der anderen richten? Wieso sah meine Mutter nie, wenn ich jemanden zum Anlehnen brauchte? Wieso durfte ich nie zusammenbrechen, obwohl ich schwach sein wollte von Zeit zu Zeit. Ich war die Starke in der Familie, wusch meine Sachen allein, ging in die Disco, und mein Bruder Frank und meine Mutter hockten zu Hause.

Auch er muss stets und ständig Rücksicht auf sie nehmen. Wahrscheinlich hat er deshalb so ein gespaltenes Verhältnis zu Frauen. Alle seine Beziehungen sind gescheitert, und vielleicht beneidet er mich ein wenig um meine, die seit langem intakt ist. Oder um die Liebe meines Vaters, der ihn so radikal ablehnte. Frank konnte nie begreifen und verarbeiten, warum er der schlechte Sohn sein sollte, den sein Vater nicht lieben kann. Er drehte den Spieß aber nie um, kämpfte nicht gegen ihn. Zur Zeit steckt er in einem tiefen Gefühlschaos, und ich will ihm Mut machen, das Erlebte aufzuarbeiten.

Mir auch.

Doro, 30, Logopädin
Stefan, 32, Kundendienstmonteur

»Wir glaubten Stein und Bein, dass sich unsere Eltern nie trennen würden.«

Mutter, 54, medizinisch-technische Assistentin
Vater, 55, Kaufmann
Doro und Stefan sind Geschwister,
beide sind verheiratet, beide haben zwei Kinder

Doro: Wenn ich an unsere Kindheit denke, finde ich es schade, dass unsere Eltern so wenig Zeit für uns hatten. Papi ackerte, war meist geschäftlich unterwegs. Wir mussten unsere Abenteuer ohne ihn erleben. Wir besaßen einen schönen Drachen aus buntem Papier, der in der Kammer auf uns wartete. Meist vergeblich. Nur im Urlaub waren die Eltern richtig für uns da. Wir verabredeten uns oft mit unseren Cousins, die drei Häuser weiter wohnten. Ich spielte mit meiner Cousine gern Prinzessin oder mit der Puppenstube und die Jungs mit LEGO oder ihren Spielzeugbaggern. Die beiden hatten tolles Spielzeug. Viel schöneres als wir.

Stefan: Jedes Wochenende fand in unserer Veranda ein Frühschoppen statt, wo sich mein Vater, mein Opa, der Mann meiner Tante und ein Freund von Papi zusammensetzten, um ihr Bierchen zu trinken und zu quatschen. Das war eine bunte Mischung. Ich hörte bei diesen Runden oft zu und fand es toll, wenn Opa aus alten Zeiten erzählte. Über den Krieg oder die Weltwirtschaftskrise. Opa war für mich eine Respektsperson. Außerdem konnte er sehr gut Aufsätze korrigieren. Er wusste genau, wo die Kommas hinkommen. Mit ihm ließ sich prima reden.

Doro: Als kleines Mädchen hofierten mich die Männer in dieser Runde gern. Das gefiel mir. Sie sagten mir, wie niedlich ich aussehe, wie toll mir das neue Kleid steht und lobten mich für meine guten Noten in der Schule. Erst später fiel mir auf, dass ich von meinem Vater nie gehört habe: »Ich hab' dich lieb.«

Stefan: Ich auch nicht. Von beiden Eltern nicht. Manchmal gab es eine Streicheleinheit, ein Küsschen.

Doro: Mutti nannte mich »Schneckchen«, war zärtlich zu mir. Bei ihr spürte ich Liebe. Von Mutti kam Wärme, bei ihr fühlte ich mich wohl. Wenn wir früh zu unseren Eltern ins Bett krabbelten, ganz selten allerdings, dann kuschelte ich mich unter ihre Bettdecke. Papi wollte ausschlafen, seine Ruhe. Oft warteten wir darauf, dass sie endlich aufstehen.

Stefan: Wenn es zu lange dauerte, sind wir in der Küche auf einen Stuhl gestiegen, holten Teller und Tassen aus dem Schrank und deckten den Frühstückstisch. Mutti freute sich darüber. Papi fand den Lärm störend, obwohl wir uns große Mühe gaben, leise zu sein. Im Auto sollten wir auch still sein. Wenn wir einstiegen, lautete sein erster Spruch: »Stoßt mit euren Füßen nicht an meinen Sitz, das stört mich beim Fahren.« Wenn ich Fragen hatte, sagte er zu mir: »Frag nicht so viel. Denk erst mal nach, versuche was darüber zu lesen, und wenn du es immer noch nicht weißt, frag mich.« Das war nicht gut für mich. Ich verlernte das Fragen, obwohl es für Kinder so wichtig ist: »Wieso, weshalb, warum, wer nicht fragt bleibt dumm.« Ich traute mich später auch in der Lehre nie nachzuhaken, wenn ich etwas nicht verstand. Ich guckte nur und blieb im Hintergrund, weil das so Kindheitsmuster waren. Heute nerve ich meine beiden Kinder, weil ich ihnen alles doppelt und dreifach erkläre.

Doro: Ich fand Papi trotzdem cool. Wie er sich gab, wie viele Leute er kannte und wie er mit seiner offenen und freundlichen Art alle begeistern konnte. Er war beliebt. Alle meine Freunde beneideten mich um meinen Vater. Er war großzügig. Im Sommer durften wir im Garten unser Zelt aufbauen und allein oder mit unseren Freunden draußen übernachten. Außerdem besaß er auch ein gutes Gespür für Situationen. Einmal kam er in die Kita, um der etwas zu schenken. Als er wieder gehen wollte, merkte er sofort, wie traurig ich darüber bin, und nahm mich mit. Das fand ich lieb.

Stefan: Wenn er im näheren Umkreis Geschäftsfahrten machte, durften wir oft mit. Er war ein Macher, ein starker Typ. Und Mutti ein Putzteufel. Bei uns zu Hause war alles pikobello. Es kamen ja auch Hinz und Kunz zu uns, die was von unserem Vater wollten. Da sollte alles tipptopp sein. Das störte mich aber nicht. Eher im Gegenteil. Das war für mich Geborgenheit. Alles hatte seinen Platz, pünktlich um 12 Uhr 30 stand am Wochenende das Essen auf dem Tisch. Das ist für ein Kind schön. Und wenn abends um 18 Uhr die Kirchenglocken läuteten, war klar: Es gibt Abendbrot. Mutti putzte sogar unser Zimmer. Wir hatten keinerlei Pflichten, mussten nicht mal den Müll rausbringen oder unsere Sachen wegräumen. Wir sollten eigentlich, aber wir drückten uns davor. Wenn wir nach Hause kamen, war alles fertig. Sie beklagte sich nie.

Doro: Doch. Manchmal war sie wütend auf uns, aber das dauerte nie lange. Einmal hatten wir Stubenarrest, was uns aber überhaupt nicht störte. Wir saßen auf dem Fensterbrett unseres Zimmers, ließen die Beine nach draußen baumeln und guckten, was im Garten so alles kreucht und fleucht. Da hat sie kapituliert. Dieser Stubenarrest war die erste und letzte Strafe, die wir je von ihr bekamen. Es war die heile Welt, für die Mutti sorgte. Wir fanden das okay. Wir sahen – unsere Eltern sind zusammen und haben sich lieb. Wir glaubten Stein und Bein, dass sich die beiden nie trennen würden.

Stefan: Es gab nie Streitigkeiten zwischen ihnen. Jedenfalls haben wir nie welche miterlebt.

Doro: Doch, ich einmal. Da haben sie sich angeschrieen und es flog eine Flasche. Heute weiß ich auch, dass es nicht normal war, mir meine Fingernägel blutig zu kauen und mit den Fingern so lange in meinen Haaren zu drehen, bis sie ganz verfilzt waren.

Stefan: Einmal musste dir Mutti den Finger sogar mit einer kleinen Nagelschere aus den Haaren schneiden.

Doro: Außerdem war ich Bettnässer. Erst nach der Scheidung unserer Eltern hörte das auf.

Stefan: Ich war auch bis zur sechsten Klasse Bettnässer. Ich versuchte das zu vertuschen. Und obwohl meine Frau und ich heute bei unseren Kindern vieles anders machen als unsere Eltern, nässt meine Tochter auch ein.

Doro: Und mein Sohn ringelt seinen Finger in sein Haar oder in meins.

Stefan: Ich war extrem schüchtern und wurde in meiner alten Klasse stets als erster verkloppt. Ich war der Zarte, für manche sogar der Schwule. Mein Vater hatte tatsächlich Angst, dass ich schwul werde, weil ich gern Ketten trug. In der siebenten Klasse hänselten mich alle deswegen. Ich hatte dann die Idee, zum Bund zu gehen und Panzerfahrer zu werden. Nur so als Provokation.

Doro: Wir waren beide die Außenseiter, hatten wenig Freunde. Ich wurde zwar nicht geärgert, aber auch nicht beachtet. In der Familie wurden wir immer benachteiligt, liefen nebenbei, und so war es auch bei den Mitschülern. Niemand sagte: »Du bist was, du bist wer, du bist liebenswert.« Wir waren gegenseitig unsere Rettungsanker, haben dem anderen beigestanden und mitgelitten, wenn er geärgert wurde. So ist das bis heute. Wir haben eine sehr innige Beziehung. Einmal stritten wir uns, da waren unsere Eltern so verdattert, dass sie sagten: »Was ist denn jetzt los? Sonst versteht ihr euch wie Latsch und Bommel und plötzlich streitet ihr euch.« Das fanden wir so lustig, dass wir ein Bild von einem Latsch und einer Bommel an unsere Zimmertür hängten. Ich erinnere mich auch, dass im Haus meiner Großeltern, die ein paar Häuser weiter wohnten, viel Kälte war. Ich fühlte mich dort nicht geborgen.

Stefan: Das stimmt, in dem Haus war viel Kälte. Und unsere Cousins bekamen mehr Zuwendung und mehr Geschenke als wir. Die hatten schöne Weihnachtsteller mit ganz viel Schokolade. Wir bekamen den Rest – Billiguhren oder Kitschkettchen. Einmal waren wir am ersten Weihnachtsfeiertag bei ihnen und da saß unter dem Weihnachtsbaum ein Affe aus Plüsch. Ich sah den, wollte ihn so gerne haben und dachte: »Den kriegt sicher wieder mein Cousin.« Aber er war für mich! Mann, war ich glücklich. Den habe ich heute noch. Unser Vater litt sehr darunter, dass seine ältere Schwester und ihre Kinder so bevorzugt wurden.

Doro: Ich hatte das Gefühl, dass Mutti hinten anstand. Einmal packte unsere Oma ein Paar Schuhe aus, die sie ihrer Tochter, unserer Tante, von einer Reise mitgebracht hatte. Ich sah, was Mutti für große Augen bekam. Aber die Schwiegertochter kam natürlich gar nicht in Betracht.

Stefan: Später gab es oft Streitereien, wenn Papi blau nach Hause kam und nach unserer Mutter rief, weil er es nicht allein ins Bett schaffte.

Doro: Daran kann ich mich nicht erinnern. Ich erfuhr auch erst später, dass er 1976 ein halbes Jahr bei einer anderen Frau lebte und deshalb nicht zu deiner Einschulung kam.

Stefan: Daran kann ich mich nun nicht erinnern. Aber daran, was er auf der Straße zu mir sagte, als er wiederkam: »Ich habe euch was Schönes mitgebracht.« Wir standen beide da und warteten auf unser Geschenk. Umsonst. Er hatte uns nichts Schönes mitgebracht. Als er weg war, riefen wir »Papi«, wenn es an der Tür klopfte, weil wir jedes Mal hofften, dass er es ist. Es war aber nicht unser Vater. Mutti hat versucht zu vertuschen, dass er nicht mehr bei uns ist. Sie sagte: »Er ist zu einer Fortbildung«, und wir glaubten das.

Doro: Weil ich nicht mal wusste, dass er weg war, kann ich auch nicht sagen, wie es war, als er wieder da war. Später erzählte Mutti, dass sie zu dieser Zeit schon einmal die Scheidung eingereicht hatte, die aber zurückzog.

Stefan: Er war plötzlich wieder da, und das war schön. Er erlaubte uns nun öfter, länger fernzusehen. Mutti war darüber sauer, weil sie wollte, dass wir pünktlich schlafen gehen. Als Jahre später die wirkliche Scheidungsphase begann, wohnte sie bei uns im Zimmer. Wir schliefen auf Matratzen, weil nicht genug Platz war für drei Betten. Für mich war blöd, dass sie bei uns im Zimmer schlief, weil ich in einer Phase war, wo ich ausprobieren wollte, was passiert, wenn ich an meinem Pimmel spiele. In ihrer Gegenwart traute ich mich das natürlich nicht.

Doro: Ich fand unter ihren Sachen eine Liste, in der stand, wer was nach der Trennung behält. Papi sollte nur die Couchgarnitur, die Wohnzimmerschränke von Oma, ein Bett und die Auslegware aus dem Flur bekommen. Mutti wollte den Rest. Den bekam sie auch. Als wir im Sommer 1983 auszogen, war das Haus fast leer geräumt.

Stefan: Mich fragte sie, bei wem ich bleiben will. Ich sagte: »Bei Papi«, weil ich das alles so traurig fand. Sie bat mich: »Überleg dir das gut, denn wenn du bei deinem Vater bleibst, siehst du mich und Doro nie wieder.« Da geriet ich in Panik und entschied mich für euch.

Doro: Als wir alles eingepackt hatten und losfuhren, stand Papi am Gartentor und winkte uns hinterher. Ich fand das so traurig, heulte und heulte, bis Mutti sagte: »Hör endlich auf zu weinen, so machst du es mir ja noch schwerer.« Das war für mich wie ein Schlag vor den Kopf. Ich war so verzweifelt, weil die beiden sich trennten, und sie sagt mir, ich solle es ihr nicht so schwer machen.

Stefan: Diesen Tag, als unser ganzes Zeug in den Umzugswagen geladen wurde, fand ich spannend. Als alles verstaut war, bekam ich plötzlich wahnsinnige Zahnschmerzen und Mutti ging mit mir zum Arzt. Mein Backenzahn war vereitert und musste sofort raus. Als Geschenk dafür, dass ich so tapfer war, durfte ich vorne beim Fahrer sitzen. Das war der Oberhammer. Der Oberhammer war auch, als wir in unsere neue Wohnung kamen. Ein paar Freunde und Papi hatten sie gemalert und tapeziert. Sehr professionell sogar. Nur das Bad hatte unser Vater mit kackbrauner Ölfarbe gestrichen. Als Mutti das sah, sagte sie: »Das war seine Rache.«

Doro: Ich kam damals in die sechste, du in die achte Klasse. Nun hatten wir kein schönes großes Haus mit Garten mehr, sondern wohnten in einem grauen Industriebezirk. In unserer Straße stand kein einziger Baum. Das fand ich schrecklich.

Stefan: Ich nicht. Durch unsere Straße fuhr abends eine Lok, die Güterwagen mit Kabeltrommeln rangierte. Das fand ich klasse. Ich war auch ein Fahrradnarr. An meinem war alles dran. Das war toll. Nach dem Umzug sind wir ja auch gleich in den Urlaub gefahren, und auf meine neue Klasse war ich richtig neugierig. Am ersten Tag kam ich zu spät und wurde von der Lehrerin sofort angeschnauzt. Ich dachte: »Die Großstädter sind alle doof.«

Doro: Und ich wollte in der Klasse oder in der Schule Ämter übernehmen, um mal jemand zu sein.

Stefan: Am ersten Tag in der neuen Schule habe ich so richtig die Sau rausgelassen, mich rüpelhaft verhalten. Meinem Banknachbarn erzählte ich lauter Lügengeschichten – was ich zu Hause so alles habe. Nichts davon stimmte. Später wurde er mein bester Freund.

Doro: In meiner alten Schule trug ich eine Brille, weil ich das toll fand. Ich tat so, als könnte ich schlecht sehen. Vielleicht, um so Aufmerksamkeit zu erregen. In der neuen Schule fand ich das aber peinlich und schaffte die Brille ab. Zum Glück akzeptierten mich meine Klassenkameraden bald. Ich hatte das erste Mal eine Freundin. Die sagte mir einmal: »Weißt du eigentlich, dass du unheimlich hübsch bist?« Das haute mich um, weil sie selber wie eine Barbiepuppe aussah. Als in der Schule alles gut lief, war unsere Situation für mich okay. In meinen Leistungen sackte ich trotzdem erst mal unheimlich ab.

Stefan: Wir wohnten zwar nicht mehr in dem schönen Haus, besaßen aber noch alle Möbel, die uns vertraut waren. Jedes Wochenende fuhren wir zu unserem Vater. Mutti wollte uns davon abhalten, war gegen diesen engen Kontakt zu ihm. Sie zog auch über ihn her.

Doro: Ich weinte oft, wenn wir von ihm zurückkamen. Mutti deutete es als Trauer, als ein Hin- und Hergerissensein.

Stefan: Ich dachte in solchen Momenten: »Wieso kann es nicht wieder so sein, dass Papi bei uns ist?« Wir waren damals zwölf und vierzehn, wollten so oft wie möglich zu ihm, weil wir uns bei ihm wohl fühlten. Anfangs lebte er allein in dem Haus, war aber auf der Suche nach einer Frau, gab deshalb Annoncen auf. Eines Tages war eine neue da – mit einer kleinen Tochter.

Doro: Ich schlug die, unterdrückte sie. Ich habe es genossen, das ich älter und stärker war als sie.

Stefan: Bei Omi hatte sie aber sofort einen Stein im Brett.

Doro: Ich gab ihr richtige Ohrfeigen. Damals fand ich das toll. Heute tut es mir unendlich leid. Wenn ich wüsste, wo sie jetzt lebt, würde ich mich gern bei ihr entschuldigen. Seine neue Frau fanden wir aber nett. Die war lieb, konnte auch sehr schön malen. Nach einiger Zeit behandelte Papi sie aber schlecht, war wochenlang weg. Einmal stand sie nass bis auf die Knochen bei uns vor der Tür und fragte unsere Mutter, ob sie wüsste, wo unser Vater sei. Die reagierte total sauer und sagte: »Woher soll ich das wissen? Wir sind geschieden.«

Doro: Obwohl wir das Haus verloren hatten, fühlten wir uns nicht arm. Einmal war ich sehr krank und drei Jungs aus meiner Klasse besuchten mich. Das war toll. Endlich hatte ich Freunde. Mutti arbeitete in drei Schichten. Wir mussten oft leise sein, damit sie schlafen konnte. In der Pubertät gab es die ersten Machtkämpfe zwischen uns. Ich war frech zu ihr. Besonders, wenn mein Freund bei uns war. Ich genoss es, ihm zu zeigen, wie ich sie beherrsche.

Stefan: Das habe ich nie gemacht.

Doro: Einmal fuhren wir zusammen in den Urlaub, und weil ich ihr von meinem Ersparten etwas dafür geliehen hatte, war ich wieder frech. Als sie mit mir meckerte, sagte ich: »Reiß dich zusammen, wir leben hier schließlich von meinem Geld.« Mutti hat sich zuviel gefallen lassen, sie hätte öfter ausrasten müssen.

Stefan: Wir stürzten uns voll auf unsere Freunde, und mein bester Kumpel war in der gleichen Situation wie ich. Seine Eltern hatten sich auch gerade scheiden lassen. Der neue Partner seiner Mutter terrorisierte ihn. Den hasste er. Wir mussten darüber nicht viel reden. Wir verstanden uns ohne Worte.

Doro: Ich war gerne bei den Eltern meiner Freundin, die sich viel Zeit für ihre Kinder nahmen. Einmal saßen wir gemeinsam am Abendbrottisch und ihre Mutter sah meine abgeknabberten Fingernägel. Sie fragte: »Was machst du denn da mit deinen Nägeln? Bedrückt dich was? Hast du Kummer?« Darüber hatte ich noch nie nachgedacht. Ich ließ die Knabberei dann. Was ich gar nicht verstand, war, warum Mutti von Papis neuer Freundin nichts wissen wollte. Ich war nicht eifersüchtig auf die, sondern wollte, dass die beiden Freundinnen werden.

Stefan: Ich war auch nicht eifersüchtig. Auch nicht auf die nächste. Als die mit ihrer Tochter bei Vater einzog, war alles noch cooler. Seine erste Frau nach Mutti war kitschig, hatte überall im Haus Abziehbilder auf Fliesen und Küchenschränke geklebt. Die kratzten wir alle ab, als sie weg war, und lachten über ihren Hang zum Kitsch. Die neue war erst 26, jung, knackig, richtig nett – nie wie eine Stiefmutter zu uns. Ich fand sie toll, weil im Haus nun alles frischer wurde. Unsere Mutter hatte das Haus gepflegt. Die Neue veränderte es. Trotzdem erreichte es nie wieder das Flair wie in unserer Kindheit.

Doro: Mutti fand sich damit ab, dass wir auch Vaters zweite Frau mochten und oft zu ihnen fuhren, wollte aber weiterhin nichts mit den beiden zu tun haben. Als wir selbst Familien hatten, luden wir aber zu unseren Feiern nicht nur Mutti, sondern auch unseren Vater mit seiner neuen Sippschaft ein. Zwei Feste kamen gar nicht für uns infrage.

Stefan: Mutti hatte ja auch hin und wieder einen Freund, aber es störte mich, dass es heimliche waren. Einer kam öfter zu ihr, aber sie stellte ihn uns nie vor. Wenn ihre Schlafzimmertür zu war, wussten wir: Der ist jetzt bei ihr. Wenn er gehen wollte, bat sie uns, kurz in unser Zimmer zu gehen, damit er die Wohnung verlassen kann. Wir sollten ihn nicht sehen. Sie erzählte uns, dass sie manchmal nur mit ihm im Bett liegt, um zu kuscheln und zu reden. Reden sei wichtiger als Sex für sie.

Doro: Ich freute mich für sie, wenn er kam.

Stefan: Mich störte der auch nicht, denn sie war dann ausgeglichen. Aber der Richtige war es leider nicht. Die Typen wollten doch alle das gleiche von ihr: ein nettes Zuhause mit nett vor dem Fernseher sitzen und sie als Hausmütterchen. Da waren sie bei ihr aber an der falschen Adresse. Das hatte sie jahrelang, das wollte sie nicht mehr. Das waren alles Langweiler.

Doro: Unser Vater dagegen hat offensichtlich endlich die Richtige gefunden und Mutti und sie sind jetzt sogar befreundet. Das war ein langer Weg. Für die eigene Familie habe ich mir wegen all der Erfahrungen, die wir selbst gemacht haben, aber nichts bewusst vorgenommen.

Stefan: Ich möchte mich ums Verrecken nicht streiten. Meine Frau bringt das zur Weißglut. Sie sagt: »Du bist nicht konfliktfähig.«

Doro: Ich fühle mich Leuten oft unterlegen, empfinde, dass die was Besseres sind. Und wenn ich Menschen begegne, von denen ich glaube, dass die mir unterlegen sind, werde ich dominant – so wie damals bei der kleinen Tochter von Vaters zweiter Frau. Wenn ich mit Freunden zusammen bin oder andere Mütter mit ihren Kindern in meiner Nähe sind, dann bin ich sehr liebevoll zu meinen, gehe auf sie ein, bin unendlich geduldig. Aber sobald wir alleine sind, übe ich Macht auf sie aus. Vor den anderen will ich perfekt sein, alle sollen mich mögen. Aber zu Hause im stillen Kämmerlein bin ich nicht so geduldig, wenn was nicht klappt.

Stefan: Wenn ich in der Kita warten muss, bis sich mein Jüngster endlich die Jacke angezogen hat, bin ich auch voller Geduld. Zu Hause blaffe ich ihn an, wenn er das nicht schnell packt.

Doro: Diese Harmoniesucht in mir ist übermächtig. Ich will immer allen gefallen, nett sein, um ja genug Liebe abzubekommen. Vielleicht, weil ich nie was Besonderes war. Meine beste Freundin wurde überall wiedererkannt. Bei mir fragten sie: »Wer ist das denn?«, dabei war ich stets an ihrer Seite.

Stefan: Ich will auch angenehm auffallen. Unsere Eltern brachten uns das doch bei – seid immer schön aufmerksam und zuvorkommend. Das bin ich ja auch gern, aber so habe ich nie gelernt, mich in Diskussionen oder Streitgespräche einzubringen, dabei würde ich in meinem Job manchmal schon gerne brüllen, richtig ausrasten, wenn was schief läuft. Stattdessen bin ich lieb und freundlich nach dem Motto: »Bloß nicht streiten!«

Doro: Zu lernen, dass einen nicht jeder mögen kann, ist schwer. Für mich ist es nur schön, wenn mich alle lieb haben. Aber das ist doch eine Scheinwelt. Der Verstand sagt einem das, aber man schafft es trotzdem nicht.

Stefan: Weil ich genauso harmoniesüchtig bin, fällt es mir schwer, Dinge anzuordnen, mich durchzusetzen.

Doro: Und ich mag es nicht, immer danke sagen zu müssen. Als Kind wurde mir das permanent eingebläut: Sag danke, wenn du etwas geschenkt bekommst, auch wenn ich mich gar nicht darüber freute. Sobald die Mundwinkel nicht nach oben gingen, gab es einen Anranzer. Einmal bekam ich eine Tasche. Ich freute mich sehr, dachte, sie sei von Omi und umarmte sie dafür. Und was machte die? Sie schnauzte mich an: »Damit habe ich nichts zu tun, da musst du dich bei deiner Tante bedanken.« Ich packe deshalb noch heute ungerne Geschenke aus, weil ich das Gefühl habe, meine Dankbarkeit nicht deutlich genug zu zeigen. Papi sagt, ich sei unfähig, mich zu bedanken, aber das sieht er falsch. Ich fürchte mich nur vor der Erwartungshaltung der anderen.

Stefan: Er ist natürlich enttäuscht, wenn du dich über ein Geschenk von ihm scheinbar nicht freust. Zu mir sagte er mal: »Auch deine Kinder werden dich eines Tages hintergehen.« Was er damit meint, weiß ich nicht.

Doro: Was ich an meiner Familie besonders genieße, sind die gemeinsamen Mahlzeiten. Das sind für mich Rituale, die mir in der Kindheit fehlten. Besonders, als wir mit Mutti allein lebten. So etwas gab es bei uns nur selten, weil sie in drei Schichten arbeiten musste.

Stefan: Meine Frau und ich sind oft sehr abgehetzt, aber wir frühstücken zusammen. Wenn ich den Tisch decke, gebe ich mir viel Mühe, lege die Wurst und den Käse auf einen Teller, die Brötchen in ein Körbchen, Servietten neben die Brettchen. Familienleben ist wichtig für mich.

Doro: Ich lese meinen Kindern jeden Abend vor dem Schlafengehen Geschichten vor.

Stefan: Geschichten erzählen, kuscheln, Märchen ausdenken macht mir auch Spaß. Ich finde meine Partnerschaft fantastisch. Meine Frau ist alles, was ich nicht bin. Wir ergänzen uns wunderbar. Manchmal rufe ich sie drei-, viermal am Tag an und sage ihr, dass ich sie liebe.

Doro: Meine Partnerschaft ist auch harmonisch.

Stefan: Wir geben uns so viel Freiheit, wie wir brauchen. Gesa geht auch mal allein mit ihren Freunden weg und ich mit meinen. Wenn ich mit meinem besten Kumpel ins Kino will, mache ich das.

Doro: Ohne den anderen zu kontrollieren.

Stefan: Wir rechnen nie gegeneinander auf, wer wann was gemacht hat. Wenn sich Gesa was Neues gekauft hat, dann freue ich mich darüber und frage nicht, was ich nun bekomme. Ich will, dass wir uns Platz zum leben lassen und nicht das Gefühl: Du gehörst mir.

Doro: Marc und ich bewundern uns gegenseitig. Er findet toll, wie gut ich meinen Job, die Abendschule und die Kinder im Griff habe. Und ich, wie er sein Fernstudium packt und gleichzeitig eine Umschulung macht. Manchmal trinken wir abends ein Glas Rotwein zusammen, ehe wir lernen. Oder liegen abends im Bett und quatschen, fragen, wie der Tag war. Unsere Eltern haben sich bestimmt nie gegenseitig gelobt.

Stefan: Es gab auch bei Gesa und mir Zeiten, wo wir nur geackert haben, nicht miteinander redeten. Malochen, Abendbrot und dann ab ins Bett und schlafen. Bis es Gesa reichte und sie sagte, dass sie so nicht leben will. Sie hatte Recht – jedes Paar muss miteinander reden. Es gibt immer noch Tage, wo wir uns nicht viel mehr als »Guten Morgen« und »Gute Nacht« sagen, aber auch solche voller guter, intensiver Gespräche. Ich hatte noch nie Sehnsucht nach einer anderen Frau. Mir fehlt nichts.

Doro: Ich habe auch noch nie von einem anderen Mann geträumt. Marc und ich wollen uns nie trennen. Seine Eltern sind seit über vierzig Jahren verheiratet. Daran arbeiten wir ebenfalls.

Stefan: Hin und wieder fragt uns unsere Tochter, ob wir für immer zusammenbleiben. Und dann sagen wir ihr: »Wir wissen es nicht, und wenn wir uns trennen, dann soll es so sein und wir werden das Beste daraus machen.« Es ist nie nur einer schuld an einer Trennung. Es gehören stets zwei dazu. Einer, der es tut, und einer, der es sich gefallen lässt.

Doro: Meine Kinder haben mich das noch nicht gefragt. Wir wünschen uns sehr, dass wir eine Familie bleiben, unseren Kinder Geborgenheit schenken können, bis sie erwachsen sind. Ich will das auch ohne den Hintergedanken, dass ich die Scheidung unserer Eltern verkraften musste. Ich liebe unsere Eltern und mache ihnen keine Vorwürfe für irgendwas. Ich würde auch nie sagen: Ihr seid schuld daran, dass ich so bin, wie ich bin.

Stefan: Das sehe ich genauso. Die beiden sind unsere Eltern, die hat man lieb. Aber ich kann nicht zu Mutti sagen: »Ich hab' dich lieb.« Neulich haben wir darüber gesprochen, wie schwer es mir fällt, ihr meine Gefühle zu zeigen. Es half aber nichts. Ich kann es immer noch nicht. Ich habe das auch nie zu unserem Vater gesagt.

Doro: Ich auch nicht.

Robert, 33, Landschaftsgärtner

»Ich hätte mir eine ganz normale, spießige Familie gewünscht.«

Mutter, 62, Unternehmerin
Vater, 66, Unternehmer
Zwei Brüder:
Emil, 38, Banker
Friedrich, 34, Philosoph

Meine Eltern lernten sich 1958 auf einer Party kennen und verlobten sich kurz darauf. Meine Mutter sagt über diese Zeit: »Wir sind miteinander gegangen.« Bei ihr war es Liebe auf den ersten Blick, aber alle warnten sie vor Hubert, meinem Vater. Er sei ein Einzelkind, hätte diese dominante Mutter und obendrauf zwei Tanten, beide verklemmte ältliche Jungfern.

Meine Mutter war Vaters erste Freundin, und schon damals hieß seine Regel für ihr Zusammensein: Du sollst keinen anderen haben neben mir. Er war sehr katholisch. Mutter durfte nicht mal allein ins Kino gehen. Einmal tat sie es heimlich, aber ein klebriges Popcorn in ihrer Hochsteckfrisur verriet sie. Da gab es Ärger.

Nach fünf Jahren läuteten die Hochzeitsglocken, und meine Eltern schworen sich vor dem Altar, zusammenzubleiben, »bis dass der Tod Euch scheidet«. Damals liebten sie sich.

Meine Mutter war ein Flüchtlingskind, besaß kein Geld und kein gar nichts, und deshalb wohnten die beiden Jungvermählten im Haus der Mutter meines Vaters. Sie hatten keine andere Wahl.

Ein Jahr nach der Hochzeit kam mein Bruder Emil zur Welt. Er war ein Wunschkind, und auch Mamas Schwiegermutter freute sich über ihr erstes Enkelkind, das sie liebte. Im Gegensatz zu ihrer Schwiegertochter, die sie hasste. Obwohl Mama immer klein beigab, keinen Kampf der Amazonen begann, entstand keinerlei Nähe zwischen den Frauen.

Vier Jahre später wurde Friedrich geboren. In dieser Zeit hatte mein Vater bereits eine Geliebte. Eine gute Freundin steckte es meiner Mutter. Sie verstand die Welt nicht mehr, bekam Depressionen, aber Schwiegermutter regelte alles. Sie erfuhr irgendwie, was ihr Sohn außerhalb der eigenen vier Wände so treibt, und ergriff Familien kittende Maßnahmen. Das alles machte meine Mutter ein bisschen härter. Als ich ein Jahr später, 1969, unterwegs war, wollte mein Vater, dass Mutter abtreibt. Das kam für sie aber absolut nicht infrage. Sie war inzwischen selbstbewußter geworden und machte hochschwanger sogar noch ihren Führerschein. Auch dies gegen den Willen meines Vaters, den ihre zunehmende Eigenständigkeit zur Weißglut brachte – Frauen gehören nicht ans Steuer.

Während ihrer dritten Schwangerschaft fand Mutter selbst heraus, dass er wieder fremdgeht, und wollte sich scheiden lassen. Als sie ihm das sagte, lag er auf Knien vor ihr, heulte wie ein Schlosshund und kochte sie weich.

Sie sagt heute, dass das der größte Fehler ihres Lebens war, obwohl die kommenden Jahre geschäftlich sehr erfolgreich für die beiden waren. In den siebziger Jahren gründeten sie ein gemeinsames Unternehmen und arbeiteten nur noch. Unsere Großmutter passte auf uns auf. Wir waren nun sehr wohlhabend, und Vater entwickelte ein Faible für allen Schnickschnack.

Endlich konnten wir Urlaub machen, sogar dreimal im Jahr. Leider fuhren wir nur nach Österreich oder an die Nordsee, obwohl der Rest der Sippe gern mal woanders hin wollte. Vater setzte aber seinen Willen durch. Auch, dass eine befreundete Familie mit drei Töchtern stets in unserem Schlepptau hing. Diese Reisen waren nur Fassade, brachten uns keine Geborgenheit. Vater fand uns schon auf der Fahrt nur anstrengend und stritt sich häufig mit Mutter. Die Beziehung zwischen meinen Eltern war total angespannt. Wir Kinder verstanden uns aber sehr gut mit unserer Mutter und untereinander.

Vater arbeitete fast rund um die Uhr, roch oft nach Alkohol, und selbst zu Weihnachten war er unabkömmlich im Unternehmen, kam erst um 16 Uhr nach Hause. Erst dann besorgte er einen Baum für uns. Meine Mutter war die ganze Zeit am Zetern und ihre Schwiegermutter auch, weil sie meinte: »Du hackst immer auf meinem Sohn herum.«

Vater war sehr verwöhnt. Wenn am Sonntag Schweinebraten auf dem Tisch stand, er aber lieber Steak essen wollte, stand er auf und ging in ein Restaurant. Auch wenn Mama schimpfte: »Du bleibst hier, immer willst du eine Extrawurst«, verschwand er.

Er hatte überhaupt kein Benehmen, wischte sich den Mund an der Tischdecke ab. Mama rastete regelmäßig aus, wenn er das tat. Meine Brüder und ich trauten uns nichts zu sagen, wenn sich die beiden zankten. Wir saßen nur still am Tisch und fraßen unseren Kummer in uns hinein. Auch wenn wir allein waren, redeten wir nicht über unsere Eltern. Ich fand meinen Vater abartig, hasste ihn. Ihm war das egal. Zwischen meinen Brüdern und mir ist das Thema Vater heute noch tabu. Wenn es auf den Tisch kommt, wird sofort abgeblockt. Mit meiner Mutter kann ich über alles reden, aber nicht mit meinen Brüdern, obwohl ich das gut, geradezu befreiend fände. Ich warte auf den Knall, wo doch alles aus uns herausplatzt.

Anfang der siebziger Jahre, ich war vier, verstanden sich die beiden überhaupt nicht mehr. Sie küssten und umarmten sich nie, blafften sich nur an. Die Firma meiner Eltern lief hervorragend, die beiden powerten ohne Ende, und unser Haus wurde immer größer und prächtiger. Es gibt jedoch keine Familienfotos aus dieser Zeit. Nur von meiner Kommunion. Da stehe ich als strahlendes Kind in der Mitte und Vater und Mutter links und rechts neben mir mit heruntergezogenen Mundwinkeln.

Ich war froh, wenn Vater nicht da war. Wie es meinen Brüdern ging, weiß ich nicht. Er unternahm viel mit ihnen, nahm sie mit auf Messen. Mich fragte er auch, ob ich mitkommen will, aber ich lehnte stets ab. Vater war für mich das Gemeinsein schlechthin. Er liebte mich nicht, er wollte mich nicht.

Ich habe so eine dunkle Erinnerung, wie ich in meinem Kinderbett liege: Es ist dämmerig, niemand in meiner Nähe. Keiner hat

Zeit, nach mir zu sehen. Warum auch? Ich schreie ja nie. Und dann höre ich, wie meine Großmutter mütterlicherseits kommt und sagt: »Holt doch endlich mal Robert aus seinem Bett, der Junge verwahrlost sonst ja.« Die sorgte sich um mich.

In meiner Kommunionszeit hatte Vater wieder eine Geliebte. Einmal saß ich mit meinem Bruder Friedrich in der Badewanne und wir hörten, dass sich unsere Eltern im Wohnzimmer stritten wie die Kesselflicker. Mutter hatte ihn dabei erwischt, wie er mit dieser Frau telefonierte, das Kabel aus der Wand gerissen und ihm das Telefon an den Kopf geworfen. Daraufhin schob er das Klavier, ihr liebstes Stück im Haus, auf die Terrasse und versenkte es im neu angelegten Goldfischteich.

Sie sah ihm völlig hilflos dabei zu, kam aber zwischendurch mit völlig verheulten Augen zu uns ins Badezimmer und sagte: »Ihr beide kommt hier nicht raus, bevor ich es euch erlaube.« Unser Vater war puterrot vor Zorn, und ich hatte Angst, dass er sie umbringt. Unsere Großmutter hielt sich in diesem Fall aus allem raus und dachte sicher wieder mal, dass diese »vertriebene Ostschlampe« ihren armen Sohn tyrannisiert. Mama musste sich so etwas oft von ihr anhören: »Du bist nichts wert, du hast nichts mit in die Ehe gebracht.« Zu uns Kindern war sie aber nett und Vater stolz vor allem auf sich: »Ich habe drei Söhne gezeugt!«

Nachdem Vater das Klavier unter den Seerosen entsorgt hatte, fuhr er zu seiner Freundin. Mama weinte bittere Tränen, und ich bereue noch heute, dass ich sie damals nicht in den Arm nahm. Niemand von uns drei Brüdern versuchte, sie zu trösten. Wir waren völlig hilflos und heulten um die Wette. Am nächsten Morgen war unser Vater verschwunden, und vor der Haustür standen Kartons mit seinen Klamotten. Mutter hatte ihn rausgeschmissen und Schwiegermutter keifte. Unser Vater akzeptierte Mutters Entscheidung jedoch. Seine Freundin besaß ebenfalls ein großes Haus, und er begann das sofort auf Vordermann zu bringen. Einmal fuhr Mutter nach Vaters Auszug zum Haus seiner Freundin, schellte an der Tür und verpasste ihr eine Ohrfeige, als sie aufmachte.

Anfangs wollte Vater nur seine Langspielplatten für sich, aber kurz nach seinem Weggang, es war Herbst, stand eine Heizungsfirma vor unserer Tür und baute die nagelneue Ölheizung aus. Meine Mutter stand fassungslos daneben und ließ ein paar Wochen später eine alte Ölheizung einbauen. Als Vater noch einmal bei uns aufkreuzte, packte er für die drei Töchter seiner neuen Frau unser Telespiel ein, was damals totaler Kult war. Auch unsere Roboter schenkte er denen.

Für uns war Vater völlig aus allem Geschehen verschwunden. Er zog sich fürs Erste auch aus dem gemeinsamen Unternehmen zurück und flog mit seiner neuen Familie nach Mallorca. Wie hatte Mutter um so eine Reise gekämpft! Mit uns fuhr er jahrein jahraus an die gleichen Orte.

Mama leitete das Unternehmen zuerst allein weiter. Und: Sie blühte auf, legte sich eine neue Frisur zu, schminkte sich plötzlich, kaufte sich tolle Klamotten, ging viel aus. Sie wurde ein völlig anderer Mensch und schloss uns mit ein in ihre Aufbruchphase.

Im Sommer flogen wir nach Ibiza. Es war traumhaft. Wir saßen gemeinsam an der Bar und schlürften Longdrinks (wir Kinder natürlich ohne Alkohol!), lernten neue Leute kennen. Ich schwamm das erste Mal in meinem Leben in einem warmen Meer. Bis dahin wusste ich gar nicht, dass es so was gibt. Im Herbst reiste Mutter allein nach New York und rief uns von dort jeden Tag an. Ihr ging es gut und damit auch uns. Vater war weg.

Nach zwei Jahren ging es allerdings krass bergab mit uns. Vater verlangte eine schnelle Scheidung, weil er die neue Frau heiraten wollte, und Mama war voller Hass.

Zum ersten Gerichtstermin mussten wir mit, weil wir aussagen sollten, ob wir bei unserer Mutter bleiben oder zum Vater wollen. Sie bat uns, im Auto zu warten, bis sie uns holt. Dann standen wir vor dem Richter, der uns fragte: »Bei wem wollt ihr leben?« Wir sagten alle drei wie aus einem Munde: »Bei unserer Mutter.«

Anschließend sollten wir wieder im Auto auf sie warten. Nach einer Ewigkeit sahen wir, wie unsere Eltern aus dem Gericht kamen und sich anbrüllten. Mutter hatte nicht in die Scheidung eingewilligt. Es ging um viel Geld.

Die beiden nahmen keinerlei Rücksicht auf unsere Gefühle. Noch neben dem Auto schrie mein Vater: »Ihr werdet alle Vier in einem

Obdachlosenheim oder in der Gosse landen. Ich werde euch das Haus wegnehmen.« Und Mama giftete zurück: »Es gibt eine Gerechtigkeit – DU wirst in der Gosse landen.«

Ich war damals zehn und konnte das alles nicht verarbeiten, hatte Angst, dass wir tatsächlich unter der Brücke landen. Zu Hause schloss sich Mama ein und weinte und weinte. Nach ein paar Tagen begann sie, wieder in der Firma zu arbeiten, und Vater räumte sämtliche Konten ab. Das Haus war in Nullkommanix verschuldet, die Firma verkauft, Mutter entlassen. Plötzlich war sie arbeitslos, wir hatten kein Geld mehr, und sie wurde grauer und grauer. Zu uns war sie trotzdem sehr liebevoll. Das Verhältnis zwischen ihr und unserer Großmutter war eisig. Die hielt natürlich zu ihrem einzigen Sohn.

Um sich abzulenken, begann Mama einen Malkurs und verschönte sämtliche Eierbecher, Holzteller, Spiegelrahmen und Schränke in unserem Haus mit Blumen und Vögeln im Stil der Bauernmalerei, denn sie hatte ja Zeit. Ich besaß einen Kasten für meine Bleistifte, der damals absolut »in« war, und als ich ihn einmal zu Hause vergaß, beizte sie ihn ab und bemalte ihn ebenfalls mit Blümchen und Vögeln. Zwischendurch häkelte sie Kissenbezüge – alle aus einer Wolle, alle in einem Muster.

Mama fand keine Arbeit, aber in den ersten Monaten kamen wir einigermaßen über die Runden, weil sie Geld beiseite geschafft hatte. Sie hatte sicher geahnt, dass es eines Tages zwischen ihr und Vater zum Bruch kommt. Trotzdem gab es zu Weihnachten keine Geschenke und keine Gans mehr. Ich trug die abgelegten Pullover von meinem Cousin auf und lebte in ständiger Angst, dass wir eines Tages aus dem Haus ausziehen müssen.

Die Banken hatten schon längst ihre Finger darauf, und dann und wann kam der Gerichtsvollzieher, um seinen Kuckuck auf diesen und jenen Schrank und Teppich zu kleben. Wenn der vor der Tür stand, sagte Mama zu mir: »Geh mal mit dem Hund Gassi.« Es war der reinste Horror.

Nach und nach holte der Mann alles aus unserem Haus heraus, und schließlich klebte auch an unserem BMW – in den fetten Jahren fuhren wir stets den neuesten – ein Kuckuck. Mutter kaufte stattdessen einen alten Ford Fiesta für uns. Anderthalb Jahre war das alles richtig schlimm. Mama kochte nur noch Eintöpfe, und in den Ferien fuhren wir zu Verwandten nach Düsseldorf. Auch unsere geliebten Klassenfahrten konnten wir vergessen, es sei denn, jemand schoss das Geld für uns vor. Emil, Friedrich und ich sackten in der Schule mächtig ab. Einmal stand ich heulend auf dem Schulhof, und als mich meine Mitschüler fragten, was denn los sei, sagte ich: »Meine Eltern lassen sich scheiden.« Wie sich zeigte, gab es bereits einige Scheidungskinder in meiner Klasse, und wir hielten zusammen.

Im Nachhinein sage ich: Es war ganz gut, all diese Erfahrungen gemacht zu haben, denn ich weiß nun, dass es nicht immer reibungslos läuft im Leben.

Auch für unsere Mutter war diese Zeit hammerhart. Sie war die erste in der Familie, die sich scheiden ließ, und alle schauten sie deswegen schief an. Sogar engste Freunde ließen sie im Stich. Meine Mutter war das Hassobjekt für alle. Damals war sie Mitglied einer konservativen Partei und musste austreten. Der Familienstand »geschieden« war für ihre Parteifreunde ein Makel. Auch im Kegelklub und im Schützenverein galt sie als »unerwünscht«. Sie leidet noch heute unter diesem Ausschluss und fährt weg, wenn die Vereine im Ort ihre Feste feiern.

Manchmal dachte sie daran, sich das Leben zu nehmen. Das erzählte sie mir aber erst viel später. Als ich für meinen Hund mal eine neue Leine brauchte, ging sie in ein Zoogeschäft, um eine zu kaufen, und da sagte der Inhaber zu ihr: »Ich weiß, in welcher Situation Sie gerade sind, und deshalb verkaufe ich Ihnen keine.« Es ist ungeheuerlich.

Sie weinte nachts oft, wollte das vor uns aber vertuschen, gab sich stark. Und wir spielten das Spiel mit, nahmen sie nie in den Arm. Das tut uns allen Dreien leid. Ansonsten sprechen wir nicht über diese Zeit.

Emil war unserem Vater sehr zugetan und hatte deswegen Stress mit Mama, weil der versuchte, ihn gegen sie aufzuhetzen, auf seine Seite zu ziehen. Er zahlte Mutter pro Sohn achtzig Mark und manipulierte seine Gehaltsstreifen, um das zu rechtfertigen.

Meinen Brüdern schenkte er einmal ein Luftgewehr zum Geburtstag. Mir nicht. Meinen vergaß er regelmäßig. Emil schoss dann mit seinem Luftgewehr auf meine Mutter und schrie dabei: »Du bist an allem schuld!«

Er wollte sie nicht treffen, schoss absichtlich daneben, versetzte uns aber in absolute Panik damit. Er wollte sich an ihr rächen, weil sie zu ihm sagte: »Du bist wie dein Vater.« Das machte ihm was aus, weil der ja viel Scheiße gebaut hatte. Emil hasst sie bis heute dafür.

Irgendwann änderte Mutter ihre Lebensstrategie. Sie hörte auf, Blumen und Vögel zu malen, machte sich mit einem Teil des Geldes, das sie zurückgelegt hatte, selbstständig und wurde sehr erfolgreich. Es ging uns langsam wieder besser. Mutter bekam neues Selbstbewusstsein, und siehe da: Plötzlich hatten wieder alle Respekt vor ihr.

Vier Jahre später, ich war damals zwölf, ging Vater Pleite und war damit für seine Freundin nicht mehr interessant. Sie setzte ihn vor die Tür, und er wohnte zwei Jahre allein in einer kleinen Wohnung. Für Mutter war es ein Triumph – mit ihr ging es bergauf, mit ihm bergab. Sie bekam das Haus, allerdings hoch verschuldet.

Mutter blieb im Job erfolgreich, nur bei Männern war sie es nicht. Sie lernte in den ersten fünf Jahren nach der Scheidung nur Männer kennen, die sie belogen und betrogen. Davon wusste ich nichts und fand die ganz nett. Manchmal gingen wir zusammen essen oder flogen nach Mallorca, aber keiner von denen wohnte bei uns. Nur mit einem, Walter, hielt die Beziehung über zehn Jahre, bis der sich eine jüngere Zweitfrau nahm. Mutter bemerkte es zuerst nicht. Als es herauskam, war es für sie wie eine zweite Scheidung.

Ich war achtzehn, als sie ihn kennen lernte. Emil studierte bereits in einer anderen Stadt, und wir beiden Jüngeren waren auf dem Sprung. Zu diesem Zeitpunkt schmiss sie auch ihre Schwiegermutter, meine Großmutter, aus dem Haus, deren Niedertracht sie nicht mehr bereit war zu ertragen. Die zog zu meinem Vater, den ich dadurch manchmal sah, wenn ich sie besuchen ging. Großmutter war mir vertraut, sie hatte sich um mich gekümmert, ich wollte sie deshalb nicht fallen lassen. Mein Vater unterstellte mir allerdings, ich käme nur zu ihr, um Geld abzuzocken, was nicht stimmte.

Ich bin froh, dass ich ohne diesen Vater groß geworden bin. Und auch Mutter sagt: »Ich bin so froh, dass ich mich von ihm scheiden ließ. Wir haben es auch allein geschafft.«

Was wäre sonst aus uns geworden? Hätte Streit und Zwietracht oder sogar Hass unser Leben geprägt? Mir tut es nur manchmal weh, wenn ich sehe, was andere für ein gutes Verhältnis zu ihren Eltern haben. Natürlich hätte ich mir lieber eine ganz normale, spießige Familie gewünscht. Als Scheidungskind wird einem viel aufgebürdet. Man muss Verantwortung für die Mutter übernehmen, wird dadurch zwar schneller reif, verliert aber einen großen Teil der persönlichen Freiheit.

Mama hat trotz ihrer schlimmen Erfahrungen mit unserem Vater viel geschafft und gemanagt, aber ich glaube, sie ist verbittert. Ich möchte aber, dass sie glücklich ist. Wenn sie am Telefon heiter ist, bin ich froh. Wenn ich aufgelegt habe, frage ich mich allerdings jedes Mal: »Warum denkst du so? Sie lebt ihr Leben, du deins! Lass endlich los! Fühle dich nicht immer verantwortlich für sie!«

Ich bin der Einzige von ihren Söhnen, mit dem sie über die Vergangenheit redet. Für sie ist unser Vater nur der »Alte«. Ich sah ihn vor zwei Jahren das letzte Mal, davor sechs Jahre nicht. Wir erkannten uns fast nicht wieder. Es war furchtbar. Er fragte mich, was ich denn so mache, und als ich es ihm erzählte, sagte er: »Na, da hast du es ja geschafft.« Und ich: »Ja, aber du hast nichts dazu beigetragen.«

Ich würde ihm gern jetzt und nicht erst an seinem Sterbebett sagen, was ich von ihm halte, dass er ein Arschloch ist. Bisher wagte ich das nicht. Wahrscheinlich, weil ich Liebe von ihm haben will. Ja, Liebe. Immer noch. Trotz allem. Wenn er mir die zeigen würde, bräche ich zusammen. Damit könnte ich nicht umgehen. Wenn mein Vater über all das mit mir reden würde, wäre das schön. Ich will wissen, was passiert ist, warum er mich nie in den Arm nahm, nie seine Gefühle zeigen konnte, wer er eigentlich ist.

Stefanie, 34, Apothekerin

»Es ist gut, dass alles so gekommen ist – für meine Eltern und für mich.«

Mutter, 60, Designerin
Vater, 64, Chemiker
Stiefvater, 62, Ingenieur
Geschwister:
eine Halbschwester, Sabrina, 25, Studentin,
und ein Halbbruder, Sebastian, 20, Student

Als sich meine Eltern vor 38 Jahren auf einer Party das erste Mal trafen, trug Mama einen Igel, war flippig, schnippisch, frech. Papa war ein Sportsmann, tanzte in allen Sälen. Die beiden waren fröhlich, unternahmen viel miteinander und waren dennoch ein Paradebeispiel für das Sprichwort: Gegensätze ziehen sich an. Vater hatte nach der achten Klasse eine Lehre in einem Chemiewerk begonnen und eigentlich keine großen Intentionen, außerhalb seines Industrielabors Karriere zu machen. Mutter war viel ehrgeiziger, besuchte nach der zehnten Klasse eine Fachschule für Design und wollte hoch hinaus. Sie war künstlerisch sehr interessiert, liebte Musik, Gemäldegalerien und das Theater. Vater neigte eher zu Fußball, Autos und Partys. Er kam aus so genannten kleinen Verhältnissen. Seine Mutter war freiwillig Hausfrau, sein Vater ein Macho, und die ganze Familie liebte vor allem Mehlschwitze und Kartoffeln. Meine Mutter dagegen stammt aus einer großbürgerlichen Familie mit Hausmädchen, strengen Tischsitten, Bildungsanspruch. Als die beiden heirateten, zogen sie ins großbürgerliche Haus der großbürgerlichen Mutter meiner Mutter, die allein lebte.

Meine Großmutter war eine offene, tolerante Frau, akzeptierte meinen fröhlichen Vater so, wie er war. Es ging ihnen allen gut. Man mochte sich.

Trotzdem trennten sich meine Eltern, als ich gerade mal zwei war. Warum, erfuhr ich erst vor kurzem: Meine Mutter erlebte diese berühmte Liebe auf den ersten Blick. Als ihr mein Vater einen Kollegen vorstellte, sah sie dem tief in die Augen und wusste: Das ist er! Sie arbeitete inzwischen auch in einem Job, in dem sie nur mit gebildeten Leistungsträgern zu tun hatte. Der intellektuelle Graben zwischen meinen Eltern war einfach zu groß.

Das erste, woran ich mich aus dieser Zeit der Trennung erinnern kann, ist, dass meine Mutter jedes Wochenende mit mir zu ihrem neuen Freund Fritz nach Hannover fuhr. Der wohnte dort mit seiner Mutter zusammen, und wenn die beiden ihr Juchhé machten, passte sie auf mich auf. Nach ein paar Monaten zog Fritz zu uns nach Darmstadt. Er war längst nicht so lustig wie Papa, eher verschlossen, fast spröde. Den musste man erst näher kennen lernen, um ihn mögen zu können.

Vater hatte inzwischen ebenfalls eine neue Freundin, Christa, gefunden, und wir wohnten allesamt bei meiner Großmutter und spielten abends zusammen Karten. Ich habe nie erlebt, dass die Vier sich zankten. Weder meine Mutter noch mein Stiefvater zeigten überhaupt je Gefühle. Es gab keine Wut, keinen Überschwang, kein Juchzen, keine Krokodilstränen bei ihnen. Sie beherrschten sich.

Doch irgendwann wurde es ein bisschen zu eng für uns alle, und mein Vater zog mit seiner Christa auf die andere Straßenseite, direkt gegenüber von unserem Haus. Was Vater und mich betraf, gab es eine klare Regelung: Stefanie ist in der Woche bei Mama und ihrem Stiefvater und am Wochenende bei ihrem Vater und Christa. Auch die Feiertage wurden präzise aufgeteilt. Ostersonntag war ich auf meinem Stammsitz, am Ostermontag im Nebengelass.

Strafmaßnahmen gegen mich wurden hinter meinem Rücken abgesprochen. Einmal hatte ich an einem Mittwoch ohne zu fragen den Saum von meinem Rock um fünfzehn Zentimeter verkürzt und bekam von Mama die klare Ansage, nun sechs Wochen nur Hosen tragen zu dürfen. Als ich mir am Samstag bei meinem Vater einen

Rock anziehen wollte, sagte er: »Kommt nicht infrage. Im Moment sind nur Hosen erlaubt.«

1977 bekam ich eine Schwester und fand das toll. Sabrina war ein totales Highlight für mich. Eine Freundin aus meiner Klasse erlebte gerade das Gleiche, was uns sehr verband. Ich war für Sabrina so etwas wie eine Zweitmutter. Mama teilte alle Aufgaben mit mir.

Auch unsere beiden Familien halfen sich, wo sie konnten. Mein Vater war der bessere Handwerker, und wenn mein Stiefvater irgendwelche Probleme mit der Heizung oder den Regenrinnen nicht in den Griff bekam, rief er nach ihm.

Alles war schön. Erst in der Pubertät hatte ich das Gefühl, dass mich mein Stiefvater nicht liebt, weil ich nicht seine richtige Tochter bin. Der hatte plötzlich so Sprüche drauf wie: »Solange du deine Beine unter meinen Tisch stellst ... « oder: »Was dem Ochsen ziemt, ziemt dem Kalb noch lange nicht.« Mama versuchte es mir zu erklären: »Fritz spürt so einen ungeheuren Druck auf sich, bei dir alles richtig zu machen.«

Machte er aber nicht. Auch mit seinen eigenen Kindern hatte er häufig Stress. Ich fand es unmöglich, dass er nur seine Meinung gelten ließ passte mich aber an, um Streit zu vermeiden. Wenn es hieß, ich solle – trotz Party – um 22 Uhr zu Hause sein, parierte ich. In der Woche waren strenge Zubettgehzeiten angeordnet.

Wenn ich mich bei meinem richtigen Vater beschwerte, dass alle anderen viel länger in die Disco dürften als ich, hob er nur die Augen zur Decke. Er mischte sich nie ein, auch seine Frau nicht.

Mama befürchtete trotzdem, dass ich bei ihm alles durfte, was aber nicht stimmte. Er erlaubte mir nur, länger aufzubleiben. Bestimmt wäre er gern mal mit mir auf eine Mitternachtsparty gegangen und hätte mir dort sicher ein Gläschen Sekt spendiert. Aber er wollte keinen Unfrieden, mich nicht in Konflikte bringen. Die Einzige, bei der wir alles durften, war Großmutter: Fernsehen bis weit nach Mitternacht, Schokolade essen bis zum Platzen. Meine Eltern engten mich ziemlich ein, was fun und action betraf. Nur ein einziges Mal durfte ich zu meinem Geburtstag eine Party schmeißen, und das auch nur in der Garage. In dieser Beziehung gönnten und erlaubten sie mir nichts. Sie selbst hatten auch wenig Spaß, keine irren Ideen, gaben nie ausgelassene Feste.

Mein Vater und Christa waren da offenener, toleranter, aber sie bekamen keine Kinder. Irgendwann tauchte ein versprengter Sohn meines Vaters auf, den er in seiner Sturm- und Drangzeit mit einer anderen Frau gezeugt hatte. Der meldete sich allerdings nur bei ihm, weil er Geld brauchte. Danach verschwand er auf Nimmerwiedersehen. Von diesem Halbbruder erfuhr ich erst, als ich zwanzig war, lernte ihn nie kennen.

Sebastian, mein anderer Halbbruder, kam 1980 zur Welt. Meine Mutter war schon vierzig, hatte mit ihm und Sabrina alle Hände voll zu tun. Die beiden waren oft krank, und da war es gut, dass wenigstes ich wie am Schnürchen lief: Stefanie war gut in der Schule, ein braves Mädchen. Ich dachte: »Du musst funktionieren, denn Mama pfeift auf dem letzten Loch.« Ich verstand ihre Situation, fühlte mich aber ziemlich im Abseits, hätte mir gewünscht, dass sie sich mehr um mich kümmert, Zeit für mich hat. Als meine Schwester anfing, in Hamburg zu studieren, fuhren meine Mutter und Fritz nach einer Woche zu ihr, um sich anzusehen, wie sie im Studentenwohnheim lebt, ob sie etwas braucht, ob sie ihr helfen können. Zu mir nach Essen kamen sie nicht. Mein Vater schon, aber der hatte ja nur mich.

Trotzdem wollte ich nie bei ihm leben. Ich hatte nicht mal den heimlichen Gedanken. Ich hing viel zu sehr an meiner Mutter. Die Frau von meinem Vater fand ich nur nett. Und die Reibereien mit meinem Stiefvater machten mich irgendwie stark. Unser Verhältnis verbesserte sich erst, als ich aus dem Haus war. Ich schätze ihn heute für seine ruhige Art.

Zu meiner Schwester hatte ich trotz aller Bevorzugung einen Superkontakt. Die war und ist sehr autark, macht, was sie will. Um meinen Bruder gab es am meisten Wirbel. Der war von einem anderen Stern.

Nach dem Abitur wollte ich Maskenbildnerin werden, denn ich schminkte und verkleidete mich leidenschaftlich gern, liebte Farben und Stoffe, konnte sehr gut nähen. Aber meine Mutter und mein Stiefvater fanden diese Äußerlichkeiten blöd. Schon wenn ich mir die Augen schminkte, lehnten sie das radikal ab, meckerten: »Du siehst aus wie das letzte Flittchen. Vergiss nicht, wo du herkommst.«

Schließlich drängten sie mich in die Pharmazie. Ich bin ganz gern Apothekerin, und deshalb sagen sie ständig: »Der Weg, den du gegangen bist, war doch richtig.«

Das stimmt ja, aber vielleicht wäre ich in einem künstlerischen Beruf glücklicher geworden. Ich hätte gern selbst entschieden, was aus mir wird.

Einmal jedoch war ich zutiefst dankbar, dass mir meine Mutter eine Entscheidung abnahm. Ich war mit fünfzehn das erste Mal schwanger, und meine Mutter reagierte darauf sehr einfühlsam und verständnisvoll. Ich dachte, sie würde mich einsperren für immer, aber sie überlegte ganz ruhig, was für mich das Beste wäre, ging mit mir zu ihrem Frauenarzt. Mein Stiefvater sagte kein Wort dazu. Eigentlich wurde bei uns zu vielem geschwiegen, Konflikte nicht ausgesprochen.

Heute habe ich zwei Kinder, einen Sohn und eine Tochter, aber die bekam ich erst nach meiner Ausbildung.

Wären meine eigentlichen Eltern zusammengeblieben, hätte es sicher ständig gebrodelt in unserer Familie, meine Kindheit wäre spannungsreicher gewesen, voller menschlicher Untiefen. Deshalb ist es gut, dass alles so gekommen ist – für meine Eltern und für mich.

Vera, 37, Bibliothekarin

»Meinem Vater ist die Brutalität seines Verlassens bis heute nicht klar.«

Mutter, Rechtsanwältin, starb 1987 mit 51 Jahren
Vater, 78, war früher Geschäftsmann, ist jetzt Rentner
Eine Schwester, Karla, 39
zwei Halbbrüder und eine unbekannte Halbschwester

Meine Kindheit war schön, das Verhältnis zu meinen Eltern gut. Vater kümmerte sich liebevoll um uns, kochte mittags für die ganze Familie und machte dafür sein Geschäft zwischen dreizehn und fünfzehn Uhr dicht. Um seine Aufträge trotzdem erledigen zu können, arbeitete er jeden Sonntag ab sieben bis mittags in seinem Büro. Unsere Eltern lebten ziemlich gleichberechtigt miteinander. Unser Haushalt war nicht eingeteilt in Frauen- und Männerbereiche – Mutter wäscht die Wäsche und Vater tapeziert das Wohnzimmer. Mama konnte den Fernseher reparieren, Vati wusste, wie man Nudeln al dente kocht und umgekehrt. Mutter stand wie er fest im Berufsleben. Sie kam aus einem akademischen Haushalt, er aus einem proletarischen.

Heftige Diskussionen gab es nur, wenn wir zu Hause über Politik sprachen. Mama war links, SPD, Vater rechts, CDU. Da flogen manchmal die Fetzen. Tiefere Konflikte zwischen den beiden, nicht nur in ihren politischen Ansichten, wurden erst deutlich, als ich elf war. Mama verdiente als Anwältin inzwischen mehr als er, und deshalb glaubte er, sich von ihr nicht die Butter vom Brot nehmen lassen zu dürfen. Die Harmonie zerfiel. Ich kann heute nicht mehr sagen, woran es lag. Im Nachhinein denke ich, dass die Gleichberechtigung doch nicht so Vaters Ding war. Meine Freunde wuchsen auch alle komplett anders auf. Der Vater verdiente das Geld, die Mutter schmiss den Haushalt und kümmerte sich um die Kinder. Die Väter nicht.

Ich liebte meinen sehr dafür, dass er anders war, hatte aber ein intensiveres Verhältnis zu meiner Mutter. Sie war eine große Geschichtenerzählerin, tauchte mit uns gern in ihre Kindheit ab. Wir hörten ihr stundenlang zu und kuschelten dabei. Mit Vater gab es mehr Action. Er verkrümelte sich gern mit uns in den Wald, um Tiere zu beobachten, oder schleppte uns zu Autorennen – das absolute Kontrastprogramm. In seiner Jugend fuhr er selber Rennen, und ich kannte alle großen Rennfahrer. Mit Mama gingen wir ins Konzert oder in Ausstellungen.

Meine Schwester und ich hingen wie Kletten aneinander. Trotzdem war es Dirk, mein elf Jahre älterer Halbbruder aus der ersten Ehe meines Vaters, der ständig auf mich aufpasste. Er war zehn, als er 1965, drei Jahre nach der Heirat meiner Eltern, für ein paar Jahre zu uns zog. Vorher lebte er bei seiner Großmutter, weil seine Mutter, Vaters Ex-Frau, nur den Erstgeborenen behalten wollte. Meinen anderen Halbbruder und eine Halbschwester lernte ich nie kennen. Jetzt, wo ich das erzähle, finde ich das alles ziemlich vertrackt, aber es ist nun mal so.

Ich war jedenfalls ein Träumerchen, ein Schusselchen, vergaß manchmal völlig die Zeit, und dann suchte Dirk nach mir und brachte mich nach Hause. Ein paarmal ging ich sogar im Schlafanzug oder in Hausschuhen zur Schule. Einmal fuhr ich mit meinem Fahrrad in meine alte Schule und merkte erst, als alle Kinder in ihre Klassen gingen, dass meine neue ja ganz woanders ist.

Dass unsere Eltern Konflikte miteinander hatten, spürten wir erst später. Zum Beispiel, wenn sie am Abend ins Bett gingen. Früher war häufig Spannung in der Luft, wenn sie sich zurückzogen, da waren sie zärtlich zueinander. Dieses Küssen und Kosen nahm rapide ab. Sie stritten sich mehr und mehr, aber meine Schwester und ich machten uns trotzdem keine Sorgen. Unsere Familie war wie ein Fels für uns, den niemand zerstören kann.

Auch über den Urlaub einigten wir uns jedes Jahr. Mama wollte in die Berge, Vati mit dem Segelboot aufs Meer. Also fuhren wir in einem Sommer in die Alpen und im nächsten an die Nordsee oder Ostsee. Mama fand sich damit ab, nörgelte trotzdem manchmal. Selbst Zehn-Meter-Boote waren ihr zu eng für die ganze Familie. Sie sagte immer: »In den Bergen wohnt man in einer schönen großen Ferienwohnung und kann spontan essen gehen.« Während unseres letzten gemeinsamen Segeltörns war der Ton zwischen den beiden spürbar schärfer. Das war stressig für uns alle.

Was nach diesem Urlaub im Sommer 1977 zwischen den beiden gelaufen ist, weiß ich nicht mehr. Im Winter jedenfalls arbeitete meine heutige Stiefmutter schon in Vaters Büro als Sekretärin und kam in der Silvesternacht mit ihrem Mann zum »Anstoßen« zu uns. Sie wohnten mit ihren Söhnen nur ein paar Häuser weiter.

Als sie kam, verbreitete sich eine ganz merkwürdige Stimmung im Raum. Sie trug einen langen Rock, unter den ein Silvesterknaller fiel und explodierte. Und obwohl es mir gar nicht ähnlich sah, war ich schadenfroh, als ihre Strumpfhose dabei zerriss. Vor Silvester saß ich einmal mit ihr auf der Hinterbank in Vaters Auto und sah, wie er sie im Rückspiegel so komisch anguckte. Das behagte mir gar nicht. Der reine Instinkt.

Und dann kam im Frühjahr 1978 alles wie aus heiterem Himmel. Wir saßen eines Abends in unserer Sitzecke in der Küche am Tisch, und Vater eröffnete uns vor dem Abendbrot: »Ich verlasse euch.« Meine Schwester und ich sagten zuerst kein Wort, und auch unsere Mutter schwieg. Sie wusste wohl schon Bescheid, was kommt. Doch dann fragte meine Schwester »warum« in die Stille, und er antwortete: »Ich habe mich in Dorothee verliebt.« Seine Sekretärin! Ihren Namen vergaß ich sofort wieder.

Ich verstand das alles nicht. Warum wollte er Mama verlassen, warum uns Kinder? Es gab von ihm aber keinerlei Erklärungen, obwohl er noch ein halbes Jahr bei uns wohnte. In dieser Zeit gab es nur Hickhack und Stress. Wir bekamen es mit einem Vater zu tun, der uns an einem Tag verließ und auszog, und es sich am nächsten Tag wieder anders überlegte. Er schlief öfter in seinem Büro und rief abends Mama an, um ihr zu sagen, dass er sie nun doch nicht verlassen will oder nicht mehr weiter weiß oder sich umbringt. Mama glaubte an die Familie und daran, dass eine Ehe ein Leben lang hält. Sie hätte sich nie von unserem Vater getrennt, egal was passiert. Sie verstand sogar seine Dramatik, hörte ihm zu, wenn er da war, redete mit ihm. Wenn er gesagt hätte, das alles sei nur eine Schnapsidee gewesen, hätte sie ihn wieder genommen. Hätte hätte hätte. Einmal tauchte seine Geliebte bei Mama auf und sagte, dass sich Vater etwas antun will. Sie solle mitkommen ins Büro.

Die beiden fuhren auf der Stelle los, aber was dort passierte, weiß ich nicht. Vaters Sekretärin lebte damals noch mit ihrem Mann und ihren zwei Söhnen zusammen. Wann ihr Gatte die ganze Geschichte erfuhr, weiß ich auch nicht. Meine Mutter sagte es ihm jedenfalls nicht. Sie war kein Mensch für Skandale. Ein paar Monate ging es weiter hin und her bei uns, und meine Schwester stand in totaler Opposition zu unserem Vater. Wenn er mal wieder zu Hause war, verbot er ihr, Freunde am Sonntag einzuladen. Hörte sie nicht darauf, setzte er die vor die Tür. Er spielte den autoritären Vater, der er früher nie war. Meine Schwester ging dann zu unserer Mutter und sagte: »Der führt sich so lächerlich auf, lass dir bloß nichts von ihm sagen.« Und Mama erwiderte: »Er kommt schon wieder zur Besinnung. Mach ihn nicht schlecht, er hat euch trotzdem lieb.«

Das schien uns aber gar nicht so, denn plötzlich begann er, Sachen von uns auf den Müll zu werfen. Zum Beispiel einen schönen alten Schlitten, der seit über hundert Jahren im Familienbesitz war. Er begründete das mit den Worten: »Der ist zu nichts mehr nutze, der muss weg.«

Für mich brach nach und nach meine heile Welt zusammen. Bis dahin hatte nur ein Mädchen in meiner Klasse geschiedene Eltern, und ich weiß noch, wie leid sie mir tat. Dass mich das eines Tages auch betreffen würde, war so unvorstellbar für mich, dass ich es niemandem erzählte. Erst später.

Ich war in der Zeit der Trennung viel allein, weinte unzählige Tränen in meinem Kämmerlein, wollte nicht mal mehr mit meinen Freunden zusammensein. Meine Mutter saß derweil im Wohnzimmer, rauchte eine nach der anderen und war verschlossen und enttäuscht. Zu uns war sie aber sehr lieb.

Trotzdem konnte ich diese ständigen Auseinandersetzungen, ihren Kummer nicht verkraften. Wir waren eine Einheit, die auseinander fiel, und das war für mich außerhalb meiner Vorstellungskraft. Ich wusste nicht, was ich machen sollte, wenn er kam. Meine Schwester war da anders. Sie suchte ständig Streit mit ihm, egal worüber: über Politik, die Schule, ihre Freunde, sein Verhalten. Karla fand ihn reaktionär, Scheiße und Banane. Ich auch, aber ich war nie ein Konfliktmensch, wagte nicht, das auszusprechen, fühlte mich viel zu beschädigt. Es war eine Tortur.

Im Sommer sprach unsere Tante dann ein Machtwort: »Ihr müsst hier mal raus!« Wir hörten auf sie und fuhren zu dritt nach Spanien. Das war keine gute Idee, denn wir vertragen allesamt keine Sonne und waren von oben bis unten verbrannt. Der Urlaub war grauenvoll – wie eine Verbannung. Als wir zurückkamen, war Vater weg. Er hatte nur seine privaten Sachen mitgenommen – Anzüge, Schlipse, Bücher, seine Münzsammlung.

Meine Schwester und ich überlegten dann: Was machen wir mit unserem Vater? Wollen wir ihn sehen oder nicht? Will er überhaupt Kontakt zu uns? Das war ein schwieriger Prozess. Mama war überzeugt, dass er sich ganz nach unserem Willen richten würde. Trotzdem waren wir überfordert. Unsere guten Erinnerungen waren zu stark, und deshalb konnten wir nicht begreifen, dass er uns verlassen hatte.

Wir schrieben ihm einen Brief und begannen fünfmal von vorne, weil wir nicht die richtigen Worte fanden. Schließlich teilten wir ihm in ein paar dürren Sätzen mit, dass wir ihn auf absehbare Zeit nicht sehen wollen und auch nicht möchten, dass er bei uns vorbeikommt.

Er hielt sich daran, schrieb uns nur zum Geburtstag und zu Weihnachten eine Karte, betonte aber immer wieder, wie gern er uns sehen würde. Das nahmen wir nicht ernst, lehnten ihn weiterhin ab.

Vaters Sekretärin hatte ihren Mann und ihre Söhne, neun und zwölf Jahre alt, für ihn verlassen. Wie es denen dabei ging, interessierte mich nicht die Bohne. Die hätten allesamt mit der »Titanic« untergehen können – mir wäre das egal gewesen. Ich weiß nur, dass die Knaben später mal bei ihrem Vater und mal bei ihrer Mutter und meinem Vater wohnten. Ein Bein riss er sich wohl nicht für sie aus.

Vater und ich sahen uns zu meiner Konfirmation das erste Mal wieder. Er kam in die Kirche und setzte sich ganz hinten in die letzte Reihe. Nach meiner feierlichen Aufnahme in die Welt der Erwachsenen setzte er sich ins Auto und fuhr weg. Wir wechselten kein Wort miteinander. Das alles schmerzte mich sehr.

Ein Jahr später traf ich ihn auf der Straße, und er fragte mich, ob wir uns nicht mal sehen könnten. Ich war von dieser Situation überfordert. Da begegnest du jemandem, der dir eigentlich so vertraut ist, aber du kannst nicht mit ihm reden. Gruselig. Ich stammelte nur »ja, ja« und verschwand.

Danach herrschte neun Jahre absolute Funkstille zwischen uns. Als ich später mit ihm telefonierte, ging es um meinen Unterhalt. Ich studierte noch, aber er zahlte nicht mehr. Ich rief ihn an, um ihm zu sagen, dass er mir endlich meine Alimente überweisen soll. Und er antwortete mir: »Ich habe nicht mal soviel Geld, um mir neue Unterhosen zu kaufen.« Er bot mir stattdessen ein paar Stereoanlagen aus seinem Geschäft an, die ich ja weiterverkaufen könnte. Mir liefen die Tränen übers Gesicht.

Mutter blieb die ganzen Jahre allein. Sie war eine treue Frau und deshalb so wahnsinnig enttäuscht über Vaters Verrat. Sie hat seine Zurückweisung nie verstanden und nie akzeptiert. Offiziell ließen sich die beiden nie scheiden, was Karla und ich nicht verstanden, denn unsere Mutter hätte dadurch geistig abschließen können. Einmal traf sie sich mit ihm, um über eine Trennung zu reden, aber sie beließen dann doch alles beim Alten.

Für kurze Zeit verband Mutter eine schöne Freundschaft mit einem Kollegen, ansonsten stürzte sie sich in die Arbeit. Nur ihr Job holte sie aus der Traurigkeit heraus. Ich fand ihr Leben einsam. Einmal fuhren wir zusammen nach Finnland, besuchten dort sogar ein Casino, gewannen viel und verloren wieder alles. Auf der Fähre zurück nach Deutschland bemühte sich ein richtig netter Mann um sie, aber sie fand das alles nur komisch. Sie wollte ihn nicht, war nicht bereit, jemand anderen als Vater an ihrer Seite zuzulassen. Ich war damals sechzehn und fand das schade. Dieser Mann hätte ihr gut getan. Mit der Zeit ging es ihr aber besser. Sie knüpfte neue Kontakte, traf sich mit Freunden.

Nach dem Abitur lebte ich für ein halbes Jahr als Au-pair-Mädchen im Ausland, Karla studierte in einer anderen Stadt. Mutter und ich telefonierten oft miteinander, waren uns weiterhin sehr verbunden, sehr zugetan. Ich erzählte ihr alles, was mich bewegte. Sie allerdings sprach selten über ihre Gefühle.

Als ich im April 1985 zurück nach Stuttgart kam, holte sie mich vom Flughafen ab. Ich bekam einen Schock, als sie vor mir stand, denn sie sah elend aus. Ein Auge von ihr war fast verschoben, und ich ging mit ihr sofort zum Arzt. Die fanden nichts, weil sie nicht ihren ganzen Körper untersuchten. Mama bestand auch nicht darauf – aus Angst vor der Wahrheit, weil sie spürte, dass ihre Krankheit sehr schlimm ist. Das war sie auch. Sie hatte schon zu diesem Zeitpunkt einen Knoten in der Brust. Krebs.

Es fiel mir schwer, sie allein in Stuttgart zurückzulassen, aber mein Studium in München begann, und sie beschwor mich regelrecht, mein Bündel zu schnüren und meinen Weg zu gehen.

Nach drei Monaten ging es ihr richtig elend. Ich hörte am Telefon, wie kurzatmig sie war und fuhr sofort zu ihr, um sie zu pflegen. Sie schob ihren Zustand auf alles Mögliche, aber ich glaubte ihr nicht und brachte sie zu unserem Hausarzt. Der überwies sie in die Uniklinik, und die Ärzte dort fragten sie nach der Untersuchung: »Wieso kommen Sie erst jetzt?« Sie hatte nicht nur diesen Knoten in ihrer Brust, die Metastasen waren schon überall, eine Operation nicht mehr möglich. Sie gaben meiner Mutter noch drei bis sechs Monate.

Doch dann passierte ein Wunder. Die Chemotherapien schlugen so gut an, dass eine Operation nun möglich war. Zweieinhalb Monate später fuhr Mutter zur Kur und ging danach wieder arbeiten, obwohl nichts absehbar war. Sie hatte so einen Lebenswillen, entwickelte so eine Kraft, war stärker als wir alle zusammen und ermahnte Karla und mich ständig, uns nicht so hängen zu lassen. Sie tröstete UNS, schickte meine Schwester und mich zurück an die Uni.

1987, zwei Wochen vor Weihnachten, bat sie mich am Telefon: »Vera, du musst mal kommen.« Es ging ihr ganz ganz schlecht. Es war klar, dass sie wieder in die Klinik musste, aber diesmal bestand sie auf einer in München. Sie wollte in meiner Nähe sein.

Am 12. Dezember brachte sie ein Krankenwagen von Stuttgart nach München, und ich saß jeden Tag an ihrem Bett. Am 24. Dezember starb sie. Es war kurz vor ihrem 52. Geburtstag.

Wir wollten nicht, dass Vater zu ihrer Beerdigung kommt, denn wir gaben ihm die Schuld an der Krankheit unserer Mutter. Die Enttäuschung über ihn war für sie übermächtig, sie konnte nichts dagegensetzen.

An ihm prallte scheinbar alles ab. Auch, dass wir ihn nicht sehen wollten. Erst drei Jahre nach Mutters Tod, Karla war 26, ich 24, gaben wir seinen Bitten nach einem Wiedersehen nach.

Die Begegnung war merkwürdig, haute mich um. Er war mir so vertraut. Jede seiner Bewegungen. Sein Lächeln. Lauter Kleinigkeiten. Das holte alles wieder in mir hoch. Ich wollte gucken, wollte hören, was er sagt, aber vorsichtig, mit großem Abstand. Ich bin kein Mensch, der Konflikte austrägt. Fluchten waren mir immer lieber.

Ab und zu riefen wir uns nach diesem Treffen an, und es gab zaghafte Versuche der Annäherung zwischen uns Dreien. Seine Frau wollten wir nicht sehen. Die war für uns der Feind, das rote Tuch.

Irgendwann sprachen wir über DAMALS miteinander, und ich hatte Angst, dass er uns noch einmal verletzt, uns sagt, dass wir ihm nie wirklich wichtig waren.

Er tat das Gegenteil, erzählte, wie sehr wir ihm fehlten, aber alles sei so schwierig gewesen, denn wir standen ja immer auf der Seite unserer Mutter. Er war für alle nur der Bösewicht. Ich denke, meinem Vater ist die Brutalität seines Verlassens bis heute nicht klar.

Inzwischen ist unser Verhältnis aber beinahe freundschaftlich. Vater denkt jetzt politisch ganz links, ist lebenslustig, quirlig – das mochte Mutter vor allem an ihm. Wir sind uns ziemlich ähnlich in vielen Dingen.

Ich habe ihm verziehen. Dass er sich gegen uns entschied, verstehe ich trotzdem nicht. Das bleibt ein kapitales Verbrechen. Durch seinen Weggang habe ich Schaden genommen. Männer in seinem Alter waren für mich lange Zeit Feinde, vor allem, wenn sie Familienoberhauptallüren zeigten. Ich reagierte schon allergisch, wenn die Väter von Freunden durchs Haus riefen: »Es gibt Essen.« Jetzt finde ich Männer zwischen Mitte vierzig und Anfang fünfzig, also in dem Alter, in dem er uns verließ, attraktiv.

Den Vornamen seiner neuen Frau konnte ich mir ewig nicht merken. Erst als die beiden vor sieben Jahren heirateten, kam ich nicht mehr drum herum, ihn zu kennen: Dorothee. Sie war zuerst sehr zurückhaltend, und wir gingen ganz vorsichtig aufeinander zu. Sie ist siebzehn Jahre jünger als er, ein menschenfreundlicher Typ, christlich angehaucht. Und ich muss gestehen, dass die beiden sehr glücklich miteinander sind. Vielleicht, weil sie sich ihm, im Gegensatz zu Mutter, stets brav unterordnet.

Mein Abstand zu ihr und meinem Vater bleibt. Früher sagte ich »Vati« zu ihm, heute tendiere ich dazu, ihn beim Vornamen zu nennen.

Nach dem Tod meiner Mutter löste ich mich von meinem ersten festen Freund. Wir saßen am Tisch, aßen Abendbrot und ich sagte zu ihm: »Ich glaube, es ist besser, wir trennen uns.« Und er antwortete: »Ja, das ist mir auch recht.«

Da war ich hinterher richtig beleidigt, obwohl ich unsere Beziehung beenden wollte. Diese beiden Sätze haben uns beide noch Jahre beschäftigt.

Seit elf Jahren lebe ich nun mit Hannes, meinem Mann, zusammen. Wir haben vor kurzem geheiratet und werden demnächst selbst Eltern. Als ich ihn das erste Mal sah, dachte ich: »Acht Wochen fürs Bett.« Und er: »Vier Wochen fürs Bett.« Ich hätte nie gedacht, dass unsere Liebe so lange hält. Hannes wollte unabhängig sein, sein Leben sollte in zwei Plastiktüten passen. Er ist aber ein Familienmensch, hängt auch sehr an seinem Zwillingsbruder.

Ich bin kein Familienmensch, aber seine liebe ich. Die sind alle völlig unkompliziert, und nicht einer in seiner Verwandtschaft ließ sich je scheiden. Da gibt es Trennung nur durch den Tod. Als wir über eine Ehe nachdachten, geriet ich in Panik, zitterte innerlich: »Hier kommst du nie wieder raus, wo sich in seiner Familie doch nie einer scheiden lässt.« Ich fühlte mich wie in Ketten gelegt, bangte um meine Freiheit, obwohl wir sie uns seit Jahren lassen. Kurz vor der Trauung sagte ich deshalb zu ihm: »Ich heirate dich nur unter der Bedingung, dass wir uns sofort scheiden lassen, wenn wir uns nicht mehr lieb haben und nicht mehr verstehen.« Er war einverstanden.

Aber schön wäre es doch – so eine richtig glückliche Familie zu haben bis ans Ende unserer Tage.

Dirk, 37, Grafiker

»Ich gab den Clow, um zu überleben.«

Mutter, 60, Verkäuferin
Vater, 66, Handwerker
keine Geschwister

Ich bin der Unfall meiner Mutter und das Wunschkind meines Vaters. Er war 26, meine Mutter 19, als die beiden in den Stand der Ehe traten. Meine Kindheit war geprägt von der Abwesenheit meines Vaters, denn er arbeitete nur. Wir lebten in einer Kleinstadt im Haus der Großmutter. Vater hatte für uns den Dachboden ausgebaut. Ich kann mich nicht erinnern, dass wir je Vater, Mutter, Kind gelebt hätten. Es gab kein Familienleben. Meine Mutter fuhr mit mir stets allein in den Urlaub. Vater nahm mich lieber ab und zu mit in die Kneipe. Nur einmal begleitete er uns. In den Allgäu. Von dieser Reise, damals war ich drei, gibt es ein paar Fotos, aber keine eigenen Bilder in meinem Kopf.

Zu diesem Zeitpunkt begannen schon die Auseinandersetzungen zwischen meinen Eltern. Die beiden sind cholerische Charaktere, sie stritten sich häufig, schrien sich an. Mein Vater war sehr rechthaberisch und brachte meine Mutter damit schnell in Rage. Eine frühe und dunkle Erinnerung sieht so aus: Mutter steht in der Küche, spült gerade ein paar Gurkengäbelchen ab, und Vater provoziert sie aus irgendeinem Grund so heftig, dass sie damit nach ihm wirft und eins der Gäbelchen in seiner Nase stecken bleibt. Die beiden wunden Punkte leuchteten ein paar Tage richtig in seinem Gesicht. Mir gegenüber rutschte ihr auch gern die Hand aus. Sie schlug mich, wenn sie keinen anderen Ausweg sah. Was nach der Geschichte mit den Gurkengäbelchen passierte, weiß ich nicht. Ich war jedenfalls fünf, als sich meine Mutter das erste Mal von meinem Vater trennen wollte. Dafür gab es viele Gründe. Zum Beispiel seine Probleme mit Alkohol.

Ein anderer, dass meine Großmutter, seine Schwiegermutter, ständig gegen ihn opponierte. Mein Vater empfand sich als Arbeiter, und meine Großmutter meinte, ihre Tochter hätte was Besseres verdient. Eigentlich war meine Mutter kaufmännische Angestellte, gab ihren Beruf aber auf, um Vater im Betrieb zu helfen. Mein Vater nannte meine Großmutter »Beamten-Emmi«, und die lief mit ihrer Perlenkette durch die Gegend und erzählte allen, was mein Vater für ein roher Geselle sei. Vater wollte von Anfang an weg von ihr, raus aus dem Haus, aber wir zogen erst 1970 in eine eigene Wohnung.

Das half nicht, ihr Glück endlich aufblühen zu lassen. Es verkümmerte eher noch mehr, die beiden trennten sich und Mutter zog mit mir zurück zu ihrer Mutter, von der sie sich nie abnabelte. Ein paar Wochen später stand mein Vater allerdings wieder auf der Matte und flehte sie an, es noch einmal mit ihm zu versuchen. Er schwor ihr: »Ich werde nicht mehr trinken, mich besser benehmen. Komm zurück!« Das ging so ein paar Monate, bis sie nachgab und wir zu ihm zurückzogen.

Kaum lebten wir wieder bei ihm, begann alles von vorne und sie erstickte fast in diesen beschränkten Verhältnissen. Sie hatte das furchtbare Pech, zu früh geboren zu sein. Eigentlich wollte sie aufs Gymnasium, aber der Vater erlaubte nur die Realschule, denn Mädchen heiraten sowieso irgendwann. Mit siebzehn traf sie ihre große Liebe, durfte den Mann aber nicht heiraten, denn sie war zu jung, wie ihr Vater meinte. Schließlich wollte sie als Au-pair für ein Jahr nach England, was ihr nur Hohngelächter einbrachte.

Dann lernte sie meinen Vater kennen und blieb bei ihm, weil sein Vater starb, den er sehr liebte. Er litt unter seinem Tod und sie brachte es nicht über sich, ihn in seinem Schmerz allein zu lassen. Er war für meine Mutter die typische zweite Wahl. Einmal stand sie vor dem Kino und wartete auf ihn, bis seine Schwester nach über einer Stunde kam und ihr sagte, er läge zu Hause im Schlafanzug auf der Couch und hätte erst jetzt daran gedacht, dass sie verabredet seien.

Mein Vater wollte das klassische Ding: heiraten, Sohn zeugen, den von der Hausfrau und Mutter an seiner Seite großziehen lassen und er als der Ernährer der Familie. Das funktionierte nicht, weil Mutter im Geschäft mithelfen musste. Ansonsten sollte sie schön zu Hause bleiben. Wenn sie einmal im Monat mit ihren Freundinnen zum Kegeln ging, musste sie jedes Mal darum kämpfen. Vater war stets eifersüchtig auf ihre Unternehmungen, weil er spürte, dass er nicht ihr Traummann war und sie ihre kleinen Nischen brauchte, um aufzutanken.

Ein Teil meiner Therapie, die ich seit langem brauche, ist, dass diese Geschichten alle im Nebel sind. Sie liegen wie hinter einem Schleier. Vater erzählt mir heute noch ständig etwas aus alten Zeiten und fragt mich dann: »Erinnerst du dich?«

Nein, ich erinnere mich nicht.

Vater vermochte es nie, Probleme zu erkennen, sie zu thematisieren und zu klären. Deshalb ging er zwischen 1970 und 1973 vom Lustsaufen zum Frustsaufen über. Als er mit harten Sachen anfing, die er nicht vertrug, gab es bei ihm richtige Alkoholexzesse. Er kam dann erst nachts nach Hause oder gar nicht. Dafür gab es irgendwann den Anruf aus einer seiner Kneipen, dass er von da oder dort abzuholen sei. Einmal griff er meiner Mutter auf der Heimfahrt ins Lenkrad, weil besoffene Männer immer noch besser Auto fahren als Frauen. Meine Mutter fuhr mit dem Wagen gegen eine Mauer und kam mit einer Gehirnerschütterung ins Krankenhaus.

Ich erlebte ihn nie mehr nüchtern. Wenn er es war, arbeitete er. Früher war er ein sehr erfolgreicher Geschäftmann, aber mit dem Suff übertrug er mehr und mehr Aufgaben an seine Angestellten, die begannen, in die eigene Tasche zu wirtschaften. Das waren die reinsten Horrorjahre.

Kuscheln konnte er gar nicht. Zärtlichkeiten, und sei es nur ein Streicheln übers Haar, waren ihm fremd. Ich erinnere mich an ein paar Spaziergänge mit ihm im Wald: »Wir machen jetzt mal was unter Männern.« Oder er nahm mich mit in die Kneipe, Karten spielen.

Die meiste Fürsorge bekam ich von meiner Großmutter, die sich tatsächlich um mich kümmerte. Meine Mutter überließ ihr das gern, denn sie fühlte sich auch ohne mich schon total überfordert. Nur am Sonntag, wenn sie für uns kochte, mochte sie meine Nähe und ging mit mir nach dem Essen an den Weiher Schwäne füttern.

Die Sonntage waren ab und zu schön.

Ansonsten verzog ich mich in mein Zimmer, baute mir aus meinen Legokästen martialische Ritterburgen oder Weltraumstationen und schuf mir so meine eigene Welt. Ich konnte mich stundenlang allein beschäftigen, musste es sogar, denn meine Mutter stand ständig kurz vor dem Nervenzusammenbruch. Wenn sie aus dem Büro kam und ich sie nur begrüßen wollte, hörte ich stets den gleichen Satz: »Lass mich bitte erst mal in Ruhe.«

Sie brauchte mich erst, als sie selbst nicht mehr weiter wusste. Da war ich acht. Meine Eltern waren inzwischen nicht mehr in der Lage, ruhig und vernünftig miteinander zu reden. Sie schrieen sich nur noch an, es flogen Tassen und Teller durch die Gegend. Einmal schmiss Vater mit einem Kerzenleuchter nach ihr und drückte seine Zigarette in ihrem Gesicht aus. Das alles geschah nachts, nachdem alle Kneipen dicht gemacht hatten.

Es war die Hölle. Ich lag verängstigt im Bett, hörte mir ihre Brüllereien an, und sie bemühten sich nie, mich davor zu schützen. Nach diesen schrecklichen Auseinandersetzungen saß Vater häufig mit heruntergelassener Hose auf dem Klo, unfähig, sich wieder zu erheben und sich schlafen zu legen. Meine Mutter und ich schleppten ihn dann ins Bett und deckten ihn zu. Kein Wunder also, dass ich auf ihrer Seite war.

Er trank immer mehr und vertrug immer weniger. Die Gewalt eskalierte, und Mutter kam jedes Mal in mein Zimmer und schloss die Tür hinter sich ab, wenn er nach seinen Kneipentouren in unsere Wohnung torkelte. Das brachte ihn noch mehr zur Raserei. Einmal nahm er vom gegenüberliegenden Badezimmer aus Anlauf, krachte so lange gegen meine Tür, bis der Türrahmen splitterte, und zerrte Mutter aus meinem Bett.

Ein anderes Mal, es war Weihnachten, durfte ich wie immer um diese Zeit meine Modelleisenbahn im Schlafzimmer meiner Eltern aufbauen. An einem Abend lag Mutter seit langem wieder einmal in ihrem eigenen Bett, als er plötzlich betrunken davor stand, ihr die Bettdecke wegriss und auf meine Modelleisenbahn warf. Danach zog er sie an ihren Haaren vom Kopfkissen und prügelte auf sie ein. Meine Modelleisenbahn brach zusammen, und ich war rasend wütend auf ihn.

Das sind alles Geschichten, die er bis heute nicht zugibt. Damals redete ich mit niemandem darüber, machte alles mit mir selber ab.

Sich von ihm scheiden zu lassen beschloss sie erst, als ich ein anderes Mal mit einem Messer auf ihn losging. Daran erinnere ich mich aber nicht. Mutter erzählte es mir, als ich schon erwachsen war. Aber ich erinnere mich an die gusseiserne Pfanne, mit der ich ihn niederstrecken wollte. Ich kam auf die Idee, weil mir Mutter immer erzählte, was sie am liebsten mit ihm machen würde, wenn er betrunken nach Hause kommt. Dieser Versuch muss lächerlich ausgesehen haben, denn die Pfanne war schwer und ich klein und schmächtig. Trotzdem erhob er nie die Hand gegen mich. Aber meine Mutter. Ihr ständiger Spruch nach der Scheidung hieß: »Kleine Schläge auf den Hinterkopf fördern das Denkvermögen.« Der Kochlöffel lag stets auf dem Tisch, um mich nach begangener Untat strafen zu können.

Die erste Erinnerung an die Zeit nach der Scheidung habe ich vom 15. Mai 1975. Mutter und ich waren in ein Hochhaus in der Nachbarstadt umgezogen und Vater holte mich an diesem Sonntag unten an der Haustür ab, um mit mir Eis essen zu gehen. Erst am 19. August des gleichen Jahres sahen sich meine Eltern das erste Mal wieder. Ich lag nach einem Fahrradunfall schwer verletzt im Krankenhaus und die beiden standen neben mir am Bett und stritten sich nicht. Dieser 19. August ist auch der Tag, an dem sich meine Eltern das letzte Mal sahen. Ihr Rosenkrieg war aber mit der Scheidung nicht beendet, sondern wurde weitergeführt. Vater terrorisierte Mutter per Telefon, und hin und wieder waren die Reifen von ihrem Auto platt. Später zog er sogar vor Gericht, weil er pleite war und keinen Unterhalt mehr zahlen wollte.

Nach ein paar Monaten traf meine Mutter ihre Jugendliebe wieder und war dreizehn Jahre lang seine Geliebte. Der Mann war ein verheirateter Handelsvertreter und wohnte in der Woche bei uns und am Wochenende bei seiner eigentlichen Familie. Ich war nicht wichtig für ihn. Erst als mein Vater eine andere Frau kennen lernte, die ihn finanziell unterstützte, hörten seine Aggressionen endlich auf.

Was jetzt kommt, mag sich komisch, geradezu befremdend anhören, aber ich wünschte mir trotzdem, dass meine Eltern wieder zusammenkommen. Ich schmiedete laufend Pläne, wie ich das erreichen könnte. Einmal war ich drauf und dran, sie unabhängig voneinander in ein Restaurant einzuladen und hinter einer Säule versteckt zu erleben, wie sie sich glücklich in die Arme fallen.

Mit diesem Wunsch blieb ich allerdings allein. Die beiden hatten alle Hände voll damit zu tun, ihren Hass gegen den anderen auf mich abzuladen. Meine Mutter sagte über ihn: »Dein Vater ist ein Arschloch, ein Säufer, ein Charakterschwein.« Und mein Vater über sie: »Deine Mutter hat mich ruiniert, sie ist fremdgegangen, eine Hure.«

Um mich auf seine Seite zu ziehen, schenkte er mir all das, was mir Mutter nicht geben konnte: ein Rennrad, Klamotten, Geld, obwohl er ihr den Unterhalt aus angeblicher persönlicher Finanznot verweigerte. Weil ich das ganz schnell mitbekam, hielt ich nicht mehr pausenlos dagegen, wenn er etwas sagte, sondern heuchelte Zuneigung, denn ich wusste – wenn ich nett zu ihm bin, bekomme ich alles, was ich will.

Und meine Mutter? Die hätte dringend eine Therapie gebraucht. Sie war arbeitslos, abhängig vom Geld ihrer Mutter, bei der wir wieder wohnten, und ließ ihre Verzweiflung darüber an mir aus. Ich reagierte mit Trotz, verweigerte mich, wenn ich mein Zimmer aufräumen, den Müll hinunterbringen sollte. Ihr Standardspruch lautete jedes Mal, dass Männer ihr Leben zerstört hätten: erst ihr Vater, dann mein Vater und nun ich. Auf der anderen Seite bestand sie aber darauf, dass ich ihn als meinen Vater respektiere, wenn ich gegen ihn rebellierte: »Er ist immer noch dein Vater!«

Wahrscheinlich tat sie das, weil sie weiteren Terror befürchtete, wenn er das Gefühl hätte, sie beeinflusst mich gegen ihn.

Erst drei Jahre nach der Scheidung, ich ging mittlerweile in die siebente Klasse, fand sie wieder Arbeit, und meine Erziehung lag nun voll und ganz in den Händen meiner Großmutter. Ich war ein sehr schlechter Esser und wenn Mutter in der Mittagspause aus dem Geschäft zu uns kam, gab es ein Heidentheater, wenn ich etwas auf meinem Teller ließ. Sie griff zum Kochlöffel, um mich zu schlagen, und ich kroch unter die Eckbank in der Küche, bis sie wieder zur Arbeit musste.

Oma schenkte mir hinterher Schokolade, um mich zu trösten. Ich liebte sie sehr, natürlich nicht nur deshalb. Das Verhältnis zu meiner Mutter verschlechterte sich, weil ihr so oft die Hand ausrutschte. Vielleicht prügelte sie aus mir heraus, was Vater in sie hineingeprügelt hatte.

Als sie gar nicht mehr mit mir klarkam, hieß es plötzlich: »Du kommst ins Internat«, und ich landete tatsächlich in einem Schülerheim mit vierzig Kindern in der Nähe unserer kleinen Stadt – lauter schwer erziehbare kleine Kröten, die meisten von ihnen Hauptschüler. Ich war auch klein, dünn, schwächlich, aber vorlaut und schlauer als die anderen. Ein richtiges Internat, im Schwarzwald oder so, kam trotzdem nicht infrage – zu teuer.

Ich gab den Clown, um überleben zu können. Im zweiten Jahr kam ich in den Schlafsaal der Größeren und war nun zusammen mit meinen übelsten Peinigern. Sie verprügelten mich und hängten mich kopfüber aus dem Fenster. Das war ein einziges Martyrium, und ich setzte Himmel und Hölle in Bewegung, um da herauszukommen. Weil meine Mutter die Schotten dicht machte, benutzte ich meinen Vater, der dieses Schülerheim als Grausamkeit meiner Mutter gegen mich empfand und sich deshalb an den zuständigen Pfarrer wandte. Nach anderthalb Jahren, mitten in der neunten Klasse, hatte der meiner Mutter endlich klargemacht, dass ich unter diesen Bedingungen zerbreche, und sie holte mich zurück nach Hause.

Ich war inzwischen fünfzehn, pubertierte wie wahnsinnig und machte nun ihr das Leben zur Hölle: kiffte, trieb mich unentwegt im autonomen Jugendzentrum herum und hatte mein Coming Out als Schwuler.

Sie heulte, weil ich schwul war, ich heulte, weil ich schwul war, denn ich wollte nicht anders sein als die anderen. Trotzdem machte ich mein Schwulsein sofort öffentlich und lehnte jede Kontrolle ihrerseits ab. Sie wollte beispielsweise, dass ich jeden Abend um 22 Uhr 30 zu Hause bin. Eine Zeit lang hielt ich mich daran, dann zog ich nur noch mein Ding durch. Die Schule vernachlässigte ich allerdings nie. Ich war ein guter Schüler.

Wir gingen uns aus dem Weg, obwohl sie tief unglücklich, sehr allein war. Ihr Geliebter verbrachte das Wochenende und das Weihnachtsfest zu Hause bei seiner Familie, und in der Woche saß er mit meiner Mutter vor dem Fernseher und ich in meinem Zimmer. Oder ich war unterwegs. Anfang der achtziger Jahre engagierte ich mich politisch stark. Mein bester Freund war Gründungsmitglied der Grünen.

Zu Hause blieb ich extrem aufsässig. Ob das mit der Trennung meiner Eltern zusammenhängt, weiß ich nicht. Mein Coming-out jedenfalls hatte nichts mit der Scheidung zu tun, aber es beschleunigte die Entfremdung zwischen meinen Eltern und mir.

Ich hasste sie beide. Meine Mutter vor allem, weil ich sie nicht lieben durfte. Sie war permanent mit sich selbst beschäftigt, finanziell von ihrer Mutter abhängig und emotional von einem Oberpascha, der sie über Jahre mit dem Satz hinhielt: »Wenn meine Kinder mal erwachsen sind ... «

Ihren Frust darüber ließ sie an mir aus, und ihr Standartsatz blieb bis auf die letzte Kommastelle gleich: »Ich habe ein Leben lang unter Männern gelitten ... «

Das einzige Mal, wo ich tatsächlich Mütterlichkeit bei ihr spürte, war bei meinem Coming-out. Als ich es ihr offenbarte, hörte sie mir zu, verstand meine Situation, hielt zu mir. Auch mein Vater verstieß mich nicht, obwohl er sich einen ganz anderen Sohn gewünscht hatte. Das war einer der wenigen Momente meiner Jugend, wo ich dachte: Es sind doch deine Eltern, da gibt es so etwas wie Liebe. Trotzdem entfernte mich mein Schwulsein von ihnen. Ich war ein schräger Vogel, trug meine Haare bunt und wirr.

Als ich siebzehn war, reichte es ihr. Sie kam eines Tages in mein Zimmer, legte mir eine Zeitung auf den Schreibtisch und sagte: »Zieh aus!« In der Rubrik »Mietwohnungen« hatte sie schon all die angekreuzt, die für mich infrage kamen. Eine davon nahm ich auch und gehörte in der zwölften Klasse zu den wenigen, die schon eine eigene Wohnung besaßen. Die Typen aus meiner Clique hingen jeden Tag bei mir ab, Mutter bezahlte die Miete und es war geil.

Wenig später gründete ich mit anderen Minderjährigen eine schwule Jugendgruppe und kam ins Fernsehen. Die ARD drehte gerade eine 45-Minuten-Dokumentation, die »Ausbruch aus der Idylle« hieß. Es ging darin um Punks in der Großstadt, Arbeitslose, Friedensbewegte und Schwule in der Provinz. Mein bundesweites Coming-out lief in der ARD um 20 Uhr 15 über den Sender, was keinen interessierte, weil die meisten zur Prime-Time lieber Krimis oder Fußball gucken. Erst als die Sendung am nächsten Tag um 12 Uhr 30 wiederholt wurde, bekam meine Mutter einen Nervenzusammenbruch. Damals arbeitete sie in einem Fernsehfachgeschäft und sah plötzlich auf sämtlichen Monitoren einen Typen mit grünen Haaren auf einem rosa Sessel sitzen, der nicht nur aussah wie ihr Sohn, sondern es tatsächlich war.

Obwohl eine Kollegin zu ihr sagte: »Sei doch stolz auf ihn, das ist doch mutig, was er da macht«, war sie not amused. Danach besaß ich bei ihr völlige Narrenfreiheit. Sie hörte auf zu versuchen, mich zu verstehen. Das alles passte nicht in ihre Welt.

Während des Abiturs hatte ich 33 Prozent Fehlstunden, und man ließ mir auch in der Schule Narrenfreiheit. Für die Lehrer war ich ein bunter schräger Vogel – intelligent, aber nicht durchschaubar. Am Tag der Zeugnisvergabe mit Fete feierte ich meinen achtzehnten Geburtstag und zog kurz darauf nach Berlin (West).

Im Kreuzberg der achtziger Jahre gab es viele Freiräume, die Einheit von Leben und Arbeit gegen dieses Schweinesystem. Über diese Schiene konnte ich alles rechtfertigen. Ich nahm jede Droge, die es gab – außer Heroin. Heroin war – stark durch Christiane F. geprägt – eine Looser-Droge für mich.

Dieser Hang zum Extremen ist ganz sicher eine Reaktion auf den Frust meiner Kindheit, denn im Grunde meines Herzens sehnte ich mich nach der Kleinbürgerlichkeit eines Zuhauses mit Couchgarnitur, Schrankwand und einem Vater, der am Sonntag Schnitzel in der Pfanne brät und dabei eine Schürze mit der Aufschrift trägt: »Hier kocht Vati!«. Diese Sehnsucht steckte tief in mir, aber mit zwanzig hätte ich mir das nie eingestanden. Aus Protest entwickelte ich mich in die andere Richtung. In mir gab es nur Chaos und Rebellion, um an den Punkt zu gelangen, das andere nicht mehr zu sehen. Es war auch eine Form der Selbstbestrafung, denn ich litt andererseits wie ein Hund, dass ich an der FU nicht meine Scheine machte und studierte. Niemand hatte mir in der Kindheit diese Disziplin mitgegeben. Bevor ich zu meiner Mutter oder zu meinem Vater fuhr, bei dem ich während meiner Stippvisiten in die Provinz meistens wohnte, verwüstete ich vorher meine Haare und meine Klamotten. Ich wollte sie schockieren, verletzen, in ihnen Schuldgefühle wachrütteln für das, was sie mir angetan hatten. Dieser Wunsch war viel stärker als meine politische Motivation, grüne Haare zu tragen und Drogen zu nehmen.

Nach meinem ersten Besuch schrieb mir mein Vater einen Brief, in dem stand: »Es kann doch nicht deine Zukunft sein, in Kreuzberg Autos anzuzünden.« Er traf damit ins Schwarze, denn ein Jahr Berlin hatte mir nicht mehr als Partys und Drogen gebracht. Er überwies mir aber weiter 900 Mark im Monat – wahrscheinlich, weil ihn sein schlechtes Gewissen plagte.

Früher schrieb ich gern Gedichte und kleine Kurzgeschichten, in Berlin tingelte ich 1985 als Performancekünstler durch die Gegend und nannte mich Futura Tarot. Und dann stand plötzlich AIDS auf der Tagesordnung, und jeder vierte in meinem Umfeld war HIV positiv. Bei einem Test sollte ich ankreuzen, wie viele Partner ich bisher hatte: 100 bis 500? 500 bis 1000? Über 1000?

Ich hatte manchmal vier bis fünf in der Woche und längst aufgehört, sie zu zählen. In diesem Moment schockierte mich das selbst und ich fragte mich: Willst du im Sex wiederfinden, was dir fehlt, oder bist du sexsüchtig? Fest stand: Ficken und Drogennehmen waren meine Hauptbeschäftigung.

Kurze Zeit später flog ich nach New York, weil ich mich in einen Mann verliebt hatte, der dort wohnte. Mein Vater bezahlte die Tickets, ohne mit der Wimper zu zucken. Der hatte so ein schlechtes Gewissen – warum hätte er das sonst tun sollen? In New York begegnete ich meinem ersten AIDS-Kranken und kam so zu einer sehr wichtigen Erkenntnis, die hieß: Du musst aus deinem Leben noch was machen. Daran arbeite ich.

Seit dem Tag der Scheidung haben sich meine Eltern nur noch am Telefon angeschrien. Meine Mutter sagt heute voller Stolz, dass sie ihn nicht mehr erkennen würde, wenn er an der Fleischtheke in der Schlange direkt vor ihr stände. Sie versuchten nie, irgendetwas zu klären. Er hat noch immer die gleichen Antworten auf seine Ehekrise wie vor 27 Jahren: »Mutter ist an allem schuld.«

Die gab 1988 ihrem Lover den Laufpass und lebt seit über zehn Jahren mit einem anderen Mann zusammen, der ihr offensichtlich gut tut. Sie ist ruhiger geworden. Anfang der Neunziger sagte sie zu mir: »Dirk, ich muss mich bei dir entschuldigen, dass ich dir als Mutter nicht geben konnte, was du gebraucht hast.« Sie gab mir damit die Möglichkeit, ihr zu verzeihen.

Mein Vater hat die Frau bekommen, bei der er die Rolle spielen kann, die er für sich wollte: ein Patriarch, ein Pascha zu sein – allerdings auf traurigem Niveau. Er kommandiert sie herum, und sie lässt es sich gefallen. Ich mag seine neue Frau, aber es tut mir weh zu sehen, wie sie unter ihm verbittert, weil sie weder die Kraft noch die Intelligenz hat, sich zu wehren oder sich von ihm zu lösen.

In der Beziehung zu meinem jetzigen Partner sehe ich die Aufgabe und die Chance, es besser zu machen als meine Eltern. Ehrlichkeit ist die oberste Maxime. Ich habe Toni sogar erzählt, dass ich an unserem ersten Tag nur mit ihm schlief, weil ich dachte, er wäre ein anderer. Ich hatte ihn verwechselt.

Jeden Tag, den ich mit ihm lebe, stelle ich mir die Frage: Willst du mit ihm zusammensein? Wir definieren unsere Beziehung nicht über Sexualität. Wir haben gar keinen Sex miteinander, leben in einer offenen Zweierbeziehung mit dem Versprechen, das Leben miteinander zu teilen. Ich möchte mir in dieser Beziehung beweisen, dass eine lange Partnerschaft möglich ist. Problematisch würde es für mich nur, wenn ich mit Toni eines Tages nicht mehr kuscheln will, aber das können wir gut und tun es oft.

Unsere Beziehung ist ganz sicher kein bürgerliches Ideal, aber was da ist, ist ehrlich, ausgesprochen, beruht nicht auf Wunschvorstellungen. Die Beziehung meiner Eltern scheiterte, weil sie versuchten, ihre Idealvorstellung von der Ehe durchzusetzen. Toni ließ sich darauf ein, unsere Beziehung so wie ich als einen gelebten Kompromiss zu sehen: Zwischen Geburt und Tod bin ich nicht allein, und da ist es egal, wenn mein Partner mit einem anderen schläft.

Tania Blixen schrieb am 5. August 1926 in einem Brief aus Afrika: »Ich habe ... eine Theorie entwickelt über die moderne Liebe als eine Art ›Homosexualität‹ – ich benutze den Ausdruck im Sinne von ›homogen‹ – diese Liebe hat mehr die Form einer leidenschaftlichen Sympathie, einer Gemeinsamkeit in der Hinwendung zu Ideen und Idealen, als das sie ein persönliches Aufgehen ineinander und Sich-Hingeben füreinander bedeutet ... Man kommt einander vielleicht nicht so nabe wie die Menschen, die die Fähigkeit zum Ineinander-Aufgehen haben, und man stellt nicht das Lebensziel des jeweils anderen dar, aber während man sich selbst ist und sein eigenes fernes Ziel anstrebt, findet man das Glück in dem Bewusstsein, doch in alle Ewigkeit parallel zueinander zu laufen.«

So denke und fühle ich auch.

Ebenfalls von Heide-Ulrike Wendt bei »Liebe, Lust und Leidenschaft« erschienen:

Du hast mich betrogen

Frauen erzählen von Liebe, Betrug und Verrat
Bereits in der zweiten Auflage erschienen!

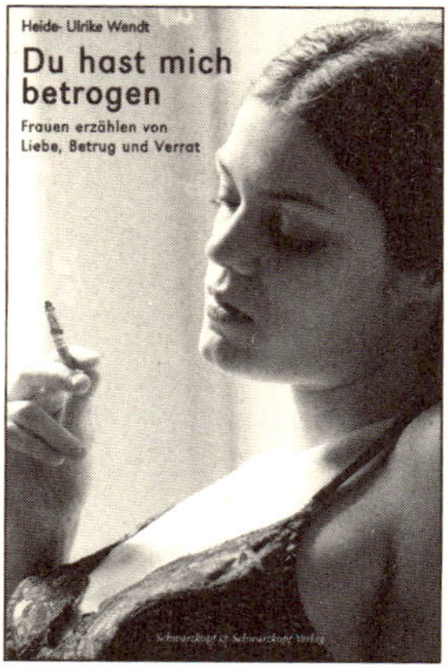

Alle Frauen, die in diesem Buch zu Worte kommen, haben sich geirrt. Sie glaubten an Liebe, die auch Tiefen übersteht, sie hatten Vertrauen in ein Versprechen, das sie und er sich gegeben hatten:

Ich bin dir treu, und sie dachten, dass es ihnen nicht passieren könnte – die Betrogene zu sein.

Die andere ist keine Geliebte für eine betrogene Nacht. Nein, er hat gleich auf Liebe gemacht. Und warum hat er nichts gesagt? Es sind fast immer die gleichen Sprüche, die die Betrogene zu hören bekommt: Weil er ihr nicht weh tun wollte. Weil er dachte, es geht vorbei. Weil er sich zwar verliebt hat, sie aber nicht verlieren will. Weil er erst sehen will, was daraus wird. Sprüche, so banal, als stammten sie aus einem Gute-Zeiten-Schlechte-Zeiten-Dialog. Zuerst wollten die Frauen es nicht wahr haben, konnten nicht begreifen, was da mit ihrer Liebe passiert ist. Sollten die vielen gemeinsamen Jahre wirklich nicht schwerer wiegen als das, was der geliebte Partner bei der Anderen suchte? Sie begannen zu kämpfen – um ihn, die Familie, die gemeinsamen Pläne, die gemeinsame Zukunft, jede auf ihre ganz besondere Art. Fast alle haben verloren. Nur einige hoffen noch und sagen: Trotz alledem – ich will ihn wiederhaben. So unterschiedlich wie die Formen ihrer Liebe, so unterschiedlich ist auch der Umgang mit ihrem Schmerz. Doch was sie vereint, ist die Erkenntnis: S i e wusste mehr als ich. Sie hatte die besseren Karten. Während die Geliebte fragt: »Gehen wir zu mir oder ins Hotel?« fragt die Ehefrau: »Wer von uns geht morgen zum Elternabend?« Das Paar sitzt zwar noch in einem Boot, aber nur er weiß, dass es ein Leck hat. Über 20 Frauen aus Ost und West, Architektinnen, Krankenschwestern, Fotografinnen, Sekretärinnen und Hausfrauen, haben der Autorin erzählt, was sie ansonsten nur ihrer besten Freundin anvertrauen: Ihre Geschichte von Glaube, Liebe, Hoffnung und Betrug und Verrat.

Heide-Ulrike Wendt
DU HAST MICH BETROGEN
Frauen erzählen von Liebe, Betrug und Verrat
ZWEITE AUFLAGE

240 Seiten, Taschenbuch
ISBN 3-89602-410-8
11,90 EUR

IMPRESSUM
Heide-Ulrike Wendt
WIR SCHEIDUNGSKINDER
Töchter und Söhne
erzählen vom Verlust der Familie

ISBN 3-89602-432-9

BILDNACHWEIS
Titelfoto: Georg Guillemin
Autorenfoto: Urbschat & Töchter